重新檢視台灣分配政策與政治

Reexamining Taiwan Distributive Policies and Politics

羅清俊◎著

序

　　本書利用一系列的實證研究，重新檢視立法委員選舉在單記不可讓渡複數選區制度（SNTV-MMD）時期的台灣分配政策與政治。由於傳統分配政策理論乃起源於實施國會議員單一選區選舉制度的美國，利用美國這套傳統分配政策理論詮釋不同制度下的分配政策與政治現象面臨一定程度的限制。因此本書特別強調制度差異對於分配政策與政治的影響，尤其是台灣立法委員選舉在SNTV-MMD制度時期所呈現的各選區規模的差異、立法委員票源分佈情形以及安排前一次選舉岌岌可危的立法委員擔任立法院常設委員會召集人被當作是減少同黨候選人競爭而極大化政黨當選席次的重要策略等等這些因素。

　　首先，本書重新回到分配政策與政治研究的起始點，利用全國性的調查研究探索 SNTV-MMD 制度下的台灣選民對於立法委員為選區帶回經濟利益的期待與看法為何？立法委員為選區帶回經濟利益會不會因此而讓民眾心存感激，進而反映在投票行為上？選民的看法會不會隨著他們不同的政黨認同而有所差異？會不會隨著選民所居住的區域不同而有所差異？會不會因為選區立委員額數量多寡的不同而有所差異？

　　其次，本書針對第六屆連任的立法委員所做的調查研究為基礎，企圖回答立法委員如何回應選民對於補助利益的需求？立法委員回應的程度是不是也會隨著選區規模的大小不同而異？來自小規模選區的立委是不是感受到的課責壓力特別大，所以追求選

區利益的誘因會強過於中、大規模選區的立法委員？

最後，本書全面性地分析第三屆至第六屆總共四屆的區域立法委員為選區爭取利益的誘因會不會反映在他們分配政策的提案數量上面？同樣基於選民的課責程度，來自於小規模選區的立法委員是不是會比來自於中、大型規模選區的立委更積極？伴隨著SNTV-MMD 制度所呈現的現象是各個立委選舉時的選票傾向於集中在選區當中的某個地理區塊，但是不見得每一位立委選票集中的程度都會相同。在這種情況之下，選票集中或分散的程度是否影響以及如何影響立委在分配政策提案上的代表行為？是不是還有其他因素顯著地影響立委的分配政策提案行為？如果選區規模影響選民對於補助利益的期盼，也影響到立法委員爭取補助利益的誘因，而立法委員也將這種誘因反映到分配政策的提案代表行為上，那麼選區規模這個因素是不是也會進一步影響到選區所獲得到的實質補助利益？而伴隨著 SNTV-MMD 制度所呈現的立委選票集中程度是否也會影響選區所獲得的實質政策利益呢？是不是還有其他因素顯著地影響實質政策利益在選區的分配？特別是在台灣也可以算是 SNTV-MMD 制度副產品的常設委員會召集人角色以及在台灣政治環境特有的地方派系因素。本書透過「擴大公共建設振興經濟暫行條例」所分配至各縣市的政策利益以及「91-95 年中央政府分配給各縣市的補助款」這兩項案例分析來回答這些問題。

歸納來說，本書一系列的實證研究結果發現，選區規模、立委票源分佈情形、以及國會常設委員會召集人這些與 SNTV-MMD制度直接或間接相關的因素明顯地影響民眾對於地方利益的期待、立法委員追求地方利益的誘因、立法委員在分配政策提案的代表行為，或是實質政策利益在選區的分配結果。當然，行政部門在總統選舉年提供各縣市高額度補助利益（雖然縣市之間所獲

得的金額沒有顯著的差異），也透露行政部門在台灣分配政治所扮演的重要角色（當然它也屬於執政黨的影響力）。具有地方派系背景的立法委員對於引介補助利益至選區的積極程度也不容忽視。而地方上的社會團體更是爭取政府實質政策利益的重要贏家。

　　本書作者特別感謝行政院國科會在過去幾年所提供的研究經費補助，包括本書第三章與第四章所做的全國選民問卷調查以及第六屆連任立法委員的問卷調查（計畫編號 NSC94-2414-H-305-008）、第五章關於第三至六屆立法委員分配政策提案數量的分析（計畫編號 NSC95-2414-H-305-009 以及 NSC96-2414-H-305-010）、第五章關於擴大公共建設振興經濟暫行條例的實證研究案例（計畫編號 NSC93-2414-H-305-014）以及第五章關於中央政府在民國 91-95 年分配至縣市補助款的實證分析（NSC96-2414-H-305-010）。作者同時也感謝本書在研究與撰寫過程當中許多朋友所給予的慷慨協助。

目　錄

圖表目錄

表目錄

圖目錄

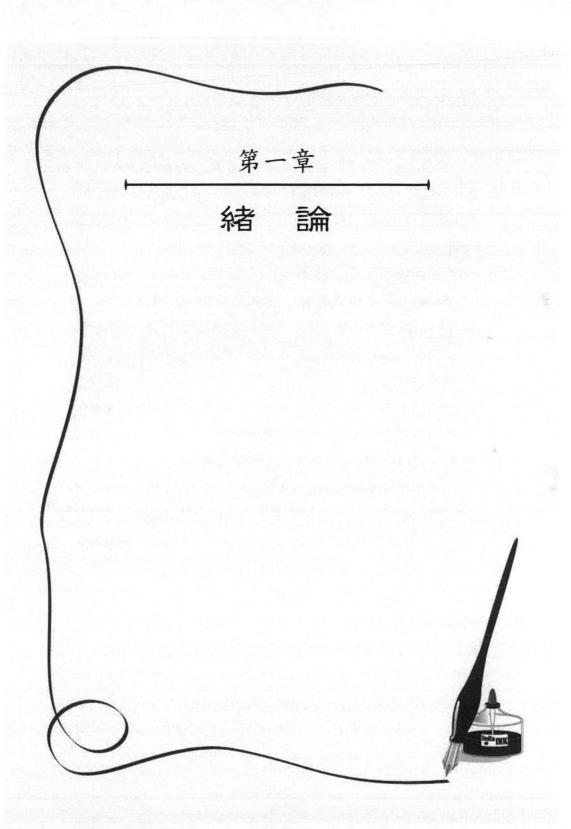

第一章

緒　論

第一節　研究問題

　　誰獲得政府所提供的利益（who benefits from government）？
為什麼獲利（why）？如何獲利（how）？一直是政治學所關心的
基本問題（Lasswell, 1950; Easton, 1965）。一九六〇年代，Theodore
Lowi 提出了政策分類理論，而在這套政策分類理論內容當中，分
配政策的相關概念最能直接回應這些基本問題（Lowi, 1964）。依
照 Lowi 的看法，分配政策指的是政策利益集中在少數區域的人口
身上，而成本則是由所有納稅義務人共同負擔的政策。受惠地區
的民眾與利益團體最歡迎這種本小利大的政策。國會議員瞭解民
眾與利益團體的想法，為了討好選民以贏得連任，也為了能夠從
利益團體手中獲得政治獻金，理性的國會議員就會想辦法在國會
當中，利用對於行政機關的監督職權，要求行政機關分配給他們
選區所需要的政策利益。相對來說，行政機關也會做理性的估算，
為了預算的安全與成長以及政策推動的順利，行政機關通常會很
有技巧地將政策利益分配到有影響力的國會議員選區。所以從
Lowi 的角度來看，究竟誰獲利？某些國會議員的選區會獲得比其
他選區更多的利益。為什麼這些選區能夠獲得較多的利益？那是
因為選區選出來的國會議員在國會位居重要的職位，特別是佔有
與他們選區利益相關的常設委員會的委員職位。如何讓他們的選
區獲利呢？通常透過常設委員會監督行政機關之便，明示或暗示
行政機關將超額的利益分配至他們的選區，以協助選區選民受
惠，而利益團體也獲利。Lowi 的這種論點是基於當時美國政治環
境當中，國會常設委員會、行政機關以及利益團體之間的共生關
係（也就是通稱的政治鐵三角現象）所提出來的見解。

Lowi 當時的這種想法引起政治學界的注意，因此許多研究者開始利用美國聯邦政府所分配的相關政策利益（或是政府支出，或是補助款資料）從事實證研究，嘗試驗證 Lowi 所提出的假設。四十年來，這個假設不斷地被驗證，研究者觀察各種不同種類的聯邦政策補助利益，例如國防工業外包契約、農業利益、污水處理廠、水壩與港口建設、社會福利津貼、國防軍事基地、甚至於近年來擁有龐大預算金額的防恐國土安全補助款等等。然而，截至目前為止，這些實證研究的發現並沒有呈現一致性的結論。原因當然很多，有的是屬於分析方法上的問題，有的是屬於資料特性的問題，有的是屬於理論層面的問題，不一而足（羅清俊，1998）。在這種情況之下，這個領域（稱之為分配政策研究、分配政治研究、或是分配政策與政治研究）的研究者所能獲得的一致性共同的結論是：影響美國聯邦政策利益的因素可能不只是選區的國會議員是否屬於重要的常設委員會委員而已。其他的相關因素例如國會議員的資深程度、國會議員是不是屬於國會多數黨、國會議員是不是與總統屬於相同政黨、國會議員上一次選戰的競爭程度、選區的客觀需求、選區民眾的政治參與程度、選區利益團體的多寡、補助款分配的機制（例如公式化補助或行政機關擁有相當程度裁量權的專案補助）、地方政府在政策利益分配過程中所扮演的角色、甚至於掌握行政大權的美國總統為了連任以致於介入政策分配過程等等因素都可能同時影響聯邦政策利益在國會議員選區的分配。

緣起於美國的分配政策研究在一九八○年代開始受到比較政治學者的關注。這些持比較政治觀點觀察分配政策的學者認為，美國分配政策的研究是基於美國的總統制以及國會議員單一選區制度所發展出來的理論。儘管政策利益分配在任何政體都是值得分析的主題，但是美國分配政策研究的理論架構卻無法直接移植

至其他國家來等同看待不同國家的政策利益分配現象。Lancaster
（1986）算是早期從比較政治的觀點分析分配政策的研究者，他
認為各個國家國會議員的選舉制度將會明顯影響政策利益的分
配，特別是在不同國家的選制之下，選區的國會議員員額數量會
影響民眾對於議員的課責程度。在單一選區制的國家，國會議員
承受課責的壓力最大，因此這些議員為選區帶回經濟利益以求得
選票的肉桶行為（pork barrel behavior）就會非常明顯。而在複數
選區制度的國家，因為選民相對來說比較不容易清楚辨識到底他
們選出來的國會議員有沒有負責任，因此議員之間搭便車
（free-riders）的情形將會增加，進而減少了國會議員肉桶行為的
誘因。選區國會議員的員額數量越多，這種情形會越嚴重。當然，
Lancaster認為選區員額數量對於議員肉桶行為的影響會受到各國
不同程度的地方主義（localism）、政黨角色、國會委員會系統等等
中介因素的影響[1]。除了Lancaster之外，許多跨國的分配政策研究
紛紛出現（Scholl, 1986; Heitshusen et al., 2005; McElwain, 2006），
或是從事單一國家分配政策的觀察，例如日本（Horiuchi and Saito,
2003; Horiuchi, 2003, 2007）、韓國（Horiuchi and Lee, 2008；Nemoto,
2007）、義大利（Golden and Picci, 2008；Limosani and Navarra,
2001）、巴西（Samuels, 2002; Ames, 1995）、哥倫比亞（Crisp and
Ingall, 2002）、澳大利亞（Denmark, 2000）、俄羅斯（Kunicova et
al., 2005）、德國（Stratmann and Baur, 2002）、墨西哥（Costa-I-Font
et al., 2003）等等。而不管跨國研究或是單一國家研究，這些研究
大都以宏觀的政府體制或選舉制度為主要框架，而在這個框架之
下，進一步觀察影響政策利益分配的相關因素。在這些因素當中，

---

[1] 其實，研究美國地方層級（州政府）分配政策的學者在Lancaster之前就有
類似的想法，近年來也有相當系統性的研究成果，作者將在第二章文獻回
顧的部分詳細討論。

有的與美國傳統分配政策研究所考慮的因素類似，有的則屬於特定國家專屬的特質因素。

　　在台灣，截至目前為止，雖然已經有一些以分配政策研究為名所從事的實證分析，但是這些研究都是複製美國分配政策研究分析架構所從事的實證分析。儘管這些研究的實證發現對照於台灣的政治或政策現象仍有一定程度的意義，然而它們卻忽略了台灣國會議員選舉制度的特性對於政策利益分配的影響。所以，本書最主要的研究動機與目的就是希望從比較政治的角度，重新檢視台灣的分配政策與政治。換言之，作者以台灣在立法委員選舉採取單記不可讓渡複數選區制度（Single Nontransferable Vote－Multi-Member District System，以下本書簡稱為 SNTV-MMD 制度）的框架之下，重新檢視台灣分配政策與政治（也就是第七屆立法委員選舉之前）。作者特別留意台灣 SNTV-MMD 制度的兩項主要特質，包括選區規模（或稱之為選區立委員額數量）以及伴隨著 SNTV-MMD 制度所形成的立委選票傾向於集中在選區內的某個地理區塊等等這兩項因素在台灣分配政策與政治所扮演的角色。而另外一項因素——立法院常設委員會召集人的角色，雖然它不純然是 SNTV-MMD 制度上的特性，但是卻曾經被國民黨用來在 SNTV-MMD 制度下協調同黨參選連任的立委，安排讓上一次選舉險勝的國民黨立委擔任這個職位以方便引介選區利益，增加當選機會，這樣一來，國民黨的當選席次就能夠增加（Tsai, 2005）。從這個角度來看，這項因素在台灣也可以算是 SNTV-MMD 制度下的副產品，而影響到實質政策利益在選區的分配。除了以上三項因素之外，與台灣政治生態密切關聯的地方派系因素雖然不構成本書的主要研究主軸或是主要的研究問題，但是它會是本書在後續關於實質政策利益分配的實證分析模型當中一項重要的解釋變數。當然，過去分配政策研究所關注的相關因素也將會納入本書

後續的實證檢驗。本書具體的研究問題包括以下：

第一，作者重新回到分配政策研究的起始點，企圖回答到底SNTV-MMD制度下的台灣選民對於立法委員為選區帶回經濟利益的期待與看法為何[2]？立法委員為選區帶回經濟利益會不會因此而讓民眾心存感激，進而反映在投票行為上？選民的看法會不會隨著他們不同的政黨認同而有所差異？會不會隨著選民所居住的區域不同而有所差別？

第二，選民對於立法委員為家鄉帶回補助利益的期待會不會因為選區立委員額數量多寡的不同而有所差異？由於在我國的SNTV-MMD制度之下，各選區所選出來的立委員額數量差異很大，以不同縣市的立委員額來計算，立委員額數量從一位至二十八位不等。在這種情況之下，小規模立法委員選區的選民對於補助利益的感受與期盼是不是比中、大型規模選區選民來得深刻？如果的確如此，那麼究竟是不是因為小規模選區普遍較為貧瘠，所以選民對於政策利益期盼程度較為明顯？還是真的是因為選區立委員額差異所造成的影響？換言之，本書控制選民居住選區所屬縣市的貧富狀況，觀察選區規模對於選民看法上的影響。

第三，立法委員如何回應選民對於補助利益的需求？立法委員回應的程度是不是也會隨著選區規模的大小不同而異？是不是來自小規模選區的立委感受到的課責壓力特別大，所以追求選區利益的誘因會強過於中、大規模選區的立法委員？

第四，立法委員為選區爭取利益的誘因會不會反映在他們分配政策的提案數量上面？同樣基於選民的課責程度，來自小規模選區的立法委員是不是會比來自中、大型規模選區的立委更積極？伴隨著SNTV-MMD制度所呈現的現象是各個立委選舉時的選

---

[2] 本書所謂的立法委員是指區域立委，並不包含不分區立委。

票傾向於集中在選區當中的某個地理區塊，但是不見得每一位立委選票集中的程度都會相同。在這種情況之下，選票集中或分散的程度是否影響以及如何影響立委在分配政策提案上的代表行為？是不是還有其他因素顯著地影響立委的分配政策提案行為？

第五，如果選區規模影響選民對於補助利益的期盼，也影響到立法委員爭取補助利益的誘因，而立法委員也將這種誘因反映到分配政策的提案代表行為上，那麼選區規模這個因素是不是也會進一步影響到選區所獲得到的實質補助利益？而伴隨著SNTV-MMD制度所呈現的立委選票集中程度是否也會影響選區所獲得的實質政策利益呢？是不是還有其他因素顯著地影響實質政策利益在選區的分配？特別是在台灣也可以算是SNTV-MMD制度副產品的常設委員會召集人角色以及在台灣政治環境特有的地方派系因素。

第二節　本研究（書）的顯著性

本書有幾項重要的貢獻，第一，就目前分配政策研究領域的發展現況來看，以比較政治的角度來觀察單一國家分配政策的研究已經成為一項重要的發展趨勢，台灣的研究發現勢必可以擴充這個領域的相關知識，特別是台灣立法委員選舉在 SNTV-MMD 制度時期所呈現的分配政治現象更是如此。目前分配政策研究領域當中關於 SNTV-MMD 制度對於分配政策與政治所造成影響的研究只有日本的研究。即便如此，這些日本的研究並沒有系統性地處理本書所強調 SNTV-MMD 制度當中的的兩項主要特徵：一項是選區規模的影響，另一項是立委選票集中程度的影響。首先，在選區規模方面，儘管日本的研究成果多少已經呈現 SNTV-MMD 制

度之下的分配政治的特質，但是就 Lancaster 所強調的選區規模對於分配政治的影響來說，日本研究並未印證，也不容易印證。因為日本過去在 SNTV-MMD 選舉制度時期的選區規模，以一九九〇年來說，劃分為一百三十個選區，每個選區所選出的國會議員名額介於二至六名（Anami Island 是唯一例外，它只選出一位），員額數量之間較少的差異並不容易看出它們對於分配政治的差異影響。但是台灣卻可以，就第六屆立法院來說，以縣市為分析單位來計算，各縣市立委員額從一位至二十八位不等，員額數量明顯的差異讓研究者可以從事實證檢驗，觀察選區規模差異的影響。

其次，就伴隨著 SNTV-MMD 制度所呈現的立委選票集中程度對於政策利益分配的影響來說，日本在 SNTV-MMD 制度時期的分配政策研究只有 Shigeo Hirano（2005）考慮過這個因素。但是他並沒有直接建立一個選票集中程度的測量指標來估計它對於政策利益分配的影響。而是間接地利用兩階段的程序，首先驗證日本在 SNTV-MMD 制度時期國會議員的選票是否集中在議員家鄉所屬的都會區（municipality）？然後再驗證國會議員家鄉的都會區是否獲得較多的中央政府補助款？也驗證是否距離國會議員家鄉越遠的都會區獲得越少的補助款？當然，這種處理方式並非錯誤，但是 SNTV-MMD 制度下的選票集中型態可能不止聚集於國會議員家鄉周圍一種而已，也可能會是在選區內聚集多塊的選票集中區（家鄉附近只是其中一個選票集中區）。如果真的有這種情況，單單估計距離國會議員家鄉越近的都會區所獲得政策利益分配的多寡，可能會有相當程度的誤差。本書將會建立系統性的選票集中程度測量指標，以反映以上這種現象。歸而言之，本書所強調的選區規模與立委選票集中程度這兩項 SNTV-MMD 制度特徵，以及系統性地建立選票集中程度的測量指標，加上特別關心另一項在台灣也可以算是 SNTV-MMD 制度副產品的常設委員會

召集人角色，凡此種種將會對現今分配政策研究領域做出相當程
度的貢獻。

　　第二，本書重新完整與系統性地檢視台灣分配政策與政治。
首先，本書從選民的角度出發，觀察選民對於立法委員爭取補助
利益的期待以及這種期待是否會影響他們的投票行為？其次，觀
察立法委員爭取補助利益的誘因是否反映了選民的期待?最後，立
法委員是否將這些誘因轉換成分配政策提案的代表行為，並進一
步透過各種方法讓選區獲得實質的補助利益？本書這種從選民期
待、立法委員誘因、一直到立法委員表現出來的代表行為、以及
實質政策利益在選區分配結果的系統性探索是過去台灣分配政策
研究所沒有做到的。這樣一個系統性的研究涵蓋面可以矯正並重
新解釋過去台灣分配政策研究的相關發現。

　　第三，本書針對選民期待補助利益的全國性調查研究是過去
分配政策研究鮮少處理的部分。即使發源於美國的分配政策研
究，也只有一兩項針對單一選區制度的選民所做的調查研究（Cain
et al., 1987；Stein and Bickers, 1992），至於 SNTV-MMD 制度之下
所做的調查研究，則完全沒有[3]。瞭解 SNTV-MMD 制度之下的選
民期待類型（對於立法委員爭取補助利益的期待）才能進一步知
悉 SNTV-MMD 制度之下的立法委員肉桶行為（pork barrel
behavior）背後的誘因結構，也唯有瞭解立法委員誘因結構之後，
探索立法委員外顯出來的肉桶代表行為以及政策利益在選區分配
的結果，才會顯得有意義。除此之外，這項全國性的調查研究結

---

[3]　倒是 Hiroshi Hirano（2005）曾經利用民意調查的資料庫比較一九九四年日
　　本從單記非讓渡複數選區制度轉變成為單一選區制度，選民投票行為的變
　　化情形。雖然 Hiroshi Hirano 研究結果發現單一選區制度並沒有讓選民投票
　　決策時明顯地從關注地方利益轉變至國家政策之上，不過他也並沒有回答
　　在 SNTV 選舉制度下，選民是否期待以及如何期待國會議員爭取選區補助
　　利益？

果同時也可以提供國內過去在 SNTV-MMD 制度之下，選民在立法委員選舉時投票行為分析結果的相互佐證資料。

　　第四，國內過去關於地方派系的研究比較偏向於利用質化研究途徑，而本書則利用統計分析檢證立法委員派系背景是否影響實質政策利益在選區的分配。這些實證證據對於國內地方派系研究應該會有一定程度的貢獻。

第三節　本書後續內容的章節安排以及各實證研究所使用的研究途徑

　　在本書接續的章節當中，第二章是文獻回顧。作者首先討論分配政策與分配政治的特質，然後回顧一九六〇年代分配政策實證研究的緣起以及迄今的發展過程。接下來討論跨越侷限於美國聯邦利益分配的實證研究，這個部分主要的討論內容包括跨國的分配政策比較研究、美國地方政府層級的分配政策研究以及單一國家的分配政策研究。最後，作者回顧台灣過去分配政策研究的相關發現（包含並非以分配政策研究為名，但是性質類似於分配政策研究內涵的研究），並勾勒出本書後續所要從事的實證研究架構。

　　第三、四、五章則是實證分析內容[4]。首先，第三章是作者在二〇〇六年四月所做的全國性調查，這個調查研究是觀察台灣在SNTV-MMD 立法委員選舉制度之下，選民如何看待立法委員為選區帶回補助利益？選區補助利益與立法委員選舉之間關聯性如何？具體來說，第三章所關心的是：選民對於補助利益的期待在

---

[4] 各個實證研究的研究方法與設計將在各章當中詳細說明。

SNTV-MMD 制度下所呈現的整體特徵為何？選民之間的看法有無差異？差異的程度如何？差異的來源又會是甚麼？是選民的政黨傾向還是選民所居住的地理區位？

第四章分為兩個部分，第一，從過去的研究看來，SNTV-MMD 制度下的選區規模很有可能是影響選民期待差異的主要來源，也就是說來自於小規模選區的選民期待立法委員為選區帶回補助利益的程度會高過於中、大規模選區的選民。基於這樣的假設，第四章同樣利用第三章所做的全國調查資料庫，分析居住在大、中、小型不同規模選區的選民在補助利益期待上有無差異？進一步，作者控制選民居住選區所屬縣市的自有財源，分析不同規模選區的選民在補助利益期待的看法上有無差異？作者控制自有財源的目的是因為小規模選區所屬的縣市通常財政狀況較差，也因此選民對於補助利益的期待往往較高，所以當我們控制自有財源之後，如果選區規模仍然影響選民意見，那麼選區規模與選民期待補助利益之間的關係才是真實的關係。第二，第四章的第二個部分是針對第六屆連任的區域立法委員所做的調查研究。作者在二〇〇六年六月至十月之間，透過問卷調查瞭解 SNTV-MMD 制度下的國會議員如何看待為選區爭取補助利益這件事情，同時驗證立法委員爭取補助利益的誘因是否反映了選民的需求？如果選民期待補助利益的強度會隨著選區規模減少而增加，那麼立法委員為選區爭取補助利益的誘因是否也會因為他們是來自於小規模選區而增強了他們的誘因？

第五章的內容包含了三個屬於官方資料分析的實證研究。第一，如果選區規模的大小也影響了立法委員為選區爭取補助利益的誘因，那麼立法委員的誘因是否會反映在他們分配政策提案的代表行為？作者分析第三至第六屆區域立法委員的分配政策提案數量是否會受到選區規模因素的影響？除了控制一些分配政策研

究所慣用的相關變數之外，作者在第五章正式引入立法委員選票
集中程度這個變數，並觀察這個變數對於區域立法委員在肉桶利
益代表行為上的影響。第二，第五章的第二個實證分析是以立法
院第五屆第三會期所制定「擴大公共建設振興經濟暫行條例」做
為研究案例，觀察該條例在立法院審議過程當中的立法委員代表
行為，並進一步分析在該項條例授權下，政策利益在各立法委員
選區（縣市）分配的結果是否受到選區規模以及立法委員選票集
中程度的影響（當控制其他相關變數時）？從這個部分開始，作
者也引入立法院常設委員會召集人以及立法委員所屬的地方派系
這兩項因素，觀察它們對於政策利益分配的影響。第三，第五章
第三個實證案例則是分析中央政府在民國九十一至九十五年分配
至二十五縣市的補助款。透過多年期的補助款資料，同樣的，在
控制相關變數的情況下，作者最關心的還是在補助款的分配是否
會受到立法委員選區規模因素、立法委員選票集中程度、立法院
常設委員會召集人以及立法委員所屬地方派系因素的影響？第六
章則是結論。首先摘要本書的主要發現，其次討論這些發現對於
分配政策與政治研究的意涵，最後指出台灣分配政策與政治研究
未來的發展方向。

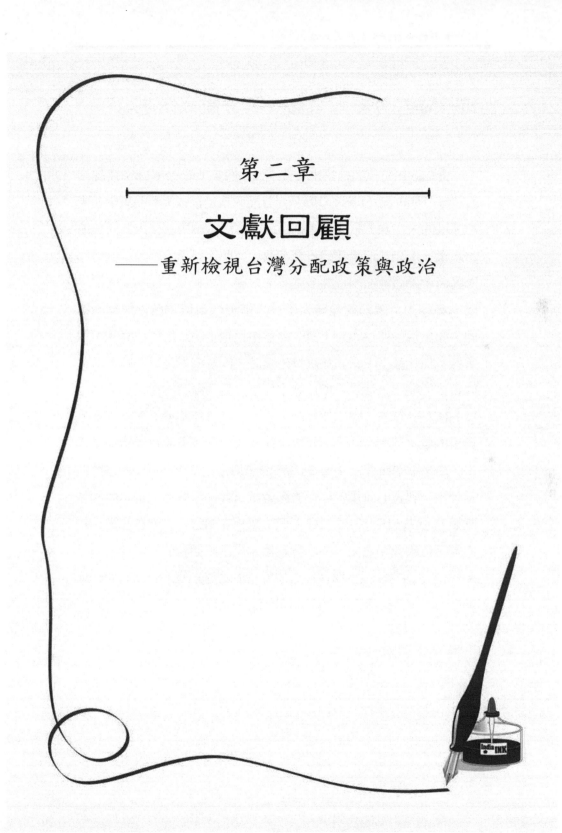

第二章

文獻回顧

——重新檢視台灣分配政策與政治

第一節　分配政策特質與分配政治現象

　　分配政策這個名稱是來自於一九六四年 Theodore Lowi 所提出的政策分類理論（Lowi, 1964）。分配政策是指政策利益集中在少數區域的人口身上，而成本則是由全國所有納稅義務人共同負擔的政策。例如美國聯邦政府在某個地區興建科學園區，這個科學園區將會為該地區創造許多就業機會與經濟利益，而初期的建造成本必須由全國納稅義務人承擔。這種政策依照衡量觀點的不同，會出現兩種益本比。第一種益本比是上級政府所估算的，通常益本比比較小。當利益維持不變時，因為成本是以全國民眾共同負擔的總成本估算，所以益本比小。另一種益本比是以受益區域的觀點估算的，益本比比較大。當利益維持不變，該受惠區域負擔的成本是所有總成本除以全國總人口之後再乘以受惠地區人口，所以益本比大。Lowi 認為，受惠地區民眾或利益團體最歡迎這種本小利大的政策，理性的國會議員非常瞭解選區民眾與利益團體的想法，因此為了討好他們，議員在議會當中就會想辦法藉由監督行政機關之便，要求行政機關規劃照顧他們選區利益的分配政策，以求連任之途順利。這種現象稱之為分配政治（distributive politics）或是肉桶政治（pork barrel politics）。

第二節　分配政策實證研究的緣起與現況

壹、分配政策實證研究的基本議題

　　Barry Rundquist 與 John Ferejohn 承襲 Theodore Lowi 的想法，在一九七〇年代提出了所謂的分配理論（distributive theories），並透過實證研究途徑加以驗證。他們認為，既然國會議員熱衷分配政策，而美國國會是以常設委員會為決策重心的機構，所以理性的國會議員們會想盡辦法進入與他們選區利益相關的常設委員會，企圖引介聯邦政府的政策利益至他們的選區，進而使得他們的選區因此而獲得超額的政策利益，而這些可以讓選民感受到的超額選區利益將有助於國會議員的連任之途（Rundquist and Ferejohn, 1975）。Lowi 的想法以及分配理論所發展出來的核心研究議題在於：誰才是真正可以影響聯邦政策利益分配的國會議員，而讓他們的選區獲得超額的政策利益？這個核心議題其實反映了早期政治學者所關心的核心議題：誰從政府當中獲利？為什麼獲利？如何獲利（Lasswell, 1950; Easton, 1965）？

貳、具備什麼條件的國會議員可以讓選區獲得超額的聯邦補助利益？

　　Barry Rundquist與John Ferejohn提出分配理論之後，許多實證研究紛紛展開，嘗試驗證國會制度性因素，例如常設委員會的委員是否能夠為選區獲取超額的聯邦政府政策利益？國會制度性相關因素除了國會議員是否具備常設委員會委員身分之外，資深國會議員以及屬於國會多數黨的議員是否也可以為選區獲取超額利

益都是當時實證研究關心的焦點。

　　自此之後，研究者紛紛利用聯邦政府各種政策利益分配的案例來驗證這些假設，例如Plott（1968）檢視聯邦政府分配於國會各個選區的都市更新支出（urban renewal expenditures）、Ferejohn（1974）分析一九四七至一九六八年之間美國聯邦政府補助各州興建的河川與港口開發案、Strom（1975）分析一九六二至一九七一年間聯邦政府補助各州興建污水處理廠的經費分配、Rundquist & Griffith（1976）分析一九五二年到一九七二年國防部給予各州軍事武器主承包契約（primary military contracts）、Arnold（1979）分析聯邦政府在軍事人事雇用，污水處理與模範都市（model cities）等等補助款分配的型態、Owen & Wade（1984）分析一九七八年美國聯邦政府分配給各國會選區在農業、社會福利、公共工程與軍事方面的補助款、Rich（1989）研究從一九五〇年代到一九八〇年代聯邦政府提供給地方政府六種都市發展政策方案補助款的動態過程、Baron（1990）研究美國鐵路公司（Amtrack）偏遠路線的取消與保留如何受到國會議員的影響、Roberts（1990）分析一九八三年美國參議院國防委員會資深議員Henry Jackson的猝死對於提供競選資金的企業股價在華爾街股市所造成的影響、Alvarez & Saving（1997）分析一九八三至一九九〇年美國聯邦政府分配至四百三十五個選區的十二種政策領域補助款或補助方案，Kiewiet and McCubbins（1991）以及Cox and McCubbins（1993）以國會政黨的角度解釋黨團如何影響常設委員會的甄補，並進而影響政策利益的分配、Cohen等人（1991）分析美國科技研究發展的補助案例、Stroup（1998）分析美國國防部在各州軍事基地所布署的資源與人員數量之分配情形、Dilger（1998）分析一九九八年美國聯邦運輸政策補助經費的分配、Soherr-Hadwiger（1998）與Frisch and Kelly（2007）分析軍事建設（military construction）相關法案的審議過

程如何受到國會議員的影響、Savage（1999）分析國會議員如何影響美國聯邦政府對於各大學學術經費補助的分配、Rundquist and Carsey（2002）研究一九六三至一九九五年美國聯邦政府對於各州的軍事採購經費、Adler（2002）全面系統性地分析美國國會重要常設委員會委員對於政策利益分配的影響、Lee（2003）分析一九九八年美國地面運輸補助方案（surface transportation program）、Garrett等人（2004）研究一九九〇年代美國農業災害補助款分配、Parker & Flora（2007）分析一九九八至二〇〇五年美國國會選區境內軍事基地的關閉、重新調整或是維持原狀的決策是否受到國會議員的影響等等。

參、除了國會制度性因素之外，還有什麼因素影響政策利益分配？

以上這些實證研究的結果其實並不一致，有些研究發現佔有常設委員會席次的國會議員、國會多數黨議員以及資深議員掌握政策利益分配的重要影響力，有些研究則否。因此有一些研究者挑戰分配理論的內容，例如Kreibel（1990, 1991）與Gilligan and Kreihbeil（1989）認為國會常設委員委員會不見得聚集一些對於選區利益高度需求的議員，因此政策制定過程不會只是考慮地方利益。委員會所提的方案必須事先考慮是否與全院多數議員的偏好（majority preferences）一致，以免議案在院會當中遭到否決，進而損傷到常設委員會的專業尊嚴。

有的研究者則提出常設委員會與政黨對於政策利益分配影響力的條件性理論，例如Hurwize等人研究美國一〇四屆眾議院（1995-1996）「農業委員會」（Agriculture Committee）以及「撥款委員會」之下的「農業與鄉村發展次級委員會」（Agriculture and Rural Development Subcommittee of the Appropriations Committee）

委員在審議幾個不同農業法案時所表現出來的立場（記名表決）。他們發現，雖然同樣是農業政策的分配法案，但是如果法案牽涉到農業委員會委員選區利益，但是卻無涉於明顯的政黨立場時，則「農業委員會」與「撥款委員會的農業與鄉村發展次級委員會」委員將不分黨籍地持相同的立場爭取選區選民的利益。但是，一旦分配法案牽涉到政黨的意識型態或是利害關係時，則不僅全院當中政黨立場壁壘分明，在常設委員會或是撥款委員會內部亦呈現政黨壁壘分明的情形，政策利益的主導力量移至政黨手中（Hurwize et al., 2001）。

有的研究也針對為什麼國會多數黨成員的選區沒有獲得超額利益提出合理的解釋。Balla等人（2002）認為多數黨成員的選區不見得獲得全面性的超額利益是因為他們不願意讓少數黨批評政策利益分配獨厚多數黨（blame avoidance），同時也希望透過政策利益的分配來與少數黨成員和平相處。但是，這並不是說國會多數黨成員所屬的選區就是輸家。Balla等人分析一九九五至二〇〇〇年期間分配至國會選區的高等教育機構研發經費，他們發現，就補助的案件數來看，國會多數黨成員的選區獲得獎助的機會不見得會比少數黨成員的選區來得高，這意味著國會多數黨以利益均霑的方式來分配獎勵案，以避免被歸咎為浪費公共資源以徇一黨之私。但是就分配的金額額度來看，國會多數黨所屬的選區所獲得的平均金額價值明顯高過於少數黨成員所屬的選區。

而有一些研究則認為佔有常設委員會席次的國會議員、國會多數黨議員以及資深議員對於政策利益分配的影響力多寡會受到一些中介因素的影響，透過實證研究也發現這些中介因素對於政策利益明顯的影響力：

第一，有的研究認為聯邦政府利益的分配是以需求為主要考量，政治因素也許會穿梭其間，但是需求仍然是最重要的考量

（Anagnoson, 1980; Hird, 1990, 1991; Adler and Lapinski, 1997）。比較近期的研究是Prante and Bohara（2008）以美國國土安全部（Department of Homeland Security）在二〇〇四年至二〇〇六年分配給各州關於反恐怖主義的補助款分析。他們發現，反恐佈主義補助款的分配主要是依照各州可能會被恐怖份子攻擊的風險係數，並非如過去許多人認為這些補助款的分配是受到政治力影響，例如各州所選出來的參眾議員與總統同黨（共和黨），以及這些參眾議員在國會任職重要職位（例如擔任常設委員會委員、多數黨領袖或黨鞭、少數黨領袖或黨鞭等等）。他們的發現與Coats, Karahan and Tollison（2006）研究二〇〇四年國土安全部補助款分配的發現相當一致。第二，選區利益團體是一個相當重要的影響因素，選區利益團體對於政策利益需求越迫切，國會議員爭取聯邦利益的動機就越強。因為利益團體會提供競選資金給想要競選連任的國會議員，選區如果聚集高密度的利益團體，而這些利益團體如果也期盼議員為他們爭取相關政策利益時，這些議員終究會戮力以赴爭取補助款（Stein and Bickers, 1992; Lowry and Potoski, 2004）。

　　第二，民選的行政首長（例如美國的總統，州長，市長）也有連任的壓力，他們同時也期待議員支持行政機關的政策。在理性的前提下，這些行政首長很有可能會給行政機關壓力，透過行政機關所主導的政策利益分配讓選民直接認同行政首長以增加連任機會（Hamman, 1993）；或是分配特殊利益至某議員的選區以增加民選行政首長與議員談判的籌碼而促使議員支持行政機關的政策。例如Bullock and Hood III（2005）以美國喬治亞州州長打算更改州旗的政策為例，分析州長如何成功地利用學校興建工程的補助款來取得州參議員的支持。Larcinese, Rizzo, and Testa的研究也發現美國總統對於聯邦補助預算的分配擁有相當程度的影響力。

聯邦政府將經費分配給州政府牽涉到複雜的政治過程，過去的研究大都將焦點放在有權力的國會議員身上，例如國會常設委員會委員或是國會多數黨議員對於利益分配的影響。但是行政機關其實也很重要，特別是總統的角色更是如此。研究發現，總統身為執政黨領袖，會傾向於將補助經費分配給同黨議員比例較高的州以及同黨執政的州（Larcinese et al., 2006）。Berry等人（2008）分析美國聯邦政府在一九八四至二〇〇四年期間分配至國會選區的補助款（幾乎包含所有類型的補助款總額），他們並沒有發現擔任常設委員會主席的國會議員、在國會當中擔任政黨領袖職位，或是國會多數黨議員的選區獲得超額的利益，反而是那些與總統屬於相同政黨的國會議員所屬選區、選戰競爭程度激烈的國會議員選區（國會議員選舉）、以及總統選舉時險勝的國會議員選區（總統選舉）獲得較多的聯邦補助利益。同樣的，也有實證研究發現掌握行政大權的美國總統運用否決權不見得是為了制衡狹隘的地區利益，有時候會反過來抑制自己否決權的行使讓分配政策法案順利通過，目的是為了自己未來的連任，或是為了收買國會議員，或是為了照顧同黨議員選區（McCarty, 2000）。

第四，地方政府對於政策利益分配的影響。也有研究者認為，政策利益分配的結果其實是地方政府執行政策利益分配時的自由裁量權所導致的結果。尤其一九七〇年代美國一般補助款（block grant）風行的時候，賦予地方政府自由空間決定如何分配政策利益。所以，即使國會議員選區獲得超額補助，但是這並不必然代表國會議員在國會的影響力，而可能是地方政府的行政裁量權所致（Rich, 1993）。第五，選區的投票率會影響國會議員爭取選區利益的動機，當選區投票率越高時，代表著選區關注選民（attentive public）特別多，因此國會議員為選區爭取補助利益的動機就較強，而該選區獲得較多聯邦補助利益的機會就會越高（Martin, 2003;

Fleck, 1999, 2001）。第六，Bickers and Stein（1996）認為前一次選舉辛苦獲勝的國會議員在進入國會之後，會在短時間之內（通常是九個月之內）引介政策利益至選區以滿足選區的關注選民，以避免有實力的挑戰者（quality challengers）（包括同黨與非同黨）抓到機會在下一次競選時加入戰局，威脅現任國會議員的連任。所以這些議員的選區所獲得的補助利益將多過於那些處於相對安全席次的議員選區。

　　第七，Rundquist等人（Rundquist et al., 1994, 1995）與Luor（1995）認為傳統的分配政策研究強調國會議員會進入與選區利益相關的常設委員會以方便其運作選區利益。然而制度性地位的有無並不見得讓選區獲得超額利益，重要的是這些議員是否擁有追求地區利益的強烈意願傾向。也就是說國會當中各常設委員會委員追求地方利益的原始（a priori）動機並不見得是一致的，有些委員的確是野心勃勃地追求地方利益，有些則否。出現這種情形可能是因為有些議員被指派到對他們來說並不合適的委員會，而這些委員會所管轄的業務與議員選區的利益關係程度不高。Shepsle（1975, 1978）就曾指出，美國國會議員能否進入到他所想進去的委員會並非如此容易，它會受到制度上的限制（例如某些委員會限制一州不能超過一個固定額數的名額）、議員的偏好、選區的特質，以及議員對於獲得某委員會席次的期望程度等等因素的影響。更具體的說，議員無法進入想進去的常設委員會可能是因為該委員會的席次有限、也可能是議員不夠資深、或是各州席次的限制。所以，傳統分配政策研究假定常設委員會每一位成員追求地方利益的欲望均一致的前提是有所偏頗。僅僅觀察常設委員會委員的席次與政策利益分配結果之間的關係，而忽略了常設委員會委員追求選區利益動機的強弱，是很不適當的研究設計。

肆、不同角度觀察政策利益的分配

除了以上的實證研究之外，仍有一些研究從不同的角度或者更寬廣的層面來觀察政策利益的分配。首先，參議院在美國聯邦利益分配所扮演的角色。Lee and Oppenheimer（1999）在他們所做的實證研究當中認為，過去研究聯邦政策利益分配的研究大都將觀察重心放在眾議院，但是參議院特殊的相等代表性（equal representation，不論大州或小州，每州均有兩位參議員）卻深深影響美國聯邦利益在各州分配的結果。Lee認為，兩種邏輯讓小州獲得較多的聯邦利益。第一，如果將美國總人口數除以美國五十州，所得到的人數當作是平均每州人口的基準值。接下來讓每一州實際人口數除以這個基準值，如果除出來的商數數值小於一，則這個州在參議院屬於過度代表的州，人數越少的小州，這個數值會越小，過度代表的情形會越嚴重。根據統計資料，過度代表的州就有三十八個之多，因此Lee認為這些州在參議院可以輕易佔有過半數的優勢，因此有關政策利益分配的法案很自然地會對這些州有利。第二，參議院推動聯邦政策利益法案的聯盟領袖（總統、行政機關或參議院常設委員會主席等等）會傾向於讓小州獲得較多的利益分配以獲取它們的支持。因為同樣是爭取兩張參議員的同意票，但是因為小州人口少，如果以每人所獲得的利益為基準來計算，多付出給小州的額外政策利益將遠遠低過於額外分配給大州的政策利益。在這種最低成本的考量之下，聯盟領袖傾向於拉攏小州的參議員，所以小州獲利的機會將遠遠超過大州。

其次，儘管分配政策缺乏經濟上的效率，但是卻能達到政治上的效率（Weingast et al., 1981）。所謂缺乏經濟效率指的是因為分配政策在國會的制訂過程當中，議員彼此之間互惠的非正式規範造成幾乎全體一致同意或是通通有獎（universlaism）的決策聯盟。

而正因為如此，所以分配政策會呈現經濟上的不效率。例如農業選區議員希望通過農業利益法案嘉惠選區，但是他們可能無法湊齊過半數的議員。在這種情況之下，他們會傾向跟其他來自不同特質的選區議員交易（例如來自商業特質選區的國會議員或是來自於國防工業選區的國會議員）。農業選區的議員會說服其他特質選區的議員：這次你投我一票，下次遇到跟你們選區相關的利益法案時，我也會回饋你一票。也因此，最終的投票獲勝聯盟呈現幾乎全體一致同意，也就是說幾乎每一位議員的選區通通有獎（農業政策利益）。在這個邏輯之下，政府財政的後果將會過度支出，因為本來也許花一百萬元就可以解決農業選區的農業問題，但是因為要找來其他選區議員的支持才能超過半數，所以就必須付出代價，讓其他議員的選區也獲得一些農業利益（雖然他們的選區利益並非以農業為主，但是他們選區內還是有農民，只是沒有那麼迫切需要而已），最後卻得花一千萬元才能通過這項法案。Weingast 等人認為，儘管分配政策在經濟上並無法達到效率，但是因為政策利益的分配是通通有獎（something for everyone），所以每一位議員都可以帶著這些政策利益向選民邀功而獲得選票，這在政治上來說，是極具效率的。

　　Evans（2004）的看法類似於Weingast等人，認為分配政策能夠達到政治上的效率，但是不同於Weingast等人的是，她是從制度層面認為分配政策在國會決策過程當中具有潤滑劑的功能（greasing the wheel）。聯盟領袖為了讓具有公共利益特質的政策法案能夠順利通過，他們往往會利用附加的肉桶利益來籠絡反對（或立場中立）的國會議員。Evans以一九八七年美國高速公路示範計畫補助利益在眾議員選區的分配為例，觀察獲得示範計畫補助經費的眾議員是不是會在屬於公共利益的運輸政策法案（例如高速公路的限速、高速公路大型廣告牌的管制等等）支持聯盟領

袖。她在一九八七年與一九九〇年利用質化的訪談法訪問當時國
會議員的幕僚，同時也利用量化的統計方法分析記名表決記錄，
研究的結果證實了她所提出來的假設。

最後，Stein and Bickers（1995）利用一九八三至一九九〇年
期間，美國七十二個聯邦政府機構的補助利益資料，提出並驗證
他們所謂的「投資組合理論」（portfolio theory）。他們認為，政府
各種政策利益的分配反映出各種不同政策次級系統的運作。而每
一個政策次級系統是一組相類似的政府支出方案所組合而成，所
以每一個政策次級系統就是一個政策領域，例如農業，國防，商
業，健康醫療等等。每一組相類似的政策支出方案稱之為政策方
案投資組合（program portfolio）。每一個政策次級系統內部包括國
會議員、行政機關、利益團體等等，大家彼此合作，互惠共生。
國會議員為了連任，他需要行政機關提供政策利益分配至他的選
區，他也需要利益團體提供競選資源；行政機關需要國會議員在
預算上的支持，也需要國會議員與利益團體在政策上的支持；利
益團體需要行政機關提供資源維持生存以及政策執行過程更體貼
地照顧他們，同時他們也需要國會議員在國會當中為他們發出聲
音，敦促行政機關制定對他們有利的政策。

政治次級系統的主要目標就是希望建立合作的立法聯盟，透
過正式的立法，滿足次級系統成員在政府支出上的需求。為了建
立這種聯盟，次級系統會將政府各種不同的支出方案綁在一起，
這些政府支出方案有的風險高，代表獲利團體規模範圍較小，不
容易通過，但是一旦通過，受益團體所獲得的平均利益很高。有
的政府支出方案風險較低，代表受益團體規模範圍很大，容易通
過，但是受益團體所獲得的平均利得相對減少很多。這種操作方
法就好像基金經理人會將高風險的股票與低風險的債券投資綁在
一起，以求穩定且最高報酬率的道理是一樣的。

政治次級系統為了達到目標所採取的策略包括：(1)利用政策利益分配至大多數的國會議員選區與利益團體，藉以擴大政治支持來促使投資組合的通過與持續；(2)但是一旦碰到政治限制或財政狀況不佳，而無法提供大多數選區與利益團體利益時，次級系統會以減少利益團體集體行動的困境為優先策略，也就是在有限資源之下，增加獲利利益團體成員的同質性。通常，國會議員與行政機關有能力聯手修改法案來達成這樣的目的。一旦利益團體同質性增加，利益團體的凝聚程度也會增加，而利益團體的成員與組織維持的經費也就會跟著穩定成長。一旦利益團體穩定成長，他們對於政治行動委員會（Political Action Committee）的捐獻將會增加，進而提供國會議員的競選資源而增加連任的機會。而行政機關也會因為利益團體的同質性增加而獲得政策推展上的支持，同時減少政策執行過程中，因為利益分殊而造成例外情況過多的情形。這樣的共生關係與過去政治鐵三角最大的不同是：鐵三角是一種相當穩定的關係，而次級系統極可能會因為受到政治或是經濟的限制而產生策略上的變化，因而使得政策獲利的標的呈現流動性與動態性。

第三節　跨越侷限於美國聯邦利益分配的研究

壹、Thomas Lancaster 的比較分配政策研究架構

一九八〇年代，分配政策與政治的研究逐漸拓展至非美國的區域與國家。雖然曾經有學者指出肉桶政治（pork barrel politics）的現象會發生在任何一個以直接方式選出民意代表的政體（Barry,

1965; Buchanan and Tullock, 1962; Shepsle and Weingast, 1981），但是過去分配政策研究卻大都均侷限於美國（以國會以及聯邦層級的政策利益為分析對象），很少利用比較政治的觀點來詮釋肉桶政治（Kuklinski, 1979）。而 Thomas Lancaster（1986）應該算是早期提出系統性分配政策跨國比較研究架構的代表性學者。他以國會議員的選舉責任（electoral accountability）以及國會議員誘因結構（incentive structure）為基礎，認為國會議員選舉制度當中的選區規模與肉桶政治有著密切的關係。選區所選出來的國會議員員額越多的制度，這些國會議員對於肉桶行為的偏好程度會比較低。相反來看，如果選區員額越少，則這些議員越傾向於透過肉桶行為（pork barrel behavior）來達成連任的目的。出現這種現象的原因在於選區議員員額越少的國家，現任議員在選區當中行動的被辨識度就會越高，因此來自於選民的課責性也就越強，所以越有動機帶回地方利益。基於這樣的邏輯，單一選區制度下的議員動機是最強的，因為一旦有利於選區的補助計畫或經費落在選區之中，該選區的選民可以清楚辨識，而議員將可輕易地從中獲取選舉上的利益。而選區議員的員額超過一名時，選舉的課責性就會開始變得模糊，因為即使議員努力爭取選區利益，還是必須面臨其他議員搭便車的風險，以致於選民無從知悉到底是那位議員的功勞，所以議員爭取選區利益的動機相對會較低。而一旦選區議員員額越多，這種情形將會越嚴重，最極端的情形便會是以全國為唯一選區的選舉制度（at-large）。

　　Lancaster 的論述所隱含的意義在於：相較於美國國會議員選舉的單一選區制（眾議院），其他國家不同的選舉制度勢必會產生不同型態的分配政治型態。除了選舉制度的因素之外，Lancaster 也提出一些相關的中介因素會影響選區規模與國會議員肉桶政治活動（pork barrel activities）之間的關係，這些因素可能會增強或

減弱二者的關係。首先，強勢的國會常設委員會將會助長國會議員的肉桶活動，典型的例子包括美國專業化的常設委員會制度、日本與義大利強勢的委員會系統等等。第二，如果現任國會議員有非常強烈的地方主義（localism）傾向，則會中介影響選區規模與國會議員肉桶政治活動之間的關係，讓肉桶活動更為頻繁，例如奧地利、法國、印度、義大利與日本等等國家。國會議員的地方取向不僅包括他們是不是在選區當地出生，也包含了是不是曾經在地方上擔任過民選公職、參加過地方黨部、工會或商會的活動。第三，選區利益團體的數量與活動強度也會中介影響選區規模與國會議員肉桶政治活動之間的關係。通常數量越多或活動強度高的國家，議員肉桶活動的誘因會越高。第四，政黨的紀律。政黨紀律較強的國家，即使該國的國會議員選區的員額較少，但是也會減緩國會議員追求肉桶的動機與行為。

貳、比較分配政策研究的後續發展

　　Lancaster 的想法的確帶來相當大的啟發，同時期或是後續的一些研究也依循他的想法從事實證的檢驗。首先，Scholl（1986）以歐洲議會為例，檢視不同選制的國家所選出的歐洲議會議員在行為上及認知上是否有所差異。Scholl 認為民選國會是造成選區服務興起的主要原因，因為直接選舉使得議員和選區間產生課責性的連結（accountability link），因此議員會以連任為目的，而選區服務便是達到連任目的的主要工具。歐洲議會第一次議員直選於一九七九年舉行（之前是透過委派），當時的歐洲議會是由來自十個國家所選出的議員而組成，其中只有英國代表是透過單一選區制產生，其餘九國的選制均為比例代表制。過去的文獻大多指出單一選區制之下所選出的議員，比較關心選區利益而非國家整體利益，因此 Scholl 比較英國和法國，觀察的重點在於不同的選

制會不會產生議員不同程度的選區導向？另外也檢視其影響的程度為何？研究結果證實了英法兩國之議員對於其選區的認知有很大的差距，而這樣的差距也會反映在他們於歐洲議會的立法行為之上。例如在對於選區的重視程度以及與選區接觸的頻繁程度方面，英國議員（單一選區制所選出）都明顯比法國議員（比例代表制所選出）要來得強烈。而在實際的立法行為當中，絕大部分的英國議員都會積極地爭取地方性的補助款、也會和地方政府定期開會並給予其申請歐盟補助經費的建議、甚至還會帶著地方性團體代表到歐洲議會的委員會表達他們的需求，而這些事情是法國議員很少或是幾乎沒有在做的，因為他們比較在乎的是國家整體的利益。Scholl 的研究證明了從單一選區制中所選出的英國議員，對於選區利益及有組織的團體之重視程度，都強過於比例代表制所選出的法國議員。這是因為單一選區制使得英國議員和選區間的連結更為清楚，而來自選民的課責也更為強烈，所以會促使他們更傾向於以選區為導向的行動。

其次，Heitshusen 等人（2005）以澳洲、加拿大、愛爾蘭、紐西蘭及英國五個國家當中的六個國會（其中澳洲包含參眾兩院）為觀察對象，試圖透過不同選制國家之間的比較，探索影響議員從事選區服務的因素究竟為何？這些國家雖然都是屬於西敏寺模式（Westminster model）的國家，但是都各自擁有不同的選舉制度。英國、加拿大是採用標準單一選區制；澳洲眾議院則是屬於可選擇性投票法（Alternative Vote）；愛爾蘭和澳洲參議院使用的是單一可轉移投票法（Single Transferable Vote, STV）；至於紐西蘭在一九九六年改變其選舉制度之後，一百二十名議員當中有六十五名是透過單一選區制產生，其餘則是以全國為唯一選區，採用封閉式政黨名單（Closed-Party List）的制度。Heitshusen 等人認為連任是各國議員所必須要先達到的目標，一旦滿足了連任的需求，

議員才會轉而去從事其他的活動，例如制定好的政策或是取得領導地位等等。既然競選連任是議員們最基本的目標，那麼選舉機制的不同勢必也會影響各國議員追求連任的行動。他們的假設和 Lancaster 如出一轍，認為複數選區制下所產生的議員不用單獨地對選民負責，因此會降低他們爭取個人選票（personal vote）的誘因。他們透過問卷訪問這五個國家總共二百五十四名議員，在選區利益、政黨利益、政策利益及追求領導地位等選項之中，議員的偏好順序為何？統計分析結果顯示，複數選區制度之下所選出的議員對於選區的關注程度遠不如單一選區制所選出來的議員，由於複數選區的議員不用單獨負責某個選區的利益，因此普遍都表示選區工作對於他們的連任與否影響不大。受訪的單一選區制議員當中有 84％會將選區服務放在最優先的順序，而複數選區的議員會將選區服務放在第一順位只有 31％。除了選區規模之外，作者也發現「選戰競爭程度」與「年資」等變數對於議員是否關注選區利益也有顯著的影響，在之前的選舉當中以些微差距當選的議員以及年資較淺的議員會特別將選區利益擺在最優先的位置。

　　McElwain（2006）的研究結果雖然沒有支持 Lancaster 所提出來的關於選區規模與肉桶活動的負向關係，但是卻印證了政黨在這兩種現象之間的中介影響。他利用 OECD 十七個國家，一九六〇至二〇〇〇年政府赤字的資料（相對於 GDP 的比例），驗證先進工業國家肉桶支出（pork barrel expenditures）的多寡究竟受到什麼因素的影響？他認為過去的研究利用國會選舉制度（例如單一選區制或複數選區制）、政府體制（總統制）、單一政黨掌權或聯合政府掌權等等因素來解釋國家的肉桶支出仍然有其限制，他認為政黨的凝聚力才是決定肉桶支出的重要因素。如果政黨領袖是由全體黨員選出，而國會議員的候選人資格是由政黨領袖所決定

時，則這個國家的政黨凝聚力高。這些國家可以利用政黨凝聚力
抑制肉桶支出，反之亦然。至於國會議員選舉是不是屬於單一選
區或是複數選區制度，並不會決定國家在肉桶支出上的多寡。

　　Ariga（2005）認為過去研究都以選舉制度的差異來解釋國會
議員追求個人選票的誘因，進而探索國家在公共利益與特殊利益
（肉桶利益）支出上的差異。但是作者認為不能忽略其他因素可
能也會影響國會議員追求特殊利益的誘因，特別是執政黨內部討
價還價的特質（intra-party bargaining of the governing parties），也
就是政黨領袖與其他具有國會議員身份的黨員彼此之間的團結聚
合的程度。作者在這項研究當中建構所謂的「選舉聚合度」
（electoral cohesiveness），來測度政黨領袖（執政黨）影響其他具
有國會議員身份的黨員程度。他認為當「選舉聚合度」（electoral
cohesiveness）高時，特殊利益的追求誘因會被壓制，反之亦然。

　　Ashworth and Bueno de Mesquita（2006）利用形式模型的推
衍，比較單一選區制度與複數選區制度之下，議員追求肉桶利益
的誘因。雖然作者發現複數選區的議員因為必需面臨搭便車現象
而減少為選區獲取特殊利益的誘因，但是仍有可能受到中介因素
的影響。他們特別解釋日本為什麼在一九九四年之前實施
SNTV-MMD 制度時期，這些議員仍然熱衷於選區特殊利益的追
求？主要的原因在於日本有所謂的 koenkai 制度，它可以傳散關於
議員對於選區貢獻的訊息。在這種情況之下，SNTV-MMD 制度下
的日本國會議員仍然會以爭取選區特殊利益為其重要的任務。這
樣的解釋讓該文作者進一步推論，其實複數或單一選制對於特殊
利益分配的影響可能不是絕對的，重點在於是否能夠揭露議員為
選民服務的相關訊息，而單一選區制度只是強化了訊息的揭露而
已。

參、美國地方政府層級的研究

　　表面上來看，觀察選舉制度（選區員額或是單一選區相對於複數選區）對於分配政策與政治的影響好像是緣起於跨國比較研究。其實並不見得如此，早在一九六〇年代末期，美國學者就曾經以美國地方議會為例，討論選區規模或員額對於分配政策制定的影響[1]。Jewell（1969）研究美國九個大都會型的郡（county），他發現由複數選區所選出來的議員傾向扮演信託代理人（trustees）而非像單一選區制所選出來的議員傾向於全權委任（delegates）的角色，因此複數選區的議員主觀上就不見得非以選區選民的想法為其主要想法。Richardson Jr.等人（2004）的實證研究也證實了這樣的說法。他們以美國亞利桑納州為例所做的研究發現，以單一選區制所選出來的州參議員的代表行為傾向於重視選區選民的需求，而複數選區制所選出來的州眾議員的代表行為則反映出他們個人的意識型態。

　　近年來更有一些研究以美國州議會為分析對象，分析選區議員員額對於政策利益分配或是政府支出的影響。首先，Larimer（2005）觀察美國各州從一九九七年至二〇〇〇年在社會福利政策的支出情形，他發現州參議院的參議員員額數越多的州，在社會福利政策的慷慨程度（generosity）會越低，反之亦然。其次，Chen and Malhotra（2007）利用美國州政府在一九九二至二〇〇四年以及一九六四至二〇〇四兩個時期的預算支出資料，觀察州議會的規模（員額數量）與州政府支出之間的關係。他們認為，州參議員選區內（上院議員的選區）如果涵蓋很多眾議員的選區（下院議員選區），則這些議員會因為搭便車的問題以及政策利益因為

---

[1] 美國有些地方層級（州或都會的城市）議會的下院是採取複數選區制（與聯邦眾院單一選區制不同）

太多人分享而稀釋,進而減少這些州的參議員與眾議員為選區爭取地方利益的動機,也因此這些州政府的支出將較少,反之亦然。

最後,Chen（2008）嘗試修正 David Mayhew 在一九七四年所提出的理論:所有想要連任的議員會全力爭取選區的利益,藉此向選民邀功（credit-claiming）（Mayhew, 1974）。Chen 認為議員邀功是條件性的,當某位議員為選區爭取肉桶利益的功勞必須與其他議員分享時,那麼就會減少這位議員追求肉桶利益的動機,以致於減少了選區所獲得的政策利益。而當共同分享功勞的議員越多時,這種情形會越嚴重。Chen 為這項說法命名為「功勞分享理論」（credit sharing theory）。他的觀察對象是紐約州議會,紐約州議會包含上院（Senate）與下院（Assembly）,上院參議員的選區與下院議員的選區都是單一員額,每一位參議員選區範圍比下院議員選區來得廣,在每一位參議員選區的範圍當中,會包含至少一個下院議員的選區,而人口數較多的參議員選區則會包含數個下院議員的選區。Chen 的主要假設在於:上院參議員為自己選區爭取的肉桶利益會不會因為這位參議員的選區涵蓋太多數量的下院議員選區,因而降低了這位參議員爭取選區利益的誘因?他利用形式模型（formal model）與紐約州一九九八至二○○四年期間,上院參議員為選區所爭取的補助利益（屬於指名道姓是那位參議員爭取的 earmark grant）實證資料,驗證所謂的「功勞分享理論」。除了形式模型的推演之外,實證統計分析也發現,誠如預期,當參議員的選區涵蓋的下院議員選區數量越多時,該參議員選區所獲得的補助利益就越少。他也比較了二○○二年紐約州議會選舉的選區重劃前後,參議員選區所獲得的補助利益的差異。統計結果發現,當重劃後的參議員選區涵蓋比重劃前更多的下院議員選區數量時,該參議員選區所獲得的補助利益明顯減少。

儘管以上的研究發現選區議員員額數的多寡與補助利益的數

量之間呈現負向關係，但是仍有實證研究發現不同的結果。同樣是以美國地方政府為研究標的，Snyder, Jr. and Ueda（2007）的實證研究卻發現完全相反的結果。他們認為複數選區並不會產生議員之間搭便車的現象而使得選區的政策利益減少。相反的，甚至於因為議員員額數越多，選區獲得的政策利益會越多。他們的基本論證在於：政策有外溢效果，高速公路、電力系統或教育資源等等的政策利益不會以一個小小的單一選區來分配，而是以整個行政區（市或郡）來分配。這種情況下，單一選區的議員勢必不會支持這種方案，而如果是複數選區，則所有議員就會有相當的誘因一起合作來為整個選區獲取這份政策利益，大家也可以同時獲得選票利益。另外，複數選區因為有多位議員代表選區，所以議員可以形成所謂集團投票（bloc vote）的勢力圈，在多數決的議會當中扮演決定勝負的關鍵票數來為整個複數選區獲取政策利益。作者以美國州政府行政轄區內的郡（county）做為分析單位，分析從一九七〇年代起，許多州的眾議員選舉制度從複數選區制改為單一選區制之後[2]，這些郡從州政府所獲得補助款的變化情形。當控制各郡的客觀需求變數之後發現，從複數選區制度改成單一選區制度之後，郡從州政府獲得的補助款顯著地減少。基於這個發現，作者認為，複數選區制之下，搭便車的情況不見得沒有，但是政策利益的外溢效果以及複數選區內所有州眾議員集體投票力量可能可以克服搭便車的問題。

肆、其他單一國家的分配政策研究

除了跨國研究之外，近年來也有相當多的分配政策研究以單

---

[2] 美國在一九七〇年之前，有二十六州的眾議員都是實施複數選區制，甚至於像亞利桑納州、阿肯色州、印第安那州、紐澤西州在一九七〇年代初期之前更是實施以全州為一個州眾議員選區（at- large）的制度。後來才分別改成單一選區制。

一國家為研究標的。第一,我們來看看跟台灣一樣曾經實施過
SNTV-MMD 國會選舉制度的日本。日本分配政策相關的研究有兩
大重點,一個重點是比較一九九四年國會議員選舉制度從
SNTV-MMD 轉變成為單一選區制,國會議員選票分佈或政府資源
分配的變化情形;另一個重點則是分析政黨對於政策利益分配的
影響。

　　日本經歷過兩次的選制改革,第一次是在一九二五年,由單
一選區制改變為 SNTV-MMD 複數選區制;另外一次於一九九四年
由複數選區的 SNTV-MMD 制又轉變回單一選區制。Shigeo Hirano
(2005)以這兩次選制改革為背景,探討選制的改變對於議員選
票的集中程度以及政策利益分配有何影響?他基於 Myerson
(1993)所提出的門檻效應模型(threshold effect models),認為
在複數選區制之下,議員的票數集中情形會更明顯,因為他們只
要獲得選區部分的票數,超過當選門檻即可當選,因此議員會傾
向爭取資源集中在他的家鄉周圍;至於單一選區制之下所選出的
議員,則必須要代表較為廣泛的民意,因為他必須要獲得過半的
選票才能成功連任,因此政策利益是平均分散於選區之中。透過
選制改革前後的比較,在票源集中程度方面,研究結果顯示出,
不論是在一九二五年或是一九九四年的改革,複數選區制所選出
的自民黨國會議員的票源都呈現出高度集中於國會議員家鄉的型
態;至於單一選區制所選出的自民黨議員,票源則是較平均地散
佈於選區之中[3]。而在政府資源分配情形上之比較,作者則發現在
一九九四年改制為單一選區之後,政府的資源分配是平均散佈於

---

[3] 作者分別比較了一九二〇年(MMD)及一九二八(SMD)年之選舉以及一
　九九〇至二〇〇〇年間共四屆的選舉(一九九〇、一九九三為 MMD;一九
　九六、二〇〇〇則是 SMD),結果皆呈現出這樣的型態。

選區之中，而非像改革前般明顯環繞在自民黨議員家鄉的情形[4]。
從這些統計分析可知，不論是在票源集中程度上，或是資源分配
型態上之比較，研究結果都相當符合 Myerson 的假設。這代表著
單一選區制時期的議員，會積極為其所代表的整個選區帶回肉桶
利益，而複數選區制則使得議員僅有為某次級選區（sub-
constituency）爭取資源的誘因。透過這兩次日本選制改革前後之
比較，Shigeo Hirano 證實了議員的代表行為及政策利益分配型態
的改變，相當程度地受到選制改變所影響。

　　Horiuchi and Saito（2003）分析日本一九九四年因為改為單一
選區制，所以國會議員選區必須隨之重劃，而選區重劃對於日本
中央政府補助款分配到底造成何種影響？作者從代表性的角度來
比較選區重劃前的一九九一至一九九四年期間以及重劃後的一九
九五至一九九八年期間補助款分配的差異。統計分析結果顯示，
一九九四年選區重劃之後，形成日本前所未有的國會議員平等代
表性（equalization in legislative representation）。其次，基於中央
政府分配給市層級補助款資料（municipal-level）的統計分析發現，
不論是在重劃前或是重劃之後，過度代表的選區都比低度代表的
選區獲得更多的政府補助款。最後，因為選區重劃拉近了每一位
選民之間的選票影響力（voting strength），導致每一個人獲得中
央政府補助款的額度更加平等。

　　而在政黨對於政策利益分配的影響方面，Tamada（2006）分
析一九八七至一九九九年期間，日本中央政府分配給四十七縣的
公共投資預算。他的研究特別關心自民黨議員在各縣得票比例對
於這項政策資源分配的影響，因為過去的研究或是媒體的報導都
宣稱自民黨獲得選票越多的地區將會獲得較多的補助款。不過，

---

[4] 此為作者比較分析一九八四至二〇〇二年間，各都會區（municipality）所
獲得之政策利益。

研究結果發現自民黨對於這項政策利益的分配僅有微弱的正向影響。而 Horiuchi（2007）甚至於發現執政聯盟議員佔多數的選區反而獲得較少的補助利益，他利用一九九四年（非自民黨執政聯盟）與一九九五年（自民黨執政聯盟）日本中央政府補助款的資料分析日本在 SNTV-MMD 制度時期，不同執政聯盟的情況下，影響這些政策利益分配的相關因素[5]。他認為，日本在 SNTV-MMD 制度時期，每個選區的議員不見得屬於相同政黨，即使屬於相同政黨也會彼此競爭選票，在這種情況之下，執政黨（或執政聯盟）即使想要透過補助款的分配來增加該政黨未來選舉的優勢，也會面臨不知如何著手分配的困境。的確，日本並不像單一選區制的國家，執政黨只要分配給某選區一定額度的補助款就可以有機會增加選票的機會。面對這樣的兩難困境，究竟執政黨（或聯盟）如何處理？Horiuchi 認為，雖然客觀條件的限制使得分配給選區的補助利益不見得可以極大化政黨選票或是席次，但是執政黨（或聯盟）至少可以利用補助利益的分配來買收支持（buy support），使得在野議員在國會各種立法過程當中可以用平和的態度與執政黨一起合作。當然，這並不是說執政黨會對在野議員全般輸誠。由於日本屬於內閣制國家，政府預算案必須由內閣決定之後，才送國會審議，所以屬於執政聯盟的國會議員對於預算案的影響力勢必大過於在野議員，也因此他們有更多的機會為他們自己的選民獲取更多的公共資源。在這種情況之下，選區的議員如果是內閣成員、是執政聯盟當中各政黨的領袖、或是經常參與國會預算委員會，則這些選區會獲得較多的補助利益。

第二，我們再來看看另一個我們的鄰近國──南韓，在分配政策的研究發現。目前針對南韓的分配政策研究主要探討南韓總

---

[5] 這篇論文較早的版本曾在二〇〇三年美國政治學會年會發表（Horiuchi, 2003）。

統對於政策利益分配的影響力。例如 Kuniaki Nemoto（2007）認為總統的影響力是南韓分配政策制訂過程的一項重要影響因素。因為南韓憲法採取三權分立制，總統掌握所有的行政資源，所有法案的通過最後都必須經由總統的同意；總統也是所屬政黨的黨魁，能夠影響立法的方向。作者分析一九九〇年至二〇〇五年之間，南韓中央政府分配給地方政府（市）的補助款。實證研究發現，如果屬於總統的執政聯盟無法掌握國會多數時（也就是在分立政府狀態下），總統會很在乎國會的反對勢力成員，所以政策利益會挹注在非總統的票倉區，而支持總統的票倉區反而會獲得較少的政策利益。而在國會選舉之前，總統會特別照顧那些前一次國會選舉競爭激烈的同黨議員所屬區域，這些區域境內的市（municipalities）將會獲得較多的政策利益。

Horiuchi and Lee（2008）同樣觀察南韓總統對於分配政策的影響，但是他們的研究發現與 Nemoto 有些許的差異。他們認為，因為南韓特殊的制度與文化（享有龐大權力的總統以及南韓獨特的區域主義），所以南韓總統傾向將超額的政策利益分配給屬於自己勢力範圍（選舉）的地理區域以及屬於政治敵對者勢力範圍的地理區域，而對於那些五五波的勢力範圍則分配較少的政策利益，以致於利益分配的情形呈現 U 型。南韓總統對於政策利益的分配之所以會如此，主要有兩個原因。首先，他們希望能夠獲得優雅平和的退休（graceful retirement），不會以難堪的角色退休或是退休之後被挖瘡疤。其次，希望在任內運作政府事務時不會被反對黨或反對勢力嚴重干擾以致影響政策績效。該文作者利用市層級（municipal-level）所獲得的補助款資料從事分析，研究結果發現金泳三總統時期（一九九三至一九九七）以及金大中總統時期（一九九八至二〇〇二）均呈現作者所預期的現象。

第三，在拉丁美洲方面，首先，我們來看看墨西哥。Costa-I-Font

等人（2003）分析一九九〇至一九九五年期間，墨西哥執政黨（制度革命黨，Institutional Revolutionary Party）在面臨政治反對團體競爭的情況下，如何利用分配至區域（region）的公共投資肉桶利益來避免民眾失去對執政黨的支持。他的實證研究發現墨西哥中央政府傾向將超額的公共投資經費分配至最支持執政黨的區域，展現出一黨獨大的政策利益分配型態。

其次，Crisp and Ingall（2002）[6]針對哥倫比亞參議院的選制改革的研究中，發現選舉制度及選票集中程度對於議員提案行為的深刻影響。哥倫比亞立法機構的特色在於成員只關心地方性利益而非國家的遠景，該文作者認為部分原因應歸咎於他們的選舉制度。在一九九一年選制改革前，該國國會議員（參眾兩院制）的選舉制度雖然是比例代表封閉名單制，以行政區做為選區（類似美國的州），選區員額為二至十五名不等。但是因為政黨領袖無法有效統合，所以造成各個政黨在各個選區都有多份名單彼此相互競爭，這樣的制度造成了激烈的黨內候選人競爭，也因此國會議員都想提特殊性利益法案來與同黨同志作區隔。改革者想要改正這樣的亂象，於是在一九九一年將參議員選制改為以全國為唯一選區（at-large），員額為一百名，讓參議員的票源分散，進而使他們多關懷全國性的利益（眾議院的選制大致上維持原狀）。統計結果顯示，在選制改革之後，全國性利益的法案確實劇烈的增加，它的變化幅度是所有提案類型當中最大的[7]。這樣的改變也

---

[6] Ingall and Crisp（2001）同樣針對哥倫比亞，分析究竟什麼樣的因素讓哥倫比亞參議員與眾議員將時間與精力投注在選區，他們以這些國會議員利用週末回到選區做選民服務的次數當作依變數，並以選區的規模、選票集中程度、選票獨佔程度、資深程度、選舉競爭程度、政黨認同等等因素當作自變數。研究發現國會議員所屬選區規模越大、前一次選舉時的選票越集中的國會議員，越傾向多回家鄉從事選民服務。

[7] 除了全國性利益的法案（nationally targeted bills）外，其他的法案類型按利益涵蓋之範圍由寬而窄依序為部門的利益（sectorally targeted bills）、區域

符合理論上的預測，就是選區規模越大，議員越沒有動機追求地區性的利益，也顯示了改革初期確實達到了改革目標。但是隨著時間的演進，選民及議員不斷的互動之下，議員的得票情形也呈現越來越集中的趨勢，而選票集中程度越高的參議員越傾向提出狹隘利益的肉桶法案，這些現象代表這次的選制改革成效仍舊有限。該文作者認為雖然選區擴大到全國，但是由於繼續沿用個人名單（personal list）的選舉制度，因此仍然存在激烈的黨內競爭，所以議員還是必須建立屬於個人的選票才能和同黨的議員切割，而這也導致了改革的失敗。

最後，Samuels（2002）的研究發現，巴西的國會議員帶回肉桶利益是為了照顧地方上的工程包商，而非訴諸一般選民。由於巴西總統擁有法案的否決權，使得國會議員必須將他們所關心的政策利益分散在他們所提的各項法案當中，以降低被否決的風險。但是這種零碎且小額的政策利益對於向選民邀功（credit-claiming）的效果其實不大，而且巴西國會議員大選區的特質（巴西的選舉制度為比例代表開放名單制，以州為選區，每州應選名額八到七十名不等的大選區）以及黨內候選人彼此競爭的事實提高了議員宣傳功績的難度，甚至於這些國會議員獲得肉桶利益的功勞還會被地方上的政治人物瓜分。因此，巴西國會議員對於爭取選區政策利益來獲得選民的支持其實並沒有太多的信心。但是，在這種情況之下，國會議員為什麼還是願意汲汲營營地追求選區特殊利益？原因就在於爭取肉桶利益可以幫助議員接近地方上的工程包商，進而使他們獲得更多的競選經費以確保連任機會。Samuels 的實證研究發現，巴西國會議員爭取肉桶利益既不能增加勝選的機會，也無法拉開與競爭對手的得票差距，但是

的利益（regionally targeted bills）、地方的利益（locally targeted bills）以及個人的利益（individually targeted bills）。

卻能夠獲得更多來自於地方工程包商所提供的政治獻金。

另外，由於巴西採取比例代表開放名單制，以州為選區，每州應選名額八到七十名不等的大選區制度，這種制度容易形成黨內候選人的競爭。為了能夠當選，參選人競相爭取所謂的個人選票，呈現出來的現象與 SNTV-MMD 制度相當類似。在這種情形之下，巴西國會議員候選人的選票很容易集中在選區內的狹隘地理區塊。Ames（1995）很好奇這種選票分布的現象與肉桶利益分配會有什麼樣的關係？ Ames 從幾項因素探索驅使巴西國會議員支持肉桶利益的動機，其中一項因素便是國會議員在上一次選舉時選票的分布情形。他觀察巴西國會議員在一九八七至一九八八參與選民代表大會（Constituent Assembly）有關憲政議題的投票紀錄，並且以支持擴張國會權力（support for expanded congressional prerogatives）、支持擴張行政機關權力（support for expanded executive authority）、中央集權 ─ 社會福利國家主義（statism-welfarism）以及支持民主政府（support for popular democracy）等四類型的憲政法案做為判斷議員投票偏好的指標。作者檢驗國會議員在上一次選舉時選票支持的分佈情形、選區特質、國會議員個人職業生涯、資深程度、前一次選舉的競爭程度、政黨等等因素對於上述四類型法案記名表決的影響。因為巴西多數的補助計畫都是由行政權所掌控，為了與總統建立良好的關係，想要為選區帶回肉桶利益的議員通常會比較支持能夠擴張行政機關權力的憲政法案。Ames 的研究發現，國會議員選票分布呈現較為集中的議員會傾向支持擴張行政機關權力的法案。

第四，在歐洲與澳洲方面，Lancaster 在提出了本章先前所討論的理論架構之後，便著手從事實證研究試圖證實選舉制度對於議員肉桶行為的影響。他和 Patterson（1990）針對不同選舉制度所產生的西德國會議員做比較分析（一九八三至一九八六年期間

的國會議員）。當時西德國會議員來源有二，第一種是透過單一
選區相對多數決而產生（first-past-the-post, FPTP）；另外一種則是
來自於政黨名單的比例代表制（proportional representation, PR）。
作者透過問卷分別針對單一選區制及政黨比例代表制所選出的議
員進行訪問，問卷的內容主要是探求這兩種選制下所產生議員，
對於分配利益的看法是否有差異？調查訪問的結果發現，單一選
區制之下所產生的議員，不管是在「提供選區肉桶利益是否有助
於連任」、「企圖在立法過程提供肉桶利益給選區」、「成功地
提供給選區肉桶利益」等等項目的感知程度（perceptions）都較比
例代表制的議員來得深刻以及積極。作者同時也認為，這種感知
程度也會受到政黨的影響，在同樣認為政黨會積極協助將肉桶利
益分配給自己選區的受訪國會議員當中，單一選區制所選出來的
議員，認為「提供選區肉桶利益是否有助於連任」的百分比顯著
地高過於比例代表制所選出來的國會議員。

　　Stratmann and Baur（2002）同樣針對德國議員立法行為做過
實證研究，也證明了不同選舉制度之下所選舉出來的議員，的確
會有不同的分配政治行為。作者認為單一選區制及政黨比例代表
制這兩種不同選制之下所產生的議員，他們所要嘉惠的對象也會
有所不同，選區一票一票選出來的議員會追求地區性的利益；比
例代表制的議員會追求團體的利益以及政黨的利益，或是追求個
人的聲望。以上這些不同的偏好會表現在他們加入國會常設委員
會的行為。Stratmann and Baur 將常設委員會分成三類：選區型常
設委員會（交通委員會、農業委員會、公共工程委員會等）、政
黨型常設委員會（國防委員會、衛生委員會等），其它委員會則
屬於中立型。研究結果支持作者的假設，他們發現單一選區制所
選出的議員會傾向於加入選區型的委員會，而比例代表制選出來
的議員則傾向於加入政黨型的委員會。

　　俄羅斯也是使用單一選區兩票制的選舉制度，Kunicova 等人（2005）比較單一選區制所選出的議員，是否會較比例代表制的議員更關心特殊性的利益。俄國杜馬[8]（Duma）的派系結構非常特別，除了政黨的分野之外，也可以由三十五名議員組成派系（start up groups），這樣的派系幾乎全是由單一選區的議員所組成的，至於比例代表制的議員則大多加入本身所屬的政黨黨團中。作者以特殊利益法案為觀察範圍，他們認為單一選區的議員在特殊性利益法案的投票上，和派系領袖的意見相左的機率會較高；而比例代表制的議員即使也會試圖爭取地方利益，但是會以不違背政黨領袖的意向為前提，因為政黨領袖才是最終決定他們是否在政黨名單上的人。他們觀察一九九四至二〇〇三年期間俄羅斯杜馬在特殊利益法案上的記名表決。統計分析發現，當控制派系變數的情形下，單一選區制所選出的議員和派系領袖意見相左的機率，普遍都較比例代表制所選出的議員高，尤其是在第二屆及第三屆的杜馬時期更為明顯。

　　Limosani and Navarra（2001）分析一九六九至一九九四年期間，義大利三個區域（Lombardia, Campania, and Sicilia）公共支出的資料，實證研究發現地方政治人物會在國會選舉日之前，增加地方政府在公共投資的支出以協助同黨國會議員贏得選舉。同樣的情況也發生在澳洲，Denemark（2000）分析澳洲勞工黨政府在一九九〇與一九九三年所分配有關於社區運動補助款以及一九八八至一九九三年期間所分配的社區休閒運動設施補助款資料，他發現執政黨在一九九〇與一九九三年聯邦選舉日之前的幾個星期，會利用這些補助款來協助同黨的國會議員候選人。而屬於勝負邊緣的選區（marginal seat）或是內閣閣員所屬的選區（特別是

---

[8] 俄國下議院之別稱。

面臨勝負邊緣的狀況），將會獲得較多的補助額度。

　　另外一項義大利的研究是 Golden and Picci（2008）利用一九五三至一九九四年義大利在基督教民主黨（Christian Democracy）掌控之下，中央政府分配到九十二個省的基礎建設費為觀察對象，分析在比例代表開放名單制度下的義大利，屬於基督教民主黨而且有權力的國會議員（例如兼任重要黨職或是部會首長）所屬的選區是否可以獲得較多的基礎建設經費（這些選區大部分位在義大利南邊）？執政黨（或聯盟）是否分配政策利益至忠誠的選區（core districts）（這些選區位於義大利東北部）？是否反對黨（義大利共產黨，Italian Communist Party）掌握的選區也可以共享利益？研究結果顯示，選區的議員如果是執政黨有權力的議員，這些選區會獲得高額度的基礎建設經費。雖然如此，但是研究結果也同時顯示，執政黨卻無法要求同黨的國會議員將較多的政策利益分配至執政黨的忠誠選票區。作者認為，這很有可能是因為義大利國會議員選制屬於比例代表開放名單制度，在這種制度之下，同黨的國會議員候選人之間必須彼此競爭，而基督教民主黨因為派系化嚴重，因此政黨領袖也無力整合黨內議員，所以造成以上這種政策利益分配的型態。最後，作者發現，反對黨，也就是義大利共產黨所掌握的國會選區並無法獲得較多的基礎建設經費。

第四節　重新檢視台灣分配政策與政治

　　綜合以上包括以美國聯邦利益為討論重點的分配政策研究、美國地方政府層級的分配政策研究、跨國性的比較分配政策研究以及單一國家的分配政策研究，我們發現影響政府政策利益分配

的因素可以歸納為三個層次，各個層次分別包含了各種可能的影響因素。第一，宏觀層次（macro-level）的制度因素：例如政府體制、選舉制度與法規、政黨系統或國會委員會制度。第二，次宏觀層次（sub-macro level）的選區特性因素：例如選區對於政策利益的客觀需求、選區選民的特質、選區利益團體的活動情形。第三，屬於微觀層次（micro-level）的議員個人特質因素：例如議員是否佔有國會制度性職位、議員個人政黨屬性、資深程度、與地方聯結的程度、議員選票分佈情形（集中或分散）、議員選舉的競爭程度。另外，同樣可以歸屬於微觀層次的因素，例如總統或地方行政首長在各次級行政轄區所獲得選票的多寡或是選舉競爭程度。

而台灣過去有關於分配政策研究到底與上述這些研究有何差異？是否系統性地考慮到這些影響政策利益分配的重要因素？研究發現與上述這些研究的一致程度又是如何？

壹、台灣過去關於分配政策與政治的相關研究

究竟台灣過去分配政策與政治的相關研究（包括不見得以分配政策為主要名稱所做的研究）掌握了多少上述文獻所討論的關鍵因素？研究發現又是如何？嚴格說起來，雖然各個研究所納入的因素不同，但是並沒有一項研究全面且系統性地考慮影響政策利益分配的重要關鍵因素，特別是它們都忽略了選舉制度可能造成的影響。

首先，以分配理論為基礎的研究仍然不脫離傳統分配政策研究的範圍（美國聯邦利益分配研究），大都是以某一行政層級的補助利益為觀察標的，利用統計分析估計影響政策利益分配至地理區域的各種因素，包括議員的資深程度、議員是否為重要常設委員會委員、議員的政黨屬性、議員選舉的競爭程度、縣市行政首

長黨籍、縣市行政首長選舉競爭程度以及選區的客觀需求等等。
第一，在省政府層級的研究方面，例如羅清俊（2000a）分析台灣
省政府七十七到八十四年度分配至二十一縣市的補助款，驗證究
竟省議員的資深程度、國民黨籍省議員、常設委員會委員，縣市
長黨籍等等因素是否會影響縣市所獲得的補助款額度？研究結果
發現，除了常設委員會之外，其他政治因素對於補助款的分配均
具有正面的影響，縣市所屬的省議員越資深、國民黨省議員比例
越高的縣市，以及國民黨執政的縣市均獲得超額的省政府補助利
益。另一個有趣的發現是：當縣市長改選之後，維持國民黨執政
的縣市仍獲得最多的補助款，國民黨連任失敗的縣市次之，而維
持非國民黨執政的縣市所獲得的補助款最少。該文作者接續以相
同的補助款資料作為觀察標的，不過研究問題則是國民黨是否利
用台灣省政府的行政資源，藉著補助縣市以增加該黨在各種選舉
中勝選的機會？研究結果發現，省議員與縣市長選舉年當中，台
灣省政府的補助預算規模大過於非選舉年；省政府不分選舉年或
是非選舉年均給予前一次省議員選舉時國民黨籍與非國民黨籍候
選人競爭激烈的縣市較多的補助款；同時也將超額的補助款送到
那些既是國民黨執政又是前一次縣市長選舉戰況激烈的縣市；選
舉有關的政治因素固然影響台灣省政府補助款的分配，但是同時
發現縣市客觀的需求變數「自有財源比例」與補助款分配之間有
著相當程度的關聯（羅清俊、萬榮水，2000）。第二，中央政府層
級的研究方面，羅清俊（2000b）以內政部營建署在八十八與八十
九年「創造城鄉新風貌」補助款的分配為觀察對象，研究發現，
如果以補助金額當作是依變數時，國民黨籍立委比例較高的縣市
獲得較多的補助款。如果將各縣市所獲得的補助案數當作是依變
數時，非國民黨籍立委比例較高的縣市反而獲得較多的補助案
數。這項研究發現讓作者推論這似乎是立法委員之間的互惠關

係，國民黨籍立委比例較高的縣市獲得現金補助，而非國民黨籍
立委比例較高的縣市則獲得較多的補助案，大家各取所需，彼此
對選民都有所交代。這項研究發現與本章之前所討論的 Balla 等人
（2002）的研究發現極為類似。第三，在直轄市層級的研究方面，
羅清俊（2001）比較台北市政府在黃大洲時期與陳水扁時期分配
於十二個區公所歲出預算的影響因素。就統計分析的整體結果來
看，陳水扁時期出現分配政治的現象比黃大洲時期明顯。尤其在
行政區所屬市議員的政黨屬性、議員資深程度、民政委員會委員
資深程度對於區公所歲出預算分配的影響更是如此。比較有趣的
發現是陳水扁時期對於各區公所歲出預算的分配充滿著「感激與
回饋」，也就是說陳水扁在市長選舉時獲得票數愈多的行政區，獲
得越多的歲出預算。

其次，其他雖然不是以分配政策研究為名，但是研究架構與
研究問題與分配政策研究的議題密切相關的研究也不算少，分析
的方式也類似於傳統分配政策研究。例如，張其祿（2002）以我
國二十三縣市政府為研究對象，實證分析民國七十八年至八十七
年共十年期間，影響我國地方補助款分配的功能性因素（例如財
政能力、財政努力、財政受益、財政自主等等因素）以及政治性
因素（例如縣市立委人數、政治參與指標、政治競爭程度等等）。
在功能性因素方面，作者發現縣市平均每人財政收益越高的地
區，會獲得越多的補助款；而財政能力較佳的地方政府，則獲得
較少的補助款收入；地方公共財貨需求較高的縣市，會獲得較多
的補助。而在政治性因素方面，地方居民政治參與度越高的縣市
（縣長選舉投票率越高），將獲得超額的補助利益。劉旭清（1993）
以鄉鎮市為分析單位，研究民國七十一年至八十二年嘉義縣地方
派系、選舉與補助款之間的關聯。他同時利用質化與量化的研究
方法，檢驗各鄉鎮市所獲得補助款的多寡到底是受到那些經濟性

及政治性因素的影響？在控制相關經濟性因素之後，作者發現，當鄉鎮市長和縣長屬於相同派系時、選舉年時、該鄉鎮市對縣長支持度高、以及鄉鎮市長繼續要參選連任的情況下，該鄉鎮市會獲得超額的縣政府補助收入。劉彩卿等人針對八十七年度三百零九個鄉鎮市公所獲得縣政府補助款的資料進行實證分析，探索財政因素與政治因素對於補助款分配的結果。該研究發現，雖然補助款的分配主要還是財政需求在主導，但是仍然會受到政治因素的影響。作者納入「鄉鎮市長是否與縣長同黨籍」、「鄉鎮市長是否與中央執政黨相同黨籍」、「連任的鄉鎮市長」、「縣長選舉的支持度」與「省議員選舉的支持度」等等政治變數，分析它們對於鄉鎮市補助款分配的影響。研究發現鄉鎮市長與中央執政黨相同黨籍的鄉鎮市可以獲得超額的補助款（劉彩卿等，2003）。洪鴻智（2007）應用複雜公共利益理論（sophisticated public interest theory），以民國八十八年九二一地震災後重建為例，詮釋政府部門的災後重建資源分配決策。他以災區台中縣市、南投縣、彰化縣、苗栗縣、嘉義縣市與雲林縣所屬鄉鎮市當中的其中六十八個鄉鎮市為分析單位，透過三階段的統計分析，發現影響政府重建經費分配的重要因素除了是地震房屋倒塌數與轄區的村里數之外，地方政府首長的政黨屬性也會顯著地影響資源分配的多寡。當縣市長與鄉鎮市長同屬民進黨時，該鄉鎮市所獲得的經費就越多。作者歸結九二一賑災重建資源的分配是兼具損失導向（loss-based）（也就是以需求為導向）與資源重分配機制的補助模式（也就是政治因素的影響）。

　　最後，Tsai（2005）分析一九九五年、一九九八年以及二○○一年三次立法委員選舉的資料，第一，他證實了立法院常設委員會召集人連任的機會高過於其他立法委員，可能的原因在於常設委員召集人掌握的資源有利於未來選舉，例如媒體曝光程度、議

程控制的權力、甚至於獲取選區資源分配的機會比其他委員高。
第二，他認為在 SNTV-MMD 制度之下，同黨候選人因為相互競爭
而可能減少這個政黨在這個選區所獲得的總席次。而國民黨會利
用國會常設委員會召集人的職位做為一種特殊利益來協調
（coordinate）同黨的候選人，同時也傾向將這個職位分配給上一
次選舉險勝的同黨委員。而在這種情況之下，國民黨籍常設委員
會召集人越多的選區，將會協助國民黨獲得越多的立委席次。

　　正如作者先前所言，雖然以上各個研究納入不同的因素，但
是卻不見得是全面性且系統性。同時，他們大都忽略了選舉制度
對於分配政策所造成的影響，唯二的例外的是 Tsai（2005）以及
Sheng（2006）。Tsai（2005）的研究內容在上一段已經討論過了，
而 Sheng（2006）的研究則觸及了我國立法委員選舉制度當中的區
域與不分區立委，以及在 SNTV-MMD 制度下，因為選區立委員額
數量的不同而造成立委追求個人投票（personal vote）動機上的差
異。她認為我國立法委員選舉制度會影響立委提案的代表行為，
因此她假設在 SNTV-MMD 制度之下所選出的區域立委，提出特殊
性利益法案的動機高於比例代表制所選出的不分區立委；另外，
同樣是 SNTV-MMD 制度下所選出的立法委員，小型選區的立委提
出特殊性利益法案的動機高過於大型選區的立委。她以第五屆立
法委員的提案做為觀察標的，實證研究發現支持她所提出來的假
設。她的研究雖然不是分析政策利益分配的結果，但是如果依循
著她的實證發現，我們將可預期：既然小選區立委追求肉桶利益
的動機高過於大型選區的立委，而如果這些立法委員對於行政機
關所分配的政策利益可以使得上力的話，那麼小選區將會比大選
區獲取較多的政策利益。Sheng 的研究發現與過去研究選區規模與
議員追求個人投票或是政策利益分配之間關聯的發現不謀而合。
從近年來分配政策與政治研究的發展潮流來看，如果政策利益分

配的研究不能忽略選舉制度,那麼 Sheng 這項研究的啟示就在於:台灣分配政策與政治的型態應該會跟 SNTV-MMD 制度當中,各個選區不同立委員額的多寡有關。

貳、回到分配政策研究的起始點並重新建構台灣分配政策與政治研究的分析架構

一、回到分配政策研究的起始點

過去台灣分配政策與政治的相關研究的確是比較片段,而缺乏一套完整的分析架構。從近年來台灣分配政策研究的發展來看,我們需要以更系統性的視野來勾勒台灣的分配政策與政治的圖像。基於這個理由,作者重新回到分配政策研究的原始起點,思考分配政策研究最基本的問題:台灣選民是否期待立法委員為選區帶回經濟利益?立法委員將補助利益帶回選區是不是選民投票支持的重要因素?這是分配政策與政治研究最重要的起始點,因為它會決定立法委員的動機與誘因,進而反映在在分配利益上的代表行為與政策利益在選區分配的結果。

分配政策理論的起源奠基在單一選區制的國會議員選舉制度。在單一選區制度之下,選民是很期待選區議員為選區帶來肉桶利益。Cain, Ferejohn and Fiorina(1987)所做的調查研究發現(比較美國與英國),選民很期待他們的議員為選區帶回經濟利益或是從事一些個人需求的服務,即使像英國國會議員選舉,選民那麼仰賴政黨標籤的情況下也呈現類似於美國的情況;而選民也很滿意國會議員曾經為他們所做的服務。然而,到底國會議員提供這些選區服務對於他們的連任之路會有多少好處?一些實證研究發現選區相關服務與國會議員勝選之間存在正面的關係,例如從事選區服務可以說服選民支持現任的國會議員(Romeo, 1996; Serra, 1994; Fiorina, 1981; Fenno, 1978);從事選區服務可以增加議員在選

區的知名度，並且獲得選民的好印象，同時競選連任時會比其他從事選區服務程度較低的議員更佔優勢（Cain et al., 1987）。另外，也有一些實證研究發現國會議員為選區選民帶回聯邦補助利益的確可以增加選民支持的機會，例如 D. Roscoe 利用美國 NES（National Election Study）的資料所做的分析結果的確呈現這樣的情形（Roscoe, 2003）。Rocca（2003）也發現一九九五年美國國會選區內的軍事基地關閉或重新調整與一九九六年眾議員選舉結果密切相關，凡是選區內的軍事基地被關閉或是遭到重新調整的民主黨眾議員，在一九九六年選舉時與對手的差距顯著地減少許多。Patrick Sellers 的研究也發現，國會議員在國會制訂聯邦支出法案時的記名表決記錄如果能夠呈現相當程度的一致性，也就是說，如果這位議員在國會的投票記錄向來都是支持聯邦政府增加支出（fiscally liberal incumbent），那麼他為選區所爭取的聯邦利益的確能夠說服選民，進而增加他們競選連任時的票數（Sellers, 1997）。Kenneth Bickers 與 Robert Stein 雖然沒有直接證明議員為選區爭取聯邦補助有助於增加勝選機會，但是他們的實證研究發現，如果議員在上一次競選時與對手的票數差距越小，危機意識驅使這些議員上任之後努力爭取比以前更多的聯補助款，以免下次選舉失利；同時們也發現如果議員為選區爭取比以往更多的聯邦利益，就可以在競選連任時減少強勁競爭對手出現的機會（Bickers and Stein, 1996）。Michael Alvarez 與 Jason Saving 觀察一九八〇年代美國聯邦政府補助款分配與當時在任眾議員競選連任的關聯性，首先，他們發現即使一九八〇年代美國赤字嚴重，但是肉桶政治的現象並沒有減少；其次，他們也發現，聯邦補助款的分配明顯且正面影響在任民主黨眾議員競選連任，反而對於共和黨的議員沒有顯著影響（Alvarez and Saving, 1997）。Levitt and Snyder, Jr.利用一九八三至一九九〇年聯邦政府分配給四百三十五

個眾議員選區補助款的資料驗證選區所獲得的補助利益是否增加當任議員連任的得票數，他發現足夠的證據證明聯邦補助利益讓競選連任的國會議員受惠，每一個選區每一個人如果增加一百元美金的補助利益，議員可以多獲得 2%的選票（Levitt and Snyder, Jr., 1997）。

　　雖然仍有些實證研究認為國會議員花在選區服務的時間對於現任議員選舉票數的增加效果有限（Parker and Parker, 1985）；國會選區獲得的聯邦補助利益對於現任眾議員競選連任時所獲得的票數並無影響（Feldman and Jondrow, 1984）；為選區爭取補助利益不見得能獲得選票支持，需視選民與國會議員的政黨傾向而定（Bickers et al., 2007）。但是，沒有一位國會議員會因為如此而漠視為選區爭取政策利益這件事，因為國會議員絕對負擔不起這樣的後果（Mayhew, 1974: 57）。

　　然而，台灣在 SNTV-MMD 制度之下，選民是如何看待立法委員為家鄉帶回經濟利益？選區補助利益與立法委員選舉之間關聯性如何？從近年來跨國比較分配政策研究的發展來看，選舉制度相當程度地塑造了選民對於國會議員的期待。SNTV-MMD 制度之下的台灣選民對於立法委員為選區帶回經濟利益的期待以及他們如何投射在立法委員選舉的投票行為上，可能會與單一選區制度下的選民有所不同。而且，決定台灣選民在立法委員選舉投票行為的因素頗為複雜，除了一般投票行為研究所指出的因素之外，台灣特有的國家認同議題，族群議題，派系，人情因素等等也常常具有關鍵性（黃秀端, 1994, 1996；盛杏湲, 2000, 2002, 2005；吳重禮, 2003；王柏燿, 2004；吳宜侃, 2005）。在這種情況之下，是不是會因此而使得台灣選民對於立法委員為選區帶回補助利益的期待有著更為特殊的型態？凡此種種都需要實證研究加以探索。一旦確認了這個問題，台灣分配政策與政治的研究就找到了

立基點。因為理性立法委員的行為動機與誘因勢必會受到選區選
民期待的影響，而選民期待所影響的結果不僅會反映在立法委員
在分配利益的代表行為上，同時也會反映政策利益實際上在選區
分配的結果。

　　具體來說，作者所關心的是：首先，選民對於補助利益的期
待在 SNTV-MMD 制度下所呈現的整體特徵為何？選民之間的看
法有無差異？差異的程度如何？差異的來源又會是什麼？從過去
的研究看來，SNTV-MMD 制度下的選區規模很有可能是影響選民
期待差異的主要來源，也就是說來自於小規模選區的選民期待立
法委員為選區帶會補助利益的程度會高過於中、大規模選區的選
民[9]。其次，如果實證研究證明這是事實，那麼我們也將預期立法
委員為選區爭取補助利益的誘因，也會隨著這些立法委員所屬的
選區規模大小而異，小規模選區立法委員爭取選區利益的誘因應
該強過於中、大型選區的立法委員。最後，立法委員因為所屬選
區規模的不同而導致誘因強弱的差異，也將會反映在立法委員分
配利益代表行為上的積極與消極態度，進而使得政策利益在選區
分配的結果呈現多寡的不同。

二、重新建構台灣分配政策與政治研究的分析架構

(一)SNTV-MMD 制度的特徵因素

　　選區規模的差異是 SNTV-MMD 制度當中的一項特徵
（Lancaster, 1986）（台灣各立法委員選區員額懸殊的差異更是如

---

[9] 在本書第三章的全國選民調查研究分析當中，作者並沒有先直接驗證選區
規模的影響。而是先廣泛性地從選民的政黨認同以及是否居住在直轄市、
省轄市、北部各縣、中部各縣、南部各縣、東部與離島各縣來觀察他們看
法上的差異，希望透過不同角度廣泛瞭解選民的想法。分析結果發現東部
與離島各縣受訪者因為意見強烈程度高過於其他區域，而這些縣所屬的立
法委員員額較少，所以在這種情況之下，進一步去驗證選區規模的影響才
會有意義。

此），而立法委員選票集中在選區內的某些地理區塊則是該制度所引出來的另一項重要特徵（Hirano, 2005）。即便 SNTV-MMD 制度之下，立法委員選票都會傾向於集中在選區當中的某一個（或某些）區塊，但是每一位立法委員選票集中的程度可能會有不同，每一個選區集中的型態也可能會不一樣。根據之前所回顧的文獻，這些差異也可能會影響立法委員追求選區經濟利益的誘因，進而影響立法委員在分配利益的代表行為以及實質政策利益在選區分配的結果。而立法院常設委員會召集人的角色，同樣根據先前文獻的回顧，雖然它不純然屬於 SNTV-MMD 制度的特性，但是卻曾經被台灣的國民黨用來協調同黨參選連任的立委，讓上一次選舉險勝的國民黨立委擔任這個職位以方便引介選區利益，增加當選機會，如此一來，國民黨的當選席次就能夠增加。從這個角度來看，這項因素在台灣也可以算是 SNTV-MMD 制度下的副產品，而可能影響實質政策利益在選區的分配（Tsai, 2005）。

　　選區規模是選舉制度層面的影響因素，它雖然屬於本書所定義的宏觀層次的制度因素，但是因為本書並不是跨國比較研究，而是觀察台灣在 SNTV-MMD 選舉制度之下，各立委選區規模的差異對於分配政策與政治所造成的影響。所以選區規模這個因素在概念上來說雖然屬於宏觀層次的選舉制度，但是在實際研究操作上來說，它是本書所定義的次宏觀層次因素，也就是選區因素。而立法委員選票集中程度以及立法院常設委員會召集人的角色這兩項因素是 SNTV-MMD 選舉制度所導引出來的，這兩項因素可以是立法委員個人特質因素，而如果我們將選區內的各個立法委員選票集中程度以及立法院常設委員會召集人加以聚合起來觀察時，它們也可以屬於選區特質的影響因素。以上三項因素將會是本書後續實證研究特別強調的觀察重點。

(二)其他中介因素

　　除了以上立法委員選舉制度以及因為選舉制度所引發出來的因素之外，根據過去的研究，其他還有一些可能的中介因素影響立法委員追求地方利益的誘因，進而影響立法委員在分配政策上的代表行為以及政策利益在選區分配的結果。在這些中介因素當中，有的是單純屬於選區的特質因素，包括：第一，選區對於補助利益的需求程度。這會與選區的貧富狀況有關，選區越貧瘠，立法委員越有動機爭取地方利益以爭取個人投票，因為可以滿足選民需求。同樣的，選區越貧瘠，政府補助款挹注至這些地區的機會與額度也會隨之增加，因為政府擔負平衡區域發展的責任。第二，選區選民政治參與程度。選區選民政治參與程度越高，可能代表著關注的選民（attentive public）越多，在這種情況之下，立委將有較強的動機為選區獲取補助利益，因為立委很容易在這些關注選民面前邀集到功勞。第三，選區利益團體或一般社會團體的數量。選區利益團體或一般的社會團體數量越多，他們對於政府政策利益的需求量將隨之增加。由於這些團體有相當程度的動員選民能力或提供政治獻金的能力，因此立法委員通常會有相當強的誘因協助引介政策利益給這些利益團體。

　　另外一些中介因素是屬於立法委員個人特質因素，但是如果將選區內立法委員這些個人因素聚合起來之後，也可以成為另一種型態的選區特質因素。這些因素包括：第一，立法委員資深程度。第二，立法委員政黨屬性。第三，立法委員是否為立法院相關常設委員會委員。第四，立法委員在前一次選舉的競爭程度。第五，立法委員是否具有地方派系背景。第六，立法委員是否曾經擔任過地方民選的公職人員。本書後續所從事的各種實證分析究竟會選擇立委個人特質因素？或是將立委個人特質因素聚合成為選區特質因素？這會隨著後續實證分析案例所界定的分析單位

不同而定。

　　而實質政策利益在選區分配的結果除了可能受到 SNTV-MMD 制度、立委選區特性或是立法委員個人特質影響之外，總統選舉相關因素以及選區所屬地方行政轄區行政首長的政黨屬性可能也有一定程度的影響。對於那些提供多數選票給現任總統的選區，以及與中央執政黨相同黨籍的地方行政首長所管轄的選區可能會獲取較多的補助利益。這些因素在本書後續實質政策利益分配的分析當中也將會納入。

　　以上所述各種不同的變數的選取都會隨著不同的實證研究案例特性以及資料獲取的難易而有些許的不同。這在本書後續各章實證研究案例當中都會詳細地說明。

第三章

選民期待立法委員爭取補助利益的調查分析

本章實證分析係依循作者執行國科會研究計畫結案報告的架構骨幹所撰寫的內容（計畫編號 NSC94-2414-H-305-008）。但與原結案報告內容不同之處在於本章是實施反覆加權抽樣法之後的分析結果。

第一節　研究問題

　　發源於美國的分配政策與政治研究主要在探索聯邦政府政策利益分配至各地理區域（眾議員選區或各州）的驅使力量，這些驅使力量包括各地理區域對於政策利益的客觀需求程度，以及各地理區域所選出的國會議員為了連任而積極引介政策利益，以增加他們勝選機會的相關政治因素。雖然過去台灣分配政策研究發現政治因素影響政策利益的分配，但是仍然需要更為系統性的證據來勾勒台灣分配政治的特質。基於這個理由，本書重新回到分配政策研究的原始起點，思考應用分配理論來詮釋台灣分配政治的基本問題。第一個亟需重新釐清的問題，也是本章研究主要的焦點：國會議員將補助利益帶回選區是不是台灣選民投票支持的重要因素？這是分配政策與政治研究一個重要論點，而過去美國的實證研究也的確發現如此。然而，在立法委員單記非讓渡的複數選區選舉制度下，台灣選民是否也是這樣？程度如何？有何特徵？在甚麼條件之下會特別明顯？另外，決定台灣選民在立法委員選舉投票行為的因素頗為複雜，除了一般投票行為研究所指出的因素之外，台灣特有的國家認同議題，族群議題，派系，人情因素等等也常常具有關鍵性。在這種情況之下，是不是因此而使得台灣選民對於立法委員為家鄉帶回補助利益的期待呈現截然不同的型態？凡此種種都需要實證研究加以證明。唯有釐清這些基本問題，我們才能進而去確認台灣的國會議員是否存在為選區帶回補助利益的動機？動機種類為何？動機是否夠強？當我們確認這個動機之後，進一步探索立法委員在國會關於分配法案與預算的立法行為與代表行為，以及政策利益在選區分配的結果等等研

究議題才會顯得有意義。過去關於台灣選民投票行為的研究比較少將這個因素納入分析模型當中，因此從事這個主題的調查研究，不僅可以增加關於「選民對於國會議員期待」的相關知識，同時可以重新釐清發源於美國的分配政策理論在台灣的適用程度。

　　本章藉由全國性的調查回答以下三組研究問題：(1)台灣選民在立法委員選舉投票時究竟如何評估立法委員？各個評估標準的相對重要性為何？比較不同評估標準，立法委員為選區爭取地方建設經費是不是選民評估立法委員的重要依據？是否會隨著選民政黨立場不同而不同？是否隨著選民居住區域的不同而迥異？(2)選民是否感受到立法委員經營選區所做的各種努力？這種感受程度是否會隨著選民政黨立場不同而異？是否隨著居住區域的不同而不同？(3)選民對於立法委員爭取中央政府補助預算有何看法？為地方爭取補助經費在立委選舉來說是不是重要的議題？選民是不是認為立法委員向中央爭取補助經費來保護選區利益或是繁榮地方是立法委員最起碼的責任？立法委員有無爭取補助經費會不會對於選民投票時造成影響？選民是否會以選票懲罰沒有帶回或獎勵曾經帶回選區補助利益的立法委員？強度差異如何？這些看法是否隨著選民政黨立場與居住區域不同而異？

第二節　研究設計

壹、問卷設計內容

　　為了回答本章所提的研究問題，本章採用問卷調查法來收集資料。根據研究問題的主軸，操作化成為三個部分的問卷內容，

依序為選民在立委選舉投票時考慮的六項因素、選民對於立委經
營選區的實際感受、選民對於立委爭取補助預算的看法,最後再
加入受訪者基本資料。受訪者是合格選民（eligible to vote）,即使
前一次立委選舉並未參與投票,但是只要是合格的選民且曾經參
加過立委投票都是訪問的對象,原因在於我們希望能夠看出廣泛
民眾的看法,並不侷限於是否在上一次立委選舉時參與投票為限
（第六屆立委選舉）。而本研究請受訪者所評估的對象是他們選區
現任的立委,因為本研究想要了解選民對於立委經營選區所做的
努力之感受程度,以及立委爭取補助利益的努力程度會不會影響
選民下一次的投票行為。所以,唯有現任者的表現才能呈現出選
民眼中的「績效」。

第一部分,問卷列出包括「形象」、「政黨」、「地方派系或宗
親」、「在立法院專心制訂政策」、「爭取地方建設經費」與「選區
服務」等六項選民在立委投票時可能考量的因素。請受訪者依過
去投票時各項因素所佔的重要性打分數,分數的範圍從零分到十
分,分數愈高代表該因素愈重要。希望藉此比較出「爭取地方建
設經費」相對於其他因素的重要性。

第二部分,在問卷中舉出「選區立委向中央爭取補助經費繁
榮地方」、「選區立委向中央爭取補助經費保護選區利益」、「選區
立委幫忙選民和政府打交道」、「選區立委參加各項地方活動」等
四項立委主要從事經營選區的工作項目,請受訪者依其實際感
受,以「有」或「沒有」做答。這個題組的目的是希望暸解選民
對於立法委員經營選區所做的工作項目之實際感受程度,同時也
希望比較第一部分的「爭取地方建設經費」與「選區服務」這兩
項選民投票時考慮的因素,觀察選民期待與實際感受上的差距。

第三部分,有關選民對於立委爭取補助預算的看法,問卷內
容細分為三個題組。首先,爭取補助預算在立委選舉時的重要性;

其次，選民對於立委爭取補助預算基本責任的期許；最後，立委是否曾經爭取補助經費對於選民投票的影響等等三個題組。在爭取補助預算在立委選舉時的重要性部分，詢問「立委會因為沒有為地方爭取中央補助經費而落選」以及「立委為地方爭取中央補助經費是立委選舉的重要議題」。在選民對於立委爭取補助預算基本責任的期許部分，詢問「向中央爭取補助經費來保護我們選區利益（例如農業補助、災害補助、寒害補助）是立委最起碼的責任」以及「向中央爭取補助經費來繁榮地方（例如道路、橋樑、學校、圖書館、防洪排水的建設經費）是立委最起碼的責任」。而在立委是否曾經爭取補助經費對於選民投票的影響部分，則詢問「如果立委沒有爭取中央的補助經費，下次選舉您就不會支持他」以及「立委沒有爭取中央補助經費這件事您會告訴別人」來觀察選民是否會懲罰沒有帶回補助利益的立法委員，同時這種懲罰會不會經由選民之口加以擴散，藉此測量其強度。本研究也詢問受訪者「如果立委有爭取中央的補助經費，您比較可能支持他」以及「立委爭取中央補助經費這件事您會告訴別人」來觀察選民是否會獎勵曾經帶回補助利益的立法委員，以及這種獎勵會不會經由選民之口加以擴散，同樣的，這也是藉此測量其強度。每個題組包括二至四道題目。依據李克特尺度設計「非常不同意」、「不太同意」、「不知道／無意見」、「有點同意」、「非常同意」等五個選項，讓受訪者擇一回答。

最後一個部分是基本資料，本研究選擇包括「居住選區」、「居住時間」、「年齡」、「教育程度」、「政黨」及「性別」在內的六項基本資料。在後續實際的交叉分析中，本章僅選擇受訪者的政黨立場與居住區域，主要原因在於過去分配政策文獻著墨很多的部分在於選民政黨立場與居住區域，例如比較美國民主黨選民為主的選區以及共和黨選民為主的選區在政策利益分配上的差異

（Alvarez and Saving, 1997），或是比較都會選區與鄉村選區在政策利益需求上的差異（Owens and Wade, 1984）。在選民政黨立場部分，則將受訪者區分為泛藍、泛綠以及中立選民（作者將自認為偏向國民黨、親民黨、新黨以及泛藍的受訪者歸類為泛藍選民；自認為偏向民進黨、台聯、以及泛綠的受訪者歸類為泛綠選民；自認為中立選民者則維持原編碼）。至於選民居住區域部分，由於考慮都會化程度與北中南東區域的差別，本研究將各選區重新組合成為台北市、高雄市、省轄市、北部各縣（包含台北縣、桃園縣、新竹縣、苗栗縣）、中部各縣（包含台中縣、南投縣、彰化縣、雲林縣）、南部各縣（包含嘉義縣、台南縣、高雄縣、屏東縣）、東部與離島各縣（包含宜蘭縣、花蓮縣、台東縣、澎湖縣、金門縣、連江縣）。詳細的問卷內容請參閱本書附錄一。

貳、CATI 實施經過

本研究使用臺北大學民意與選舉研究中心的電腦輔助電話調查系統（Computer-Assisted Telephone Interview, CATI）進行訪問，包括抽樣、撥號均藉由該系統進行。問卷於電腦螢幕中顯示，訪員在進行訪問時以滑鼠勾選答案，CATI 會自動檢驗是否有漏答或跳題等邏輯錯誤，並將訪問結果即時寫入資料庫，不須再由人工編碼、鍵入資料，避免人為錯誤。

本調查以台、澎、金、馬四地二十五縣市共二十九選區[1]、二十歲以上且戶籍與居住地為同選區的民眾為訪問對象。本調查研究並不以曾經在第六屆立法委員選舉時參加投票的選民為限，換言之，只要是合格的選民且曾經參加過立委投票都是我們訪問的對象。正式調查時間為民國九十五年四月六日至九十五年四月二

---

[1] 二十五縣市中，台北市及高雄市各有兩個選區、台北縣有三個，其餘縣市各一個。

十四日為止的週一至週五晚上六點至十點。採分層隨機抽樣（以
立法委員選區為分層標準），並以電話尾數兩碼亂數抽取，共抽出
32,010 樣本。其中，獲得有效樣本數為 1,071 份，抽樣誤差在 95%
的信心水準之下，約±2.99%。另外，接聽開始訪問共 5,901 通，
其中「中止訪問」為 1,090 通，理由包含該電話為非住宅電話、無
合格受訪者、受訪者因生心理障礙無法進行訪問、語言不通等因
素。另外，拒訪通數為 3,480 通，理由包含對該主題沒興趣、覺得
被侵犯個人隱私、太忙沒時間及無故掛電話者。

參、樣本代表性檢測與反覆加權抽樣

雖然針對選民戶籍所在選區的樣本結構與中央選舉委員會公
佈的第六屆立法委員選舉人數的母群體結構比較，計算出的卡方
值顯示與母群體結構無差異。但是為了讓樣本更具有代表性，本
章使用反覆加權法調整樣本結構，除了希望各選區的樣本分佈符
合母群體分佈之外，也能同時符合母群體在性別、年齡以及教育
程度的分佈情況。

表 3-1 顯示，雖然以選區與性別為分類的加權前樣本結構與母
群體分佈一致，但是年齡層與教育程度卻不然。因此本研究在同
時考量這四項變數的情況之下，利用多變數反覆加權法進行偏差
變數的調整，試圖降低年齡及教育程度的偏差情況，並使四項變
數（選區、性別、年齡、教育程度）皆能同時符合母群體實際的
分佈比例，以確保本研究的樣本結構能在符合實際母群體結構之
下進行分析。

肆、統計分析方法

在以下的分析當中，依序以選民在立委選舉投票時考慮的六
項因素、選民對於立委經營選區所從事的工作項目之實際感受、

表 3-1　加權前後樣本結構與母群體實際分佈的差異表

變數	變數類別	加權前樣本分佈比例	母群體實際分佈百分比	加權後樣本分布比例	卡方檢定值
年齡	20~29 歲	16.17%	21.96%	21.89%	加權前卡方值 =63.515***
	30~39 歲	25.14%	21.53%	21.51%	
	40~49 歲	26.54%	21.96%	21.98%	加權後卡方值 =0.006
	50~59 歲	20.37%	16.72%	16.75%	
	60 歲及以上	11.78%	17.83%	17.91%	
教育程度	國中及其以下	18.84%	34.76%	34.78%	加權前卡方值 =125.064***
	高中職	34.86%	29.82%	29.82%	
	大學/專科	39.83%	31.25%	31.26%	加權後卡方值 = 0.014
	研究所及以上	6.47%	4.17%	4.16%	
性別	男	50.61%	50.19%	50.21%	加權前卡方值 =0.076
	女	49.39%	49.81%	49.79%	
選區	高雄市第一選區	3.92%	3.91%	3.88%	加權前卡方值 =3.893
	高雄市第二選區	2.61%	2.93%	2.96%	
	臺北市第一選區	6.16%	6.17%	6.19%	加權後卡方值 =0.721
	臺北市第二選區	6.07%	5.91%	5.92%	
	臺北縣第一選區	4.76%	4.82%	4.83%	
	臺北縣第二選區	6.44%	6.04%	6.05%	
	臺北縣第三選區	5.79%	5.63%	5.64%	
	宜蘭縣	2.15%	2.03%	2.06%	
	桃園縣	7.75%	7.77%	7.70%	
	新竹縣	1.96%	1.94%	1.90%	
	苗栗縣	2.43%	2.48%	2.51%	
	台中縣	6.63%	6.58%	6.57%	
	彰化縣	5.79%	5.85%	5.84%	
	南投縣	2.33%	2.34%	2.34%	
	雲林縣	3.36%	3.39%	3.41%	
	嘉義縣	2.52%	2.57%	2.60%	
	台南縣	5.23%	5.08%	5.08%	

(續)表 3-1　加權前後樣本結構與母群體實際分佈的差異表

變數	變數類別	加權前樣本分佈比例	母群體實際分佈百分比	加權後樣本分布比例	卡方檢定值
選區	高雄縣	5.60%	5.60%	5.54%	
	屏東縣	3.92%	3.88%	3.89%	
	台東縣	0.75%	0.75%	0.76%	
	花蓮縣	1.21%	1.21%	1.19%	
	澎湖縣	0.47%	0.43%	0.44%	
	基隆市	1.77%	1.76%	1.76%	
	新竹市	1.12%	1.67%	1.66%	
	台中市	4.30%	4.38%	4.37%	
	嘉義市	1.03%	1.19%	1.19%	
	台南市	3.55%	3.39%	3.39%	
	金門縣	0.28%	0.29%	0.27%	
	連江縣	0.09%	0.04%	0.09%	

*: p<0.05　**: p<0.01　***: p<.001

選民對於立委爭取補助預算的看法等三個部分逐一分析。在第一個部分當中，因為詢問受訪者在各項投票因素的評分（0 至 10 分），因此將它視為等距變數加以處理，雖然如此，後續的分析仍然同時以次數分配與平均值描述受訪者普遍性的看法。進一步，本章以變異數分析交叉檢定受訪者是否會隨著政黨立場不同或是居住區域不同而有不同的評分。在第二個部分，問卷詢問受訪者實際上是否感受到立法委員經營選區的各項工作，選項為「是」與「否」的類別尺度。因此以次數分配描述受訪者普遍性的看法，進一步以卡方分析交叉檢定受訪者是否會隨著政黨立場不同或是居住區域不同而有不同的感受。第三個部分使用李克特尺度以「非常不同意」、「不太同意」、「不知道/無意見」、「有點同意」、「非常同意」

等五個選項加以測量。在敘述性統計部分，以這 5 項不同程度做
次數分配觀察受訪者的意見分佈。不過在以政黨與居住區域的卡
方分析時，為了方便解釋，所以聚合「非常不同意」與「不太同
意」的次數成為「不同意」的次數；同時也聚合了「非常同意」
與「有點同意」的次數成為「同意」的次數；而無意見部分因為
卡方分析當中出現預期觀察次數少於 5 的情形，因此排除了這些
樣本，以避免卡方檢定的誤差。

第三節　統計分析

壹、選民在立委選舉投票時到底考慮甚麼因素？

圖 3-1 顯示受訪者在立委選舉時投票考量的六項因素之重要
性所評分數的次數分配，表 3-2 則是這六項因素個別的平均分數與
標準差。整體來看，表 3-2 與圖 3-1 透露出選民對立委候選人的選
擇較重視的是立委是否「爭取地方建設經費」、「在立法院專心制
訂政策」、「個人形象」與「選區服務」；而「政黨」與「地方派系
與宗親」所顯示的相對重要性顯然低於前四者。

具體來說，從表 3-2 當中六項投票因素的平均數來看，由高至
低分別是 6.77 分的「爭取地方建設經費」、6.60 分的「專心制訂政
策」、6.39 分的「形象」、5.31 分的「選區服務」、4.81 分的「政黨」
以及 3.43 分的「地方派系與宗親」。進一步來看，圖 3-1 當中六項
因素從 0 分至 10 分的次數分配來看，「爭取地方建設經費」、「專
心制定政策」、「形象」與「選區服務」等四項因素的較高評分的
次數分配皆集中於分數高的一邊。超過 5 分（含 5 分）的次數分
配總和分別是 84.76%、82.56%、83.27%、68.79%。而在兩項低平

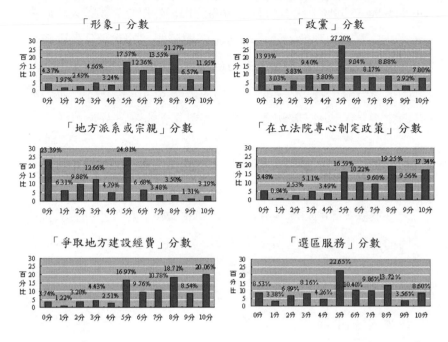

圖3-1　選民在立委選舉所考慮的六項因素從 0 分至 10 分的次數分配

表 3-2　選民在立委選舉時所考慮六項因素的平均值與標準差

考慮因素	平均分數	標準差
形象	6.39	2.56
政黨	4.81	2.92
地方派系或宗親	3.43	2.72
在立法院專心制訂政策	6.60	2.74
爭取地方建設經費	6.77	2.66
選區服務	5.31	2.83

均數因素，即「政黨」與「地方派系與宗親」的次數分配方面，「政黨」的次數分配呈現近似於常態分配，最高的次數分配出現在 5 分（27.2%），高於 5 分的次數分配以及低於 5 分的次數分配各佔

36.81%與 35.99%，代表約有半數的選民仍然以立委候選人的政黨屬性為投票時的判準；而「地方派系與宗親」的次數分配則較傾向於偏峰（偏向於 0-5 分），0 分的次數分配為 23.39%，而低於 5 分的次數分配（含 5 分）佔了受訪人數的 81.76%，顯示「地方派系與宗親」這個因素漸漸離開選民選舉立委的決定因素。

貳、選民在立委選舉投票時所考慮的因素是否與選民政黨立場有關？

基於**表 3-3** 的變異數分析發現，選民政黨立場的不同對於投票時所考慮的因素也會有所不同的情形發生在「形象」、「政黨」、「在立法院專心制訂公共政策」以及「爭取地方建設經費」等四項。而在「地方派系或宗親」以及「選區服務」這兩項，並未隨著選民政黨立場不同而異。

首先來看看達到統計顯著水準的四項因素，在這四個變異數分析達到統計顯著性的因素當中又可以歸納為三類。第一類的平均分數高低依序是泛藍選民、泛綠選民、中立選民，而且變異來源主要來自於泛藍選民與中立選民之間（泛藍選民的平均值顯著地高過於中立選民），例如「形象」與「在立法院專心制訂公共政策」這兩項屬於此類。從這些分析結果推斷泛藍選民重視這兩項的原因，可能跟樣本結構當中泛藍選民的高教育程度有關。在本調查研究的樣本結構中，大專學歷以上程度的選民當中，泛藍選民佔 44.6%，高過於泛綠的 18.1%與中間選民的 37.1%。第二類的平均分數由高至低依序也是泛藍選民、泛綠選民與中立選民，例如「政黨」這一項。不過，變異來源主要是來自於兩個，一個是泛藍選民與中立選民（前者平均值大於後者），另一個則是泛綠選民與中立選民（前者平均值大於後者）。在這一類的檢定當中，泛藍選民和泛綠選民之間的分數差異不大，而且都沒有超過 6 分，

表 3-3　選民政黨取向與立委選舉考慮六項因素的變異數分析

選民選舉考量六項因素	不同政黨立場選民在各項因素的平均數	F 值	變異來源以及 t 值
形象	藍：6.73	4.174*	泛藍選民＞中立選民（t=2.95）
	綠：6.37		
	中立：6.22		
政黨	藍：5.64	46.131***	泛藍選民＞中立選民（t=9.23）泛綠選民＞中立選民（t=6.23）
	綠：5.31		
	中立：3.84		
地方派系或宗親	藍：3.53	0.130	
	綠：3.54		
	中立：3.44		
在立法院專心制訂公共政策	藍：6.97	4.522*	泛藍選民＞中立選民（t=2.86）
	綠：6.45		
	中立：6.44		
爭取地方建設經費	藍：7.12	3.426*	泛藍選民＞泛綠選民（t=2.83）
	綠：6.60		
	中立：6.74		
選區服務	藍：5.37	0.847	
	綠：5.17		
	中立：5.48		

*: p<0.05　　**: p<0.01　　***: p<.001

這代表選民即便自認為有某種政黨傾向，但是投票時的考慮因素不見得會以候選人的政黨屬性為最優先的考量。至於中立選民在這裡的分數最低，因此是名副其實的中立選民。第三類的平均分數依序為泛藍選民、中立選民、泛綠選民。差異主要來自於泛藍選民與泛綠選民之間（泛藍選民平均值高過於泛綠選民），例如「爭取地方建設經費」即屬於此類。這個統計發現有其道理，泛藍選民在過去國民黨長期執政下，似乎對於民意代表爭取補助預算的

期待習以為常，而過去穩定的利益分配結構更加強了這種期待，即使政黨輪替，期待似乎仍未消失。

不過令人納悶的是，泛藍選民對於立委「爭取地方建設經費」的高期待難道不會與對候選人的「形象」、「政黨」與「在立法院專心制訂公共政策」的高期待相衝突嗎？如果以泛藍選民為樣本，計算泛藍選民在六項投票因素的相關係數時，結果發現「爭取地方建設經費」分別與「形象」、「政黨」、「在立法院專心制訂公共政策」三個因素之間的相關係數是 0.211，0.091，0.286，雖然呈現低度正相關但是均達到統計上的顯著水準，代表泛藍選民對於立法委員的各種期待不盡然彼此互斥，也就是說，這些選民在投票時，會同時考慮候選人這些因素。其實這不單是泛藍選民如此，泛綠與中立傾向的選民也都呈現這種現象（除了在投票時考慮候選人的政黨因素之外）。例如以泛綠選民為樣本計算其六項投票因素的相關係數時，「爭取地方建設經費」與「形象」、「政黨」、「在立法院專心制訂公共政策」三個因素的相關係數分別是0.284，0.080（未達顯著水準），0.401；以中立選民為樣本計算其六項投票因素的相關係數時，「爭取地方建設經費」與「形象」、「政黨」、「在立法院專心制訂公共政策」三個因素的相關係數分別是0.287，0.079（未達顯著水準），0.423。這些發現透露出選民期待立委能夠扮演多功能的角色。

其次，變異數分析未達顯著水準的兩項因素當中，一個是「地方派系或宗親」的考量，平均分數由高到低依序為泛綠選民（3.54）、泛藍選民（3.53）、中立選民（3.44）。另一個因素是「選區服務」，平均分數由高到低依序為中立選民（5.48）、泛藍選民（5.37）、泛綠選民（5.17）。換言之，不同政黨傾向的選民在立委選舉時會考慮候選人「地方派系或宗親」因素的程度相當低且呈現一致；而不同政黨傾向的選民在立委選舉時會考慮候選人「選

區服務」因素的程度屬於中等，也呈現相當一致程度。

參、選民在立委選舉投票時所考慮的因素是否與選民所居住的區域有關？

表 3-4 顯示選民在投票時的六項考量因素與他們所居住區域之間的交叉分析。變異數分析的結果發現在六個投票考量因素當中，「地方派系或宗親」、「在立法院專心制訂公共政策」、「爭取地方建設經費」、「選區服務」四項投票考量因素達到統計上的顯著差異，其他則無。

首先來看看達到顯著水準的「地方派系或宗親」、「在立法院專心制訂公共政策」、「爭取地方建設經費」與「選區服務」這四個因素。第一，在「地方派系或宗親」方面，平均數從最高到最低依序為東部與離島各縣（3.89）、省轄市（3.82）、中部各縣（3.80）、北部各縣（3.64）、南部各縣（3.38）、高雄市（2.58）、台北市（2.48）。事後分析發現主要差異來自於台北市與省轄市、台北市與北部各縣、台北市與中部各縣、台北市與南部各縣等四個區域之間（台北市均分別低於這些區域）；以及高雄市與省轄市、高雄市與中部各縣（高雄市均分別低於這些區域）。換言之，雖然對於所有區域的選民平均說來，在投票時考量宗親與派系這個因素的程度不高，但是比較上來說，台北市與高雄市的選民明顯地更低於其他各區域，而這兩個直轄市之外的各區域之間差異不大。

第二，在「在立法院專心制訂公共政策」部分，平均分數由高至低依序是東部與離島各縣（7.46）、台北市（7.04）、北部各縣（6.76）、省轄市（6.70）、中部各縣（6.52）、高雄市（6.23）、南部各縣（6.04）。而進一步分析則發現主要差異來源來自於南部各縣與台北市、南部各縣與省轄市、南部各縣與北部各縣、南部各縣與東部及離島各縣（南部各縣平均值較低）；高雄市與台北市、

表 3-4 選民居住區域與選舉考慮六項因素的變異數分析

選民在立委選舉考量的六項因素	居住不同區域選民在各項因素的平均數	F 值	變異來源與顯著性
形象	台北市：6.94	1.721	
	高雄市：5.94		
	省轄市：6.51		
	北部各縣：6.39		
	中部各縣：6.38		
	南部各縣：6.13		
	東部各縣與離島：6.79		
政黨	台北市：4.77	1.098	
	高雄市：4.21		
	省轄市：4.97		
	北部各縣：4.89		
	中部各縣：5.10		
	南部各縣：4.66		
	東部各縣與離島：4.51		
地方派系或宗親	台北市：2.48	5.436***	省轄市 > 台北市（t=4.12）
	高雄市：2.58		北部各縣 > 台北市（t=4.08）
	省轄市：3.82		中部各縣 > 台北市（t=4.44）
	北部各縣 3.64		南部各縣 > 台北市（t=3.23）
	中部各縣：3.80		省轄市 > 高雄市（t=3.16）
	南部各縣：3.38		中部各縣 > 高雄市（t=3.29）
	東部各縣與離島：3.89		

（續）表 3-4　選民居住區域與選舉考慮六項因素的變異數分析

選民在立委選舉考量的六項因素	居住不同區域選民在各項因素的平均數	F 值	變異來源與顯著性
在立法院專心制訂公共政策	台北市：7.46 高雄市：6.23 省轄市：6.70 北部各縣：6.76 中部各縣：6.52 南部各縣：6.04 東部各縣與離島：6.77	3.296**	台北市＞南部各縣（t=3.25） 省轄市＞南部各縣（t=2.11） 北部各縣＞南部各縣（t=2.89） 東部各縣與離島＞南部各縣（t=3.32） 台北市＞高雄市（t=2.02） 東部各縣與離島＞高雄市（t=2.46） 東部各縣與離島＞中部各縣（t=2.16）
爭取地方建設經費	台北市：6.12 高雄市：6.30 省轄市：6.93 北部各縣：6.92 中部各縣：6.97 南部各縣：6.65 東部各縣與離島：7.70	3.121**	省轄市＞台北市（t=2.41） 北部各縣＞台北市（t=2.82） 中部各縣＞台北市（t=2.78） 東部各縣與離島＞台北市（t=3.54） 東部各縣與離島＞高雄市（t=2.85） 東部各縣與離島＞南部各縣（t=2.49）
選區服務	台北市：5.02 高雄市：4.72 省轄市：5.69 北部各縣：5.32 中部各縣：5.53 南部各縣：5.08 東部各縣與離島：6.09	2.204*	東部各縣與離島＞台北市（t=2.27） 省轄市＞高雄市（t=2.35） 中部各縣＞高雄市（t=2.06） 東部各縣與離島＞高雄市（t=2.65） 東部各縣與離島＞南部各縣（t=2.28）

*: p<0.05　**: p<0.01　***: p<.001

高雄市與東部各縣（高雄市平均值較低）；中部各縣與東部及離島
各縣（中部各縣平均值較低）。

　　第三，在「爭取地方建設經費」方面，平均數從最高到最低
依序為東部與離島各縣（7.70）、中部各縣（6.97）、省轄市（6.93）、
北部各縣（6.92）、南部各縣（6.65）、高雄市（6.30）、台北市（6.12）。
事後分析發現主要差異來自於東部及離島各縣與台北市、東部及
離島各縣與高雄市、東部及離島各縣與南部各縣、台北市與省轄
市、台北市與北部各縣、台北市與中部各縣。這代表東部與離島
各縣的選民相當程度以立委是否為地方爭取建設經費作為投票時
的依據，而明顯與台北市、高雄市以及南部各縣的選民有所差異；
而台北市的選民相對來說，以立委是否為地方爭取建設經費做為
投票依據的程度較低，並與省轄市、北部各縣、中部各縣以及東
部各縣選民有著明顯的差異。

　　第四，在「選區服務」部分，平均數從最高到最低依序為東
部與離島各縣（6.09）、省轄市（5.69）、中部各縣（5.53）、北部各
縣（5.32）、南部各縣（5.08）、台北市（5.02）、高雄市（4.72）。
事後分析發現主要差異來自於東部及離島各縣與台北市之間、東
部及離島各縣與高雄市之間、東部及離島各縣與南部各縣之間、
省轄市與高雄市之間、中部各縣與高雄市之間。換句話說，在選
區服務這個項目，東部與離島各縣選民在立委投票時以立委是否
提供選區服務作為投票依據的程度明顯高過於台北市、高雄市以
及南部各縣的選民；而高雄市的選民明顯低過於省轄市、中部縣
市與東部及離島各縣的選民。

　　其他未達顯著水準的部分，第一，在形象方面，不同區域的
選民平均分數由高到低依序為東部與離島各縣（6.94）、台北市
（6.79）、省轄市（6.51）、北部各縣（6.39）、中部各縣（6.38）、
南部各縣（6.13）、高雄市（5.94）。第二，在立委候選人政黨的考

量上，平均分數由高到低依序為中部各縣（5.10）、省轄市（4.97）、
北部各縣（4.89）、台北市（4.77）、南部各縣（4.66）、東部與離島
各縣（4.51）、高雄市（4.21）。

　　基於以上這些統計分析結果，在達到統計顯著水準的項目當
中，東部與離島各縣受訪者在「地方派系或宗親」、「在立法院專
心制訂公共政策」、「爭取地方建設經費」、「選區服務」的平均值
都是最高；而在沒有達到統計顯著水準兩項當中的「形象」，東部
與離島各縣受訪者的平均值也是最高。這似乎代表了東部與離島
各縣選民對於立法委員相當強烈的期待，期待的種類也很多元。
比較東部及離島各縣選民在各項的平均值，我們發現以「爭取地
方建設經費」的項目最高，達 7.70 分，這意味東部與離島各縣選
民最強烈的期待是立委為選區爭取建設經費。

肆、選民對於立委經營選區的實際感受如何？

　　圖 3-2 顯示選民對於立委經營選區的實際感受。整體來看，選
民對於立委所提供經營選區的工作項目當中僅有「參加各項地方
活動」一項明顯地感受到。有高達 81.73%的選民感受到該選區立
委確實有參加諸如婚喪喜慶、剪綵、廟會等地方活動。而在「爭
取補助預算繁榮地方」、「爭取補助預算保護選區利益」與「和政
府打交道」三個項目，雖各有 47.47%、41.94%、45.37%的選民表
示該選區立委「有做」這些事，但是很明顯的，皆有超過五成的
選民認為選區立委「沒有做」。比較這些結果與上述選民投票考量
因素的分析，可以發現民眾期待與立委實際做為之間有某種程度
的落差。在之前所分析的選民投票考量六項因素當中，爭取地方
建設經費平均分數是最高的 6.77 分，而選區服務的平均分數是排
在倒數第三的 5.31。換言之，選民投票時重視的是立委有無爭取
地方建設經費勝過於立委選區服務。但是，在選民實際感受方面

選民對立委爭取預算繁榮地方的感受　　選民對立委爭取預算保護選區利益的感受

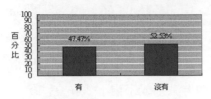
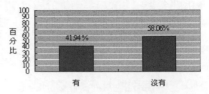

選民對立委幫忙和政府打交道的感受　　選民對立委參加各項活動的感受

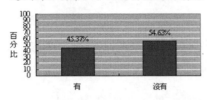
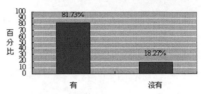

圖 3-2　選民對立委經營選區的實際感受

的分析卻發現相反的結果。民眾所感受到屬於爭取地方經費的兩
個選項（爭取預算繁榮地方與爭取預算保護選區利益）的百分比
均低於屬於選區服務的「參加各項地方活動」。

　　的確，從選民的立場來看，立委「參加各項地方活動」比起
「爭取預算繁榮地方」、「爭取預算保護選區利益」與「和政府打
交道」等三項經營選區的工作更容易讓選民看到與感受到。而從
立委的立場來看，「爭取預算繁榮地方」與「爭取預算保護選區利
益」成功與否可能不是自己能夠完全控制，而協助選民「和政府
打交道」畢竟只服務少數人且並非常態性的工作。因此，立法委
員選擇「參加各項地方活動」應該是最為理性的做法。

伍、選民對於立委經營選區的實際感受是否與選民政　　黨立場有關？

　　表 3-5 顯示選民政黨立場與是否感受到立委各種經營選區方
式的卡方差異分析。分析結果發現除了「立委有沒有幫忙選民和

表 3-5　選民政黨立場與感受立委經營選區的各項工作項目之卡
　　　　方差異分析

		有	沒有	總數	卡方值
爭取經費繁榮地方	藍	49.2%(191)	50.8%(197)	100.0%(388)	0.900
	綠	45.1%(87)	54.9%(106)	100.0%(193)	
	中立	47.5%(191)	52.5%(211)	100.0%(402)	
爭取經費保護選區	藍	42.4%(165)	57.6%(224)	100.0%(389)	0.109
	綠	41.0%(80)	59.0%(115)	100.0%(195)	
	中立	41.7%(166)	58.3%(232)	100.0%(398)	
與政府打交道	藍	45.5%(180)	54.5%(216)	100.0%(396)	12.689**
	綠	53.9%(111)	46.1%(95)	100.0%(206)	
	中立	38.9%(157)	61.1%(247)	100.0%(404)	
參加地方活動	藍	82.0%(327)	18.0%(72)	100.0%(399)	0.237
	綠	81.6%(168)	18.4%(38)	100.0%(206)	
	中立	83.0%(341)	17.0%(70)	100.0%(411)	

*: p<0.05　**: p<0.01　***: p<.001

政府打交道」看法上，選民的政黨立場有統計上的顯著差異之外，
其他三項均沒有差異的看法。在「立委有沒有向中央爭取補助經
費繁榮地方」以及「立委有沒有向中央爭取補助經費保護選區的
利益」的看法上，各政黨立場的選民當中均超過 50%以上表示沒
有感受到；在「立委有沒有參加各項地方活動」的看法上，各政
黨立場的選民當中一致地超過 80%以上表示感受到立委的投入。
相對地，在達到統計上顯著水準的「立委有沒有幫忙選民和政府
打交道」看法上，選民立場屬於「中立」與「泛藍」的受訪者沒
有感受到的比例（分別為 61.1%與 54.5%）高於立場屬於「泛綠」
的選民（46.1%）。這可能與民進黨是執政黨有所關聯，所謂朝中

有人好辦事，也因為如此，泛綠選民比較能夠感受到他們所選出的立委比較容易協助選民打通政府各項關節。

陸、選民對於立委經營選區的實際感受是否與選民居住區域有關？

　　進一步我們分析選民感受立委經營選區的各項工作是否會隨著選民居住區域的不同而異。**表3-6**顯示所有的項目均達到統計上的顯著差異。第一，在「立委有沒有向中央爭取補助經費繁榮地方」的部分，東部與離島各縣選民感受到的百分比最高約66.7%，其他依序是中部各縣（54.6%）、省轄市（51.7%）、南部各縣（51.6%）、北部各縣（48.9%）、台北市（29.3%），以及高雄市（22.2%）。

　　第二，在「立委有沒有向中央爭取補助經費保護選區的利益」方面，選民感受程度的型態與前一項相同，最高的依舊是東部與離島各縣的選民佔64.0%，然後是中部各縣（56.5%）、南部各縣（53.5%），再來是北部各縣與省轄市約35%左右，殿後的是台北市與高雄市約20%左右。這樣的差異似乎也說明了農漁業、天然災害發生愈多的地區，選民也愈能感受到立委保護選區的用心。很明顯地，選民對於立委有無爭取補助預算的感受（不管是繁榮地方或是保護選區）隨著都會化程度而減少，特別是東部與離島地區因為都會化程度低，因此格外需求中央政府的補助利益，而這些選區的立委也特別能夠滿足他們的需要。當然，這也有可能與東部地區的選區比較單純有關，由於立委名額較少，因此民眾比較清楚選區的立法委員是誰，而當立委引介中央政府的補助利益協助選區時，選民也比較能夠將選區的利益與立法委員的努力加以連結，也因此感受會比較深刻。

表 3-6 選民居住區域與感受立委經營選區各項工作項目的卡方
差異分析

		有	沒有	總數	卡方值
爭取經費繁榮地方	台北市	29.3%(36)	70.7%(87)	100.0%(123)	
	高雄市	22.2%(16)	77.8%(56)	100.0%(72)	
	省轄市	51.7%(62)	48.3%(58)	100.0%(120)	
	北部各縣	48.9%(133)	51.1%(139)	100.0%(272)	48.185***
	中部各縣	54.6%(100)	45.4%(83)	100.0%(183)	
	南部各縣	51.6%(112)	48.4%(105)	100.0%(217)	
	東部各縣與離島	66.7%(32)	33.3%(16)	100.0%(48)	
爭取經費保護選區	台北市	23.0%(28)	77.0%(94)	100.0%(122)	
	高雄市	21.1%(15)	78.9%(56)	100.0%(71)	
	省轄市	36.4%(43)	63.6%(75)	100.0%(118)	
	北部各縣	35.1%(95)	64.9%(176)	100.0%(271)	75.327***
	中部各縣	56.5%(104)	43.5%(80)	100.0%(184)	
	南部各縣	53.5%(116)	46.5%(101)	100.0%(217)	
	東部各縣與離島	64.0%(32)	36.0%(18)	100.0%(50)	
與政府打交道	台北市	47.7%(61)	52.3%(67)	100.0%(128)	
	高雄市	56.8%(42)	43.2%(32)	100.0%(74)	
	省轄市	45.0%(58)	55.0%(71)	100.0%(129)	
	北部各縣	38.8%(107)	61.2%(169)	100.0%(276)	12.872*
	中部各縣	47.8%(89)	52.2%(97)	100.0%(186)	
	南部各縣	44.0%(96)	56.0%(122)	100.0%(218)	
	東部各縣與離島	58.3%(28)	41.7%(20)	100.0%(48)	
參加地方活動	台北市	66.1%(84)	33.9%(43)	100.0%(127)	
	高雄市	74.3%(55)	25.7%(19)	100.0%(74)	
	省轄市	85.6%(113)	14.4%(19)	100%(132)	
	北部各縣	87.5%(244)	12.5%(35)	100.0%(279)	32.688***
	中部各縣	85.4%(158)	14.6%(27)	100.0%(185)	
	南部各縣	80.9%(178)	19.1%(42)	100.0%(220)	
	東部各縣與離島	80.4%(41)	19.6%(10)	100.0%(51)	

*: p<0.05   **: p<0.01   ***: p<.001

第三，而在「幫忙選民和政府打交道」方面，東部與離島各縣感受到的百分比 58.3%最高，其次依序是高雄市（56.8%）、中部各縣（47.8%）、台北市（47.7%）、省轄市（45%）、南部各縣（44%）、北部各縣（38.8%）。第四，「立委有沒有參加各項地方活動」看法上，居住在北部各縣選民感受程度最高佔 87.5%，其次是省轄市85.6%，中部各縣佔 85.4%，南部各縣 80.9%，東部各縣 80.4%，殿後的仍是高雄市 74.3%與台北市的 66.1%。

綜合來說，從以上的差異分析可以看出來，居住在東部與離島各縣的受訪者感受到立委經營選區的各種工作項目當中，除了「參加地方活動」這個項目之外，他們感受到的百分比均高過於其他區域受訪者的百分比，特別是在立委爭取經費繁榮地方以及爭取經費保護選區的百分比都在 65%左右。

柒、選民對於立法委員爭取補助預算的看法如何？

圖 3-3 顯示選民對於立委爭取補助預算看法的次數分配分析。就圖 3-3 顯現的全貌來看，立法委員是否爭取補助經費對選民而言是相當重要的，不但可能影響到選民投票的選擇，也可能成為選民之間討論的話題。第一，從選區選舉的實際情況來看，從58.84%的受訪者同意「立委會因為沒為地方爭取中央補助經費而落選」，以及高達 74.14%的受訪者同意「立委是否爭取中央補助經費為立委選舉重要議題」這兩項數據中得知，為地方爭取補助經費在立委選舉來說是相當重要的課題。第二，從選民對於立委基本責任的期許來看，約 85%左右的受訪者均認同「向中央爭取補助經費來保護選區利益」以及「向中央爭取補助經費來繁榮地方」兩項工作是立委最起碼的責任。第三，從立委是否曾經爭取補助經費對於選民投票的影響方面來看，認同「沒有爭取補助經費，下次選舉不會支持」的比例佔 53.53%，而在這些 53.53%選民當中

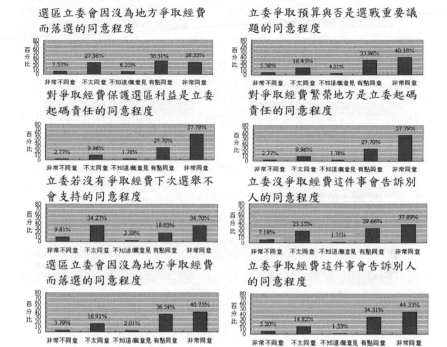

圖 3-3　選民對於立法委員爭取補助預算看法的次數分配

會將立委沒有盡心盡力爭取補助預算這件事告訴他人的比例有 67.55%[2]；而另一方面，認同「立委若有爭取補助經費，較可能支持他」的比例有 77.29%，而在這些 77.29%選民當中會將此事告訴別人的比例則有 78.64%[3]。從這兩組問題同意比例的變化，似乎可以看到選民比較傾向於獎勵曾經帶回選區利益的立委，同時獎勵的強度高過於懲罰。

　　進一步分別檢定這些比例之間的差異。首先檢定認同「沒有爭取補助經費，下次選舉不會支持」的比例 53.53%以及認同「立

---

[2] 該題為跳答題，跳答的對象是同意「立委沒有爭取補助預算，下次選舉就不支持這位立委」的受訪者。

[3] 本題也是跳答題，跳答的對象是同意「立委如果爭取補助預算，下次選舉就會支持這位立委」的受訪者。

委若有爭取補助經費，較可能支持他」的比例 77.29%（前者命名為負面的懲罰，後者稱之為正面的鼓勵）。透過 Z 分數的檢定發現，二者之間的比例差異達到統計上的顯著水準（Z＝11.93，P＜0.001）[4]。其次，再進一步檢定會將立委沒有盡心盡力爭取補助預算這件事告訴他人的比例 67.55%以及會將立委努力爭取補助預算的事情告訴別人的比例 78.64%（前者命名為選民懲罰強度，後者稱之為選民獎勵強度）。同樣透過 Z 分數的檢定發現，二者之間的比例差異達到統計上的顯著水準（Z＝4.476，P＜0.001）[5]。

因此，基於這個統計檢定可以確認民眾的意見是有一定的方向，亦即如果立委沒有爭取補助經費，下次選舉就傾向不支持；有爭取補助經費，下次選舉較有可能支持。並且也有相當的強度，而強度也有明顯差別：即無論立委有沒有爭取補助經費，選民都會告訴他人，而且有爭取補助經費所獲得的獎勵強度高過於沒有爭取補助經費的懲罰強度。這個結果所呈現出來的訊息是：如果你沒有做，我比較不會懲罰你，也比較不會跟別人講；但是若你有做，我比較會支持你，也比較會跟別人講。

捌、選民對於立法委員爭取補助預算的看法是否與選民政黨立場有關？

整體來看，**表 3-7** 顯示，除了「立委沒爭取補助經費這件事會

---

[4] 比例的差異檢定必須先求得比例差異的標準誤，$SE(p1-p2)=\sqrt{\dfrac{p_1(1-p_1)}{n_1}+\dfrac{p_2(1-p_2)}{n_2}}$，再利用 $Z=\dfrac{p_1-p_2}{SE(p1-p2)}$ 求得檢定統計數，進一步判斷是否拒絕二者相等的虛無假設。本例中，n_1=1071　n_2=1071　p_1：第一個比例（本例即為 0.7729）　p_2：第二個比例（本例即為 0.5353）

[5] 檢定方式同前註。本例中，因為跳答的關係（詢問受訪者會不會因為立委爭取或不爭取補助而影響其投票行為時，回答同意與非常同意者才進一步回答本題），因此 n_1=805（同意如果帶回選區利益比較會支持的選民）n_2=541（同意如果沒有帶回選區利益比較不會支持的選民）　p_1：第一個比例 （本例即為 0.7864）　p_2：第二個比例（本例即為 0.6755）

表3-7　選民政黨立場與選民對立委爭取預算看法的卡方差異分析

		不同意	同意	總數	卡方值
立委會因沒為地方爭取經費而落選	藍	38.8%(148)	61.2%(233)	100.0%(381)	1.299
	綠	34.0%(67)	66.0%(130)	100.0%(197)	
	中立	37.2%(141)	62.8%(238)	100.0%(379)	
立委是否為地方爭取經費是立委選舉重要議題	藍	20.5%(79)	79.5%(306)	100.0%(385)	1.897
	綠	25.5%(51)	74.5%(149)	100.0%(200)	
	中立	22.1%(86)	77.9%(304)	100.0%(390)	
向中央爭取經費保護選區利益是立委起碼責任	藍	10.9%(43)	89.1%(352)	100.0%(395)	3.527
	綠	16.3%(33)	83.7%(170)	100.0%(203)	
	中立	12.4%(50)	87.6%(352)	100.0%(402)	
向中央爭取經費繁榮地方是立委起碼責任	藍	12.3%(48)	87.7%(343)	100.0%(391)	5.801
	綠	16.7%(34)	83.3%(169)	100.0%(203)	
	中立	10.0%(40)	90.0%(362)	100.0%(402)	
若立委沒爭取補助經費，下次選舉不會支持他	藍	43.7%(170)	56.3%(219)	100.0%(389)	0.440
	綠	45.8%(92)	54.2%(109)	100.0%(201)	
	中立	45.9%(184)	54.1%(217)	100.0%(401)	
立委沒爭取補助經費這件事會告訴別人	藍	34.0%(73)	66.0%(142)	100.0%(215)	9.040*
	綠	19.6%(21)	80.4%(86)	100.0%(107)	
	中立	35.4%(75)	64.6%(137)	100.0%(212)	
若立委有爭取補助經費，比較可能支持他	藍	20.2%(79)	79.8%(313)	100.0%(392)	0.945
	綠	18.3%(37)	81.7%(165)	100.0%(202)	
	中立	21.7%(86)	78.3%(311)	100.0%(397)	
立委爭取補助經費這件事會告訴別人	藍	19.5%(60)	80.5%(248)	100.0%(308)	14.544**
	綠	11.5%(19)	88.5%(146)	100.0%(165)	
	中立	26.2%(80)	73.8%(225)	100.0%(305)	

*: p<0.05　　**: p<0.01　　***: p<.001

告訴別人」與「立委爭取補助經費這件事會告訴別人」的意見之外，其他並沒有明顯發現選民對於立法委員爭取補助預算的看法與選民的政黨立場有關。首先，就爭取補助預算在立委選舉時的重要性來看，受訪者對於「立委會因為沒為地方爭取中央補助經費而落選」以及「為地方爭取中央補助經費是立委選舉的重要議題」的看法並不會因為選民的政黨立場而有顯著性的差異。大部分藍、綠以及中立選民均同意「立委會因為沒為地方爭取中央補助經費而落選」，同意的百分比介於61.2%至66%之間。而大部分藍、綠以及中立選民也同意「為地方爭取中央補助經費是立委選舉的重要議題」，同意的百分比介於74.5%至79.5%之間。

其次，從選民對於立委基本責任的期許來看，受訪者對於「爭取補助經費保護選區利益」的看法也不會因為選民的政黨立場而有顯著性的差異。超過83%以上的藍、綠以及中立選民均同意這種看法。而「爭取補助經費繁榮地方」的看法也並不會隨著選民政黨立場的不同而有所差異。統計分析結果呈現同意的比例介於83.3%至90%之間。

最後，從立委是否曾經爭取補助經費對於選民投票的影響方面來看。第一，藍、綠以及中立選民同意「沒有爭取補助經費，下次選舉不會支持」的比例介於54.1%至56.3%之間，並未達到統計上的顯著水準。第二，藍、綠以及中立選民對於「立委沒有爭取中央補助經費這件事您會告訴別人」的意見就有顯著的差異了。以泛綠受訪者同意的比例最高，達80.4%，中立選民最低，比例為64.6%。第三，藍、綠或中立選民，同意「立委若有爭取補助經費，較可能支持他」的百分比分別是 79.8%、81.7%、78.3%，並沒有顯著性的差異。第四，不同政黨傾向選民在「立委爭取中央補助經費這件事您會告訴別人」的意見上就有明顯的差別，同意的百分比以泛綠選民居冠（88.5%）、泛藍選民次之（80.5%），

中立選民再次之（73.8%）。換言之，泛綠支持者對於曾經爭取補助預算回來選區的立委，其鼓勵立委的程度明顯高過於其他政黨傾向的選民。對照之前的發現；也就是泛綠支持者對於沒爭取補助預算回選區的立委，其懲罰立委的程度明顯強過於其他政黨傾向的選民。我們可以看出泛綠選民對於盡職與失職於地方利益立委，持比較強烈的意見反應。

玖、選民對於立法委員爭取補助預算的看法是否與選民居住區域有關？

整體來看，**表** 3-8 顯示，大部分的情況下，選民對於立法委員爭取補助預算的看法與選民是否居住在台北市、高雄市、省轄市或是北中南東各縣並沒有統計上顯著的差別。例外的情況是「立委是否為地方爭取經費是立委選舉重要議題」與「如果立委沒有爭取中央的補助經費，下次選舉您就不會支持他」的意見上。首先，在「立委是否為地方爭取經費是立委選舉重要議題」的意見上，同意百分比最高的是東部與離島各縣，佔東部與離島各縣受訪者的 91.7%，其次是省轄市（82.1%）、北中南部各縣（介於 76.2% 至 79.4%）與高雄市（74%），最低的是台北市（65.9%）。這個分析結果明顯看出補助預算議題在東部與離島各縣立委選戰時的重要性。

其次在「如果立委沒有爭取中央的補助經費，下次選舉您就不會支持他」的意見上，同意百分比最高的仍然是東部與離島各縣的受訪者佔 68%，其次是北部各縣約 62.3%，接下來高雄市佔 58.9%、南部各縣佔 56.2%、中部各縣佔 52.2%、省轄市則佔 45.3%、台北市殿後佔 42.5%。由此觀之，居住在東部與離島各縣的選民懲罰沒有爭取補助經費的立委有一定的強度，同時這個強度明顯高於其他區域的選民。

　　至於未達統計上顯著水準的情況包括：(1)「立委會因為沒為地方爭取中央補助經費而落選」（台北市、高雄市，省轄市、北部、中部、南部、東部與離島各縣同意的百分比為 60.7%、60.3%、57.9%、64.8%、60%、62.7%、81.6%）；(2)「爭取補助經費來保護我們選區利益是立委最起碼的責任」（台北市、高雄市，省轄市、北部、中部、南部、東部與離島各縣同意的百分比為 82.2%、83.6%、86.8%、86.7%、90.8%、88%、90%）；(3)「爭取補助經費來繁榮地方是立委最起碼的責任」（台北市、高雄市，省轄市、北部、中部、南部、東部與離島各縣同意的百分比為 88.2%、84.9%、86.8%、85.2%、87%、90.9%、92.2%）；(4)「立委沒有爭取中央補助經費這件事您會告訴別人」（台北市、高雄市，省轄市、北部、中部、南部、東部與離島各縣同意的百分比為 74.1%、64.3%、72.4%、73.9%、60%、68.4%、61.8%）；(5)「立委有爭取中央的補助經費，您比較可能支持他」（台北市、高雄市，省轄市、北部、中部、南部、東部與離島各縣同意的百分比為 72.2%、76.7%、73.8%、81.8%、80.5%、79.5%、84%）；(6)「立委爭取中央補助經費這件事您會告訴別人」（台北市、高雄市，省轄市、北部、中部、南部、東部與離島各縣同意的百分比為 76.9%、85.2%、74.4%、85.1%、77.2%、76.1%、83.3%）等等。

　　如果不管是否達到統計上的顯著水準，統計分析結果顯示東部與離島各縣受訪者在這八項題目當中有五項同意的百分比比其他地區來得高。如果綜合之前所分析的選民投票六大因素以及選民感受立委經營選區的程度的結果，作者發現，東部與離島各縣的民眾在立委投票時對於「爭取地方經費」考量的平均分數是最高的（7.70）；另外，對於立委經營選區的實際感受方面，除了參加地方活動之外，東部與離島各縣選民感受到的比例也都是位居第一；而在選民對於補助預算看法分析，也發現東部與離島各縣

表 3-8 選民居住區域與選民對立委爭取預算看法的卡方差異分析

		不同意	同意	總數	卡方值
立委會因沒為地方爭取經費而落選	台北市	39.3%(48)	60.7%(74)	100.0%(122)	10.148
	高雄市	39.7%(27)	60.3%(41)	100.0%(68)	
	省轄市	42.1%(53)	57.9%(73)	100.0%(126)	
	北部各縣	35.2%(93)	64.8%(171)	100.0%(264)	
	中部各縣	40.0%(70)	60.0%(105)	100.0%(175)	
	南部各縣	37.3%(75)	62.7%(126)	100.0%(201)	
	東部各縣與離島	18.4%(9)	81.6%(40)	100.0%(49)	
立委是否為地方爭取經費是立委選舉重要議題	台北市	34.1%(44)	65.9%(85)	100.0%(129)	17.883**
	高雄市	26.0%(19)	74.0%(54)	100.0%(73)	
	省轄市	17.9%(22)	82.1%(101)	100.0%(123)	
	北部各縣	22.1%(60)	77.9%(211)	100.0%(271)	
	中部各縣	20.6%(37)	79.4%(143)	100.0%(180)	
	南部各縣	23.8%(48)	76.2%(154)	100.0%(202)	
	東部各縣與離島	8.3%(4)	91.7%(44)	100.0%(48)	
向中央爭取經費保護選區利益是立委起碼責任	台北市	17.8%(23)	82.2%(106)	100.0%(129)	6.348
	高雄市	16.4%(12)	83.6%(61)	100.0%(73)	
	省轄市	13.2%(17)	86.8%(112)	100.0%(129)	
	北部各縣	13.3%(37)	86.7%(241)	100.0%(278)	
	中部各縣	9.2%(17)	90.8%(167)	100.0%(184)	
	南部各縣	12.0%(25)	88.0%(183)	100.0%(208)	
	東部各縣與離島	10.0%(5)	90.0%(45)	100.0%(50)	
向中央爭取經費繁榮地方是立委起碼責任	台北市	11.8%(15)	88.2%(112)	100.0%(127)	5.110
	高雄市	15.1%(11)	84.9%(62)	100.0%(73)	
	省轄市	13.2%(17)	86.8%(112)	100.0%(129)	
	北部各縣	14.8%(41)	85.2%(236)	100.0%(277)	
	中部各縣	13.0%(24)	87.0%(160)	100.0%(184)	
	南部各縣	9.1%(19)	90.9%(189)	100.0%(208)	
	東部各縣與離島	7.8%(4)	92.2%(47)	100.0%(51)	

（續）表3-8　選民居住區域與選民對立委爭取預算看法的卡方差異分析

		不同意	同意	總數	卡方值
若立委沒爭取補助經費，下次選舉不會支持他	台北市	57.5%(73)	42.5%(54)	100.0%(127)	23.214**
	高雄市	41.1%(30)	58.9%(43)	100.0%(73)	
	省轄市	54.7%(70)	45.3%(58)	100.0%(128)	
	北部各縣	37.7%(103)	62.3%(170)	100%(273)	
	中部各縣	47.8%(87)	52.2%(95)	100.0%(182)	
	南部各縣	43.8%(92)	56.2%(118)	100.0%(210)	
	東部各縣與離島	32.0%(16)	68.0%(34)	100.0%(50)	
立委沒爭取補助經費這件事會告訴別人	台北市	25.9%(14)	74.1%(40)	100.0%(54)	7.535
	高雄市	35.7%(15)	64.3%(27)	100.0%(42)	
	省轄市	27.6%(16)	72.4%(42)	100.0%(58)	
	北部各縣	26.1%(43)	73.9%(122)	100.0%(165)	
	中部各縣	40.0%(36)	60.0%(54)	100.0%(90)	
	南部各縣	31.6%(37)	68.4%(80)	100.0%(117)	
	東部各縣與離島	38.2%(13)	61.8%(21)	100.0%(34)	
若立委有爭取補助經費，比較可能支持他	台北市	27.8%(35)	72.2%(91)	100.0%(126)	8.029
	高雄市	23.3%(17)	76.7%(56)	100.0%(73)	
	省轄市	26.2%(33)	73.8%(93)	100.0%(126)	
	北部各縣	18.2%(50)	81.8%(225)	100.0%(275)	
	中部各縣	19.5%(36)	80.5%(149)	100.0%(185)	
	南部各縣	20.5%(43)	79.5%(167)	100.0%(210)	
	東部各縣與離島	16.0%(8)	84.0%(42)	100.0%(50)	
立委爭取補助經費這件事會告訴別人	台北市	23.1%(21)	76.9%(70)	100.0%(91)	9.263
	高雄市	14.8%(8)	85.2%(46)	100.0%(54)	
	省轄市	25.6%(23)	74.4%(67)	100.0%(90)	
	北部各縣	14.9%(33)	85.1%(189)	100.0%(222)	
	中部各縣	22.8%(34)	77.2%(115)	100.0%(149)	
	南部各縣	23.9%(39)	76.1%(124)	100.0%(163)	
	東部各縣與離島	16.7%(7)	83.3%(35)	100.0%(42)	

*: p<0.05　**: p<0.01　***: p<.001

的選民普遍認為立委替地方爭取補助經費不但是選戰重要議題，也是立委基本責任，更攸關其選舉結果。簡單地說，東部與離島各縣的民眾比其他區域的民眾更在乎他們選出來的立委是否帶回選區利益，當然，他們感受到立委努力的比例也比其他區域的民眾要來得高。

第四節　研究發現與討論

壹、研究發現

首先，整體來看，立法委員為選區選民「爭取地方建設經費」的確是台灣選民所關心的事。雖然約五成的選民不見得能夠清楚感受到，但是選民投票時會將立委是否爭取補助預算列為第一優先考量的因素。選民因為政黨傾向不同，其考量的重點也有所不同，泛藍選民在「形象」、「政黨」、「在立法院專心制訂公共政策」與「爭取地方建設經費」四項的平均值都是最高，且與其他立場選民有顯著差異。而「地方派系與宗親」與「選區服務」兩項則各不同政黨立場的選民之間無差異。除此之外，統計分析結果也呈現選民期待立委能夠扮演多功能的角色，各種評估標準之間彼此是不互斥的。換言之，選民會同時期待立委形象好，爭取建設經費，也會要求他們專心制訂公共政策，而這種現象在各政黨之間也沒有太多的差異。就選民所居住的區域來看，東部與離島各縣受訪者在「地方派系或宗親」、「爭取地方建設經費」、「選區服務」的平均值都是最高，且與其他區域的受訪者有明顯的差異，這似乎代表了東部與離島選民對於立法委員相當強烈的期待，同時期待的種類也很多元。比較東部及離島各縣選民在各項的平均

值，其中以「爭取地方建設經費」的項目最高，達 7.70 分，這意味東部與離島各縣選民在立法委員投票時，在六項投票考量因素當中，會以立委是否能為選區爭取建設經費為最重要的投票依據。

其次，在民眾感受立委經營選區的各項工作部分，除了超過八成的選民感受到立委有參加各項地方活動之外，其餘各個立委經營選區項目當中，選民感受程度不超過五成，這個發現恐怕會令立委們灰心。尤其選民感受到立委「爭取補助預算繁榮地方」僅佔四成七左右，「爭取補助預算保護選區利益」更僅佔四成二左右。進一步的統計分析也發現選民政黨的立場不同也沒有太多感受上的差異，除了「立委有沒有幫忙選民和政府打交道」看法上達到統計上的顯著水準（泛綠選民感受到的百分比高過於泛藍與中立選民）之外，其他三項通通沒有顯著的差別。不過，隨著選民居住區域的不同，感受立委經營選區的程度就有較為明顯的差異了。四項立委經營選區的工作項目均達到統計上的顯著差異。除了「參加地方活動」之外，居住在東部與離島各縣的選民感受到立委經營選區努力的百分比均高過於居住在其他區域的選民。

最後，統計分析結果也顯示選民對於立法委員爭取補助預算的具體看法。第一，從選區立法委員選舉的實際情形來看，為地方爭取補助經費在立委選舉來說的確是相當重要的議題，近六成的受訪者同意「立委會因為沒為地方爭取中央補助經費而落選」，以及幾乎高達七成五的受訪者同意「立委是否爭取中央補助經費為立委選舉重要議題」。第二，從選民對於立委基本責任的期許來看，選民有八成五左右認為立委爭取補助預算是他們的基本責任，不管是爭取經費繁榮地方或是保護選區皆然。第三，從立委是否曾經爭取補助經費對於選民投票的影響方面來看，超過五成的受訪者認同如果立委沒有爭取補助經費，下次選舉不會支持，同時在這五成的受訪者當中有近七成甚至於會將立委沒有盡心盡

力爭取補助預算這件事傳散讓別人知道。有趣的是，選民似乎比較傾向於獎勵曾經帶回選區利益的立委，超過七成七的受訪者傾向立委若有爭取補助經費，比較可能支持他，在這七成七的受訪者當中有七成八左右同時會把立法委員的這種「善行」傳散給他人。進一步也發現，政黨立場不同的選民的看法並沒有太多的差異，除了「立委沒爭取補助經費這件事會告訴別人」的意見（泛綠選民同意的比例高於泛藍以及中立選民）以及「立委爭取補助經費這件事會告訴別人」的意見（泛綠選民同意百分比最高）之外，作者並沒有發現選民對於立法委員爭取補助預算的看法與選民的政黨立場有關。同樣地，居住於於不同區域的選民的看法也沒有太多的差異。例外的情況是「立委是否為地方爭取經費是立委選舉重要議題」與「如果立委沒有爭取中央的補助經費，下次選舉您就不會支持他」的意見上；前者同意百分比最高的是東部與離島各縣，後者最高的仍然是東部與離島各縣。由此可以看出補助預算議題在東部與離島各縣立委選戰時的重要性，也同時看出居住在東部與離島各縣的選民懲罰沒有爭取補助經費的立委有一定的強度，同時這個強度明顯高於其他區域的選民。

貳、討論

以上這些發現究竟與台灣分配政策與政治研究有何關聯？第一，本研究確實發現台灣選民殷切期盼立法委員為地方爭取補助預算。選民不僅將爭取地方建設經費排在選擇立法委員六大因素當中的第一位，同時大部分選民也會以立委爭取補助預算為判準來獎勵或懲罰立法委員。這些發現為未來台灣分配政策與政治研究構築了實證基礎。

第二，選民期待與立法委員爭取補助利益的實際做為之間的聯結關係是分配政策研究重要的基礎。因為一旦選民有這種期

待,立委才會深信為家鄉帶回經濟利益能夠贏得選票,並進而戮力以赴。這種聯結關係在台灣是否存在?從本章調查研究結果當中,作者發現台灣選民有相當程度的期待,這種期待某種程度也反映到選民實際的投票行為。可是研究結果卻也同時發現選民感受到立法委員爭取補助預算的努力竟然是那麼的低(不到五成)。難道立法委員爭取補助預算不力,所以民眾沒有感受到?本研究並沒有充分的資料證明這點。還是立委真的盡心盡力,但是限於一些因素使得民眾難以感受?這些因素有可能是立委爭取補助預算只為了個人利益,包括支援自己在地方上友好的利益集團以求未來競選連任時獲取經濟上的奧援,或甚至由立委個人承包利益。這點目前也沒有充分的實證資料來證明。

但是,如果先不管立委爭取補助預算是否為了私利,而純粹從立委希望獲得民眾肯定而增加選票的角度來看,本調查研究的一些實證發現,可以看出民眾普遍感受不到立法委員爭取補助預算的努力可能與我國立法委員的選舉制度有關。具體言之,複數選舉制度讓選民很難清楚辨識當補助利益流入選區時,這些利益究竟是不是他支持的立委所爭取回來的?的確,這位選民所支持的立委當然會大肆宣揚,告訴選民這些利益是他一個人爭取來的。可是同一選區的其他立委又何嘗不會如此宣稱呢?而選區立委人數越多,所有的立委都有可能為該選區所有的補助利益邀功時,選民必然更覺得困惑。作者這種論點所引伸的意義是:立委名額比較多的選區,民眾比較感受不到立委爭取地方利益的努力;反過來說,立委員額比較少的選區,民眾反而比較能感受得到。

作者這樣的說法並不是沒有實證依據。首先,從本研究所做的「選民居住區域」與「選民對於立委經營選區實際感受」的卡方分析發現,不論是「爭取經費繁榮地方」或是「爭取經費保護

選區」，民眾感受到的比例最多的都是東部與離島各縣民眾，明顯超過其他區域並達到統計上的顯著水準。而這些縣市的立委員額都等於或小於三人，包括宜蘭縣（3位）、花蓮縣（2位）、台東縣（1位）、澎湖縣（1位）、金門縣（1位）與連江縣（1位）。當然，這會不會是因為這些縣市位處東部與離島的偏遠地區，所以長期以來上級政府為了區域發展均衡，或是為了這些地區頻繁的天然災害而持續補助，也因而讓立委邀功的機會增加。加上立法委員人數又少，所以民眾比較能夠明顯感受到？換言之，這些地處偏遠的縣有六成五左右的受訪者感受到立委為地方爭取補助預算，其實很有可能是同時受到「中央政府特別關照這些偏遠地區」以及「立委人數少」的影響所致。

　　為了排除這種可能的虛無關係，進而觀察立委員額對於民眾感受程度的影響，本章選擇了兩組樣本進一步比較分析。分析單位仍然是選民，第一組樣本是居住在東部與離島各縣的受訪者，這些縣的立委員額都是1至3人，包括了宜蘭縣、花蓮縣、台東縣、澎湖縣、金門縣與連江縣；第二組樣本則是三個屬於都會區的省轄市選民，包含了基隆市、新竹市、嘉義市。作者選擇這三個省轄市的原因在於這些省轄市的立委員額比較少，都是三名。同時屬於都會區的這三個城市，就發展程度與發生天災的機會來說，中央政府補助這幾個省轄市的機會相對來說少於東部與離島各縣。作者進一步以卡方分析檢定這兩組樣本在立委爭取補助預算的感受有無差異，如果這兩組樣本對於立委有為地方帶回補助預算的感受都很高（至少高於以總體樣本感受到的百分比，即感受到爭取經費繁榮地方佔47.47%，爭取經費保護選區佔41.94%），同時彼此之間也沒有達到統計上的顯著差異時，就可以初步釐清：如果立委員額少，民眾的感受會比較深刻，而不管中央政府補助機會的多寡。分析結果發現，在「爭取補助經費繁榮地方」

部分,第一組樣本(東部與離島各縣)感受百分比 66.7,第二組樣本(省轄市三個市)感受的百分比為 69.6%,同時,並沒有達到統計上的顯著差異(χ2＝0.091,df=1)。而在「立委爭取補助經費保護選區利益」部分,第一與第二組樣本感受到的比例仍然沒有顯著差異(χ2＝0.560,df=1),第一組樣本(東部與離島各縣)感受百分比是 64%,第二組樣本(三個省轄市)感受的百分比是 56.5%。這個分析結果顯示民眾感受立委為地方爭取補助經費極有可能受到該縣市立委員額的影響。

　　但是究竟這種關係有多密切?作者更進一步將個人資料聚合至縣市,以縣市為分析單位,試著以迴歸分析呈現「縣市立委員額的多寡」與「縣市選民感受到立委爭取補助預算百分比」的關係。作者充分瞭解 25 個樣本(25 縣市)在推論統計上的限制,然而作者只是希望以有限的樣本初步探索它們之間的關聯,而不做過多的臆測。第一個迴歸分析,作者以「縣市選民感受到立委爭取補助經費繁榮地方的百分比」為依變數,自變數除了「縣市立委員額」之外,以「93 與 94 年平均各縣市自有財源比例」作為控制變數,因為縣市政府轄區的財政狀況越差,中央政府補助機會與頻率就可能越多,控制這個變數可以觀察在相同財政狀況的縣市,立委員額多寡對於民眾感受到立委爭取補助經費繁榮地方的影響程度。第二個迴歸分析以「縣市選民感受到立委爭取補助經費保護選區利益的百分比」為依變數,自變數除了「縣市立委員額」之外,以各縣市 91-93 年累積受到天然災害所造成的「傷亡人數」與「房屋倒塌數」為控制變數,觀察立委員額多寡對於民眾感受的影響程度。結果發現,在「縣市選民感受到立委爭取補助經費繁榮地方的百分比」的迴歸分析中,R square 等於 0.238,「縣市立委員額」的 beta 值為－0.152,並未達到顯著水準(t＝0.585);「93 與 94 年平均各縣市自有財源比例」的 beta 值為－0.370,達

到統計上的顯著水準（t＝1.423，p<0.1 單尾檢定）。而在「縣市選民感受到立委爭取補助經費保護選區利益的百分比」的迴歸分析中，R square 等於 0.254，「縣市立委員額」的 beta 值為－0.427，達到統計上的顯著水準（t＝2.20，p<0.05 單尾檢定），「傷亡人數」的 beta 值為 0.192（t＝1.003），「房屋倒塌數」beta 值為－0.024（t＝0.126，p=0.706），均未達到統計上的顯著水準。基於這些結果，作者的確不能做過度推論，但是當控制相關變數時，「縣市立委員額」與「民眾感受程度」呈現的負向關係（第一個未達顯著水準，第二個達顯著水準）所透露的訊息應該值得重視。

如果「縣市立委員額」與「民眾感受程度」確實存在負向關係，那麼這兩種現象之間的關係究竟會引伸出甚麼樣的意義呢？在複數選區制度下，民眾感受的程度會隨著選區規模增大而減少，也會隨著選區規模減少而增加。這是不是表示不同規模選區的立委在爭取補助預算的動機與行為也會因此而有顯著的差異？也就是說，在追求連任的前提下，立委爭取補助預算的動機強度與行為積極程度會隨著選區規模增加而降低，反之亦然。如果真的是如此，那麼這很有可能就是台灣特有而且非常重要的分配政治特質之一，它與單一選區制的美國所呈現出來的分配政治特質顯然有所不同。

第三，研究結果發現，台灣選民以選票獎勵立委帶回地方建設補助的程度高過於懲罰那些沒有帶回補助預算的立委。為甚麼會這樣？是不是台灣選民對於立法委員比較仁慈？這似乎也是一個理由，因為就數字呈現的情況來說，這是事實。另外一個理由可能是台灣選民對於立法委員的期待相當多元，並且也互不排斥。本章研究結果發現，選民在期待立委為地方爭取建設經費的同時，也期許立委形象好，又能專心制訂公共政策。所以即便選區立委不盡然能夠為地方爭取建設經費讓選民滿意，選民仍然可

能觀察立委在其他部分的表現，不急著以單一指標來判斷是否應該懲罰沒有帶回補助利益的立委。第三個理由也可能跟立委複數選舉制度有關。當一個選區有多位立委時，如果選民認為選區並沒有享受到補助利益時，除非有明顯證據，否則選民恐怕很難辨識究竟是那位立委的過錯。在這種情況下，選民任意「懲罰」某一位他認為對選區無功勞立委的理由似乎就沒那麼強。相對來說，如果選民認為選區的確受到補助利益之惠，同樣在很難辨識那一位立委的功勞最大的情況下，他寧可相信是他所支持的現任者所立下的汗馬功勞，因此傾向以選票來獎勵他。所以，「能否辨識立委在爭取補助利益的功過」就變成選民懲罰或獎勵立委相當重要的判準。

　　本章的研究發現為台灣分配政策與政治研究提供了實證的基礎，同時也初步探索到「選區規模」在台灣分配政治所扮演的不尋常角色，也就是小規模選區的選民期待補助利益的程度大過於大規模選區的選民，也同時明顯地反映到小規模選區選民對於立法委員爭取補助利益功過的評價上。在接續的第四章，作者將以這個調查研究既有的資料庫為基礎，調整研究設計，嘗試證明選區規模對於選民期待立委帶回地方利益的影響。首先，作者將受訪者依照選區立委員額的多寡將選區區分為大、中、小三種不同規模的選區，分析各種不同選區規模的選民意見上的差異。其次，控制受訪者所屬選區（縣市）的自有財源狀況，釐清選民期待立委為選區帶回地方利益的意見是否真的是受到選區規模的影響。除此之外，第四章也利用傳統問卷調查法，分析第六屆連任立法委員對於為選區爭取地方利益的具體看法，同時也探索立法委員代表行為的誘因是否也會因為選區規模的不同而有所差異。

第四章

選民期待補助利益與
立法委員的回應
——選區規模的差異分析

本章實證分析的資料庫來自於作者所執行的國科會研究計畫（計畫編號 NSC94-2414-H-305-008），包含選民問卷調查以及第六屆連任立法委員 問卷調查兩個部分。選民問卷調查的分析內容是實施反覆加權抽樣法之 後的分析結果。

第一節　研究問題

　　在第三章的分析當中，研究結果發現地處東部以及離島各縣的受訪者對於立法委員爭取補助利益的看法較為強烈。基於這樣的統計結果，作者很好奇這種現象是不是與選區規模有關？而不純然是地域性的關係。東部與離島各縣的選區規模較小，小規模的選區因為立法委員人數較少，因此相對來說，選民較為清楚知道立法委員為家鄉做了甚麼？尤其在補助利益的爭取上更是如此。不過，這樣的推論仍然需要進一步的釐清潛在的虛無關係。這個潛在的虛無關係是：東部與離島各縣的自有財源比例比其他區域縣市來得低，民眾企望立法委員協助爭取中央政府補助利益的期待本來就比較高；並且中央政府為了區域均衡發展的理由，也比較常以補助利益協助這些地區，而使得當地的立法委員表功於民眾之前的機會相對較多，也使得這些縣市的民眾比較能夠感受到立法委員在補助利益爭取上所做的努力。也就是說，並不完全是因為選區規模小，立法委員動見觀瞻，所以民眾期待高。

　　本章第一個目的是希望釐清到底是選民所居住的選區規模大小或是選區的縣市自有財源多寡影響民眾對於立法委員爭取補助利益的期待與相關看法？首先，本章基於第三章所使用的調查資料庫，重新將受訪者區分為小型、中型與大型選區的受訪者，分析立法委員有無爭取補助利益對於選民投票時的抉擇是否會因為選民所居住的選區規模大小而不同？選民對於立法委員經營選區所投注努力的感受程度是不是也會隨著選民所居住的選區規模不同而異？選區規模大小會不會造成選民對於立法委員爭取補助預算的不同期待？其次，作者進一步控制各縣市的自有財源狀況，

觀察在相同自有財源水準的選區當中，不同規模的選區選民，對於立委爭取補助利益的看法是否有所差異？

　　如果選區規模對於選民期待立法委員爭取補助利益的程度有顯著影響，而不是因為選區自有財源比例的關係，那麼這個事實是不是會影響不同選區規模的立法委員為了連任而爭取補助利益的誘因？這是本章第二個目的。本章採用類似於第三章調查選民關於補助利益的問卷問題結構，以傳統郵寄問卷調查法收集第六屆連任立法委員的相關看法，觀察來自不同選區規模的立委與他們的選民所呈現的看法之間是否有所差別？

第二節　研究設計

壹、選區規模與選民意見的差異分析

　　首先，作者以第三章所做的全國性調查的資料庫為基礎，然後以選區規模作為交叉分析的基準。以第六屆立委為依據，將 25 縣市應選出立委的人數多寡區分為大選區（11-28 名），中選區（5-10 名）與小選區（1-4 名）。分類的標準在於各縣市第六屆立委員額從少至多，一共有 12 種，分別為 1，2，3，4，6，8，9，10，11，13，21，28 等等 12 種，平均區分為 3 段，便成為大選區（11-28 名），中選區（5-10 名）與小選區（1-4 名）。進一步，以這個大、中、小選區的分類標準從事選民在立委投票時考慮的六項因素變異數分析，對於立委經營選區所投注心力的感受程度之卡方差異分析，以及對於其他有關於補助預算看法的卡方差異分析。

貳、控制自有財源情況下，選區規模與選民意見的差異分析

其次，作者依照選區規模分類為大、中、小選區之後，接下來在各不同規模的選區當中區分「高自有財源」與「低自有財源」兩類。「高自有財源」與「低自有財源」的區分標準是以九十四年度選區（縣市）自有財源比例的中位數為基準，中位數落在彰化縣的 42.71%，因此凡是自有財源比例高於此數值的縣市歸類為高自有財源縣市，凡是自有財源比例低於此數值的縣市歸類為低自有財源縣市，至於彰化縣則歸類於低自有財源縣市。表 4-1 呈現選區規模與自有財源狀況交叉分類的情況。整體來說，低自有財源介於 17.23%（連江縣）與 42.71%（彰化縣）之間，高自有財源介於 43.91%（基隆市）與 87.89%（台北市）之間。

表 4-1　選區規模大小與自有財源高低交叉分類表

1-4 席（小選區）
高自有財源：基隆市（43.91）、新竹市（59.7）、嘉義市（47.26）
低自有財源：宜蘭縣（32.93）、新竹縣（32.07）、苗栗縣（37.43）、南投縣（32.78）、嘉義縣（30.11）、台東縣（31.36）、花蓮縣（31.78）、澎湖縣（21.71）、金門縣（33.58）、連江縣（17.23）
5-10 席（中選區）
高自有財源：台南市（62.33）、台中市（66.06）、 高雄縣（54.56）
低自有財源：彰化縣（42.71）、雲林縣（37.98），屏東縣（41.69）、台南縣（36.25）
11-28 席（大選區）
高自有財源：高雄市（68.42）、台北市（87.89）、台北縣（78.50）、桃園縣（54.85）
低自有財源：台中縣（40.84）

括號內的數值為 94 年度自有財源比例（%）

為了要檢定選民對於補助利益看法是受到選區規模影響，而不是受到選區自有財源高低的影響，作者以**表 4-2** 的內容加以說明。如果選區規模真的會有影響，我們期待居住在自有財源高的縣市受訪選民，不管受訪者是來自於大選區、中選區或是小選區，他們的意見應該會有顯著的差異，而且我們期待小選區選民的感受比中、大型選區選民來得強。同樣的，我們期待居住在自有財源低的縣市的受訪選民，不管受訪者是來自大選區、中選區或是小選區，他們的意見應該會有顯著的差異，我們也期待小選區選民的感受比中、大型選區選民來得強。換言之，我們期待**表 4-2** 當中的 ACE 與 BDF 在各道問卷題目的差異分析應該會有顯著差別。

表 4-2　選區規模影響的檢定表

	自有財源高	自有財源低
大型選區	A1、A2、A3、A4、A5	B1、B2、B3、B4、B5
中型選區	C1、C2、C3、C4、C5	D1、D2、D3、D4、D5
小型選區	E1、E2、E3、E4、E5	F1、F2、F3、F4、F5

作者在這個部分選擇問卷題目當中與補助利益有直接關聯的五道題來作交叉分析。理論上來說，這五道題彼此都是獨立的面向，包括：(1)選民在立委選舉投票時，是否以立委「爭取地方建設經費」做為重要投票判準的程度（0-10 分），這個部分利用變異數分析來做比較；(2)選民對於立委向中央爭取補助經費來繁榮地方的實際感受（有或無），這個部分利用卡方差異分析來檢定；(3)選民對於立委有沒有向中央爭取補助經費保護選區的利益的實際感受（有或無），這個部分利用卡方差異分析來檢定；(4)如果立委沒有爭取中央的補助經費，下次選舉選民是否支持（同意或不同意），這個部分利用卡方差異分析來檢定；(5)如果立委有爭取中央

的補助經費，選民比較可能支持他（同意或不同意），這個部分也利用卡方差異分析來檢定。 所以，**表 4-2** 當中的 A1 指的是受訪者來自於大選區且該選區自有財源高的情況下，對於第一道題「選民在立委投票時以立委爭取地方建設經費做為投票判準」的評分情形，A2 指的是受訪者來自於大選區且該選區自有財源高的情況下，對於第二道題「選民對於立委向中央爭取補助經費來繁榮地方」的實際感受情形，A 的其他部分依此類推。B1 指的是受訪者來自於大選區且該選區自有財源低的情況下，對於第一道題「選民在立委投票時以立委爭取地方建設經費做為投票判準」的評分情形，B2 指的是受訪者來自於大選區且該選區自有財源低的情況下，對於第二道題「選民對於立委向中央爭取補助經費來繁榮地方」的實際感受情形，B 的其他部分依此類推。C1 指的是受訪者來自於中選區且該選區自有財源高的情況下，對於第一道題「選民在立委投票時以立委爭取地方建設經費做為投票判準」的評分情形。C2 指的是受訪者來自於中選區且該選區自有財源高的情況下，對於第二道題「選民對於立委向中央爭取補助經費來繁榮地方」的實際感受情形，C 的其他部分依此類推。其他 D、E、F 的情況也依照這樣的邏輯類推。

在實際的檢定過程中，作者分別檢定 ACE 與 BDF 是否有所差異。檢定 ACE，其實就是檢定 A1-C1-E1、A2-C2-E2、 A3-C3-E3、A4-C4-E4、 A5-C5-E5；檢定 BDF，其實就是檢定 B1-D1-F1、B2-D2-F2、 B3-D3-F3、B4-D4-F4、 B5-D5-F5。作者預期，理想上如果這十項差異檢定都能達到統計上的顯著水準，則可以推論選民對於補助利益的看法是受到選區規模影響，而不是受到選區自有財源高低的影響。

參、第六屆連任的立法委員對於爭取補助利益看法的問卷調查分析

　　最後，本章分析第六屆連任的立法委員對於補助利益看法是否與選民的看法一致？是不是會受到立委所屬選區的規模所影響？作者在二○○六年六月底起，利用郵寄問卷的方式[1]，以第六屆連任的立法委員總共九十七位為受訪對象，實施調查研究。問卷內容包括三個部分，第一部分是連任立委對於影響他們連任六項因素的評分，最高10分，最低0分。這六項因素包括「專心制訂公共政策」、「形象」、「政黨」、「地方派系或宗親」、「爭取地方建設經費」與「選區服務」。這六項因素與選民問卷調查內容當中，選民在立委選舉投票時所考慮的六項因素相同。作者希望比對選民看法與立委看法之間是否有所差別？第二個部分則是希望瞭解立委在「為地方爭取中央補助預算」、「制訂公共政策」、「幫忙選區民眾跟政府機關打交道」、「參加諸如婚喪喜慶、剪綵、廟會……等地方活動」這四個工作項目實際的時間分配（以百分比來呈現相對重要性）。第三部分則是希望瞭解立委對於補助預算的看法，內容包括：(1)是否同意在立委的選區裡，無法連任的立委候選人是因為沒有替地方爭取中央補助經費才落選？(2)是否立委選舉時您會以曾經替地方爭取中央補助經費為選戰的重要議題？(3)是否同意向中央爭取補助經費保護選區利益（例如農業補助、災害補助、寒害補助）是最起碼的責任？(4)是否同意向中央爭取補助經費繁榮地方（例如道路、橋樑、學校、圖書館、防洪排水等建設經費）是最起碼的責任？(5)若立委沒為地方爭取中央補助經費，

---

[1] 作者在郵寄問卷之前與郵寄之後，均多次透過民進黨第六屆不分區立委張慶惠委員協助，委請泛綠立委填答問卷；也透過當時總統府第二局陳烯堅副局長協助，委請泛藍立委填答問卷。

落選的機會會明顯提高？(6)若立委為地方爭取中央補助經費會提高連任的機會？(7)即使爭取中央補助地方經費也不見得能連任，但是沒有為地方爭取經費一定落選？（立委問卷請參閱本書附錄二）。

預期回收樣本總共九十七位第六屆連任立委，經過三次追蹤問卷，截至二〇〇六年十二月十二日為止，實際回收樣本七十七份，回收率為 79.38%。我們以受訪立委所屬選區及政黨的樣本結構與中央選舉委員會公布的第六屆連選連任的立法委員母體結構比較，並以卡方適合度做檢定。**表** 4-3 顯示在選區部分，計算出的卡方值為 8.204762、p 值為 0.999813195。因此可以確認選區樣本結構與母體結構沒有顯著性差異。其次，同樣以卡方適合度檢定檢測受訪立委的政黨背景是否符合第六屆連任的立委母體結構。**表** 4-4 顯示計算出的卡方值為 6.418803、p 值為 0.377945085。受訪立委的政黨樣本結構與母體結構同樣沒有顯著性差異。因此立委調查樣本不論在立委的選區或政黨皆具有母體代表性。

在統計分析部分，本章除了以敘述性統計分析受訪立委普遍性看法之外，也利用變異數分析或卡方檢定觀察受訪立委的看法是否受到他們選區規模大小的影響。而選區規模分類的方法也與選民問卷調查分析的分類方法相同。至於不同政黨立委的看法是否有所差異的相關統計結果，作者將它放在本書附錄三，而不納入本章內容，因為我們的重點在於立委的看法是否與選區規模有關。

表4-3　立法委員問卷回收樣本結構與母體結構比較：選區

選區	應達成樣本數	完成樣本數
台北市一選區	5	5
台北市二選區	4	3
高雄市一選區	2	2
高雄市二選區	3	2
台北縣一選區	4	3
台北縣二選區	5	5
台北縣三選區	6	5
桃園縣	10	9
新竹縣	1	1
新竹市	2	1
苗栗縣	3	2
台中市	6	4
台中縣	7	5
彰化縣	5	5
雲林縣	1	0
嘉義市	1	0
嘉義縣	2	2
台南市	5	3
台南縣	5	4
高雄縣	5	4
基隆市	2	2
宜蘭縣	1	0
花蓮縣	2	1
台東縣	1	1
南投縣	3	2
屏東縣	4	4
澎湖縣	1	1
金門縣	1	1
總計	97	77

卡方值=8.204762，p=0.999813195

表 4-4　立法委員問卷回收樣本結構與母體結構比較：政黨

政　黨	應達成樣本數	完成樣本數
國民黨	36	32
民進黨	39	31
親民黨	12	5
台聯	4	4
新黨	1	1
無黨團結聯盟	4	3
無黨籍	1	1
總計	97	77

卡方值=6.418803，p=0.377945085

第三節　選區規模對於選民意見影響的差異分析

壹、不同選區規模選民在立委選舉投票時考慮的六項因素變異數分析

　　表 4-5 顯示選民在立委選舉投票時所考量的因素是否與選民所居住的選區規模有關？整體來看，選民居住選區規模僅對「專心制訂公共政策」這項因素有顯著影響。具體來看，居住在不同選區規模的選民在「專心制訂公共政策」這項因素的平均值高低分別是大選區（6.83）、小選區（6.69）、中選區（6.24），其中平均值主要差異來源為大選區的平均值高於中選區。

表4-5　不同選區規模選民在立委選舉投票時考慮因素的變異數分析

選民選舉考量六項因素	不同選區規模下的選民在各項因素的平均數	F 值	變異來源以及 t 值
形象	小選區：6.15	0.967	
	中選區：6.38		
	大選區：6.48		
政黨	小選區：4.75	0.041	
	中選區：4.82		
	大選區：4.82		
地方派系或宗親	小選區：3.59	2.383	
	中選區：3.63		
	大選區：3.25		
在立法院專心制訂公共政策	小選區：6.69	5.112**	大選區＞中選區 t=3.161
	中選區：6.24		
	大選區：6.83		
爭取地方建設經費	小選區：7.06	1.747	
	中選區：6.85		
	大選區：6.63		
選區服務	小選區：5.45	0.269	
	中選區：5.33		
	大選區：5.26		

*: $p<0.05$　　**: $p<0.01$　　***: $p<.001$

　　在未達到統計顯著水準的五項因素當中，「形象」的平均值高低依序為大選區（6.48）、中選區（6.38）、小選區（6.15）。「政黨」因素的重要性依序為大選區（4.82）、中選區（4.82）、小選區（4.75）。「地方派系或宗親」的平均值依序為中選區（3.63）、小選區（3.59）、大選區（3.25）。最後，「爭取地方建設經費」與「選區服務」兩項考量因素，平均值依序均呈現小選區最高，中選區其次，大選區殿後。具體來說，「爭取地方建設經費」的平均值依序為小選區

（7.06）、中選區（6.85）、大選區（6.63）；而「選區服務」平均值高低順序為小選區（5.45）、中選區（5.33）、大選區（5.26）。

從以上的分析看來，雖然並未發現不同選區規模的選民在立委選舉時以「爭取地方建設經費」作為評估要素的顯著性差異，但是從其平均數值的差異中仍可看出小選區的選民比較重視立委爭取地方建設經費，同時小選區 7.06 的平均值也居小選區受訪者在各項投票考慮因素平均值之冠。

貳、不同選區規模的選民對於立委經營選區的實際感受差異分析

接下來，不同選區規模的選民對於立委經營選區的實際感受是否有所不同？從**表** 4-6 的卡方差異分析當中發現，除了「幫忙選民和政府打交道」這項立委經營選區方式與選民所居住的選區規模沒有顯著關聯之外，其餘三項均達到統計上的顯著水準。首先，在「立委有向中央爭取補助經費繁榮地方」與「立委有向中央爭取經費保護選區利益」這兩項同樣是向中央爭取補助經費的經營選區工作項目，統計分析呈現選民感受程度的高低與其所居住的選區規模大小成反比，也就是說選區立委員額數愈少，選民感受到立委向中央爭取補助經費的程度愈大。兩項目感受程度的百分比分別是：在「立委有向中央爭取補助經費繁榮地方」這一題項當中，小選區 62.3%、中選區 51.4%、大選區 40.4%；而在「立委有向中央爭取經費保護選區利益」的題項當中，小選區 57.9%、中選區 49.7%、大選區 31.7%。除此之外，另一項具有顯著差異的「立委有參加各項地方活動」這項經營選區工作項目當中，小選區的感受百分比為 76.4%，中選區的感受百分比為 86.1%，大選區的百分比為 80.2%。至於未達統計上顯著水準的「立委有幫忙選民和政府打交道」這個項目，選民有感受到的比例大小依序為中選區（46.7%）、小選區（41.9%）、大選區（45.5%）。

表4-6　不同選區規模的選民對於立委經營選區的實際感受卡方分析

題項	選區	有	沒有	總數	卡方值
爭取經費 繁榮地方	小選區	62.3%(94)	37.7%(57)	100.0%(151)	25.750***
	中選區	51.4%(189)	48.6%(179)	100.0%(368)	
	大選區	40.4%(209)	59.6%(308)	100.0%(517)	
爭取經費 保護選區	小選區	57.9%(88)	42.1%(64)	100.0%(182)	47.080***
	中選區	49.7%(182)	50.3%(184)	100.0%(366)	
	大選區	31.7%(163)	68.3%(351)	100.0%(514)	
與政府打 交道	小選區	41.9%(65)	58.1%(90)	100.0%(155)	1.002
	中選區	46.7%(176)	53.3%(201)	100.0%(377)	
	大選區	45.5%(240)	54.5%(288)	100.0%(528)	
參加地方 活動	小選區	76.4%(120)	23.6%(37)	100.0%(157)	8.646*
	中選區	86.1%(328)	13.9%(53)	100.0%(381)	
	大選區	80.2%(425)	19.8%(105)	100.0%(530)	

*：p<0.05　**：p<0.01　***：p<.001

　　整體來說，從上述選民對於立委為選區爭取補助經費實際感受的分析，可以看出選區立委員額愈少，選民對於立委爭取補助利益實際感受愈深的傾向。基於此，作者想要進一步知道，這些居住在立委選區規模越小的選民，是否因為深刻感受到立委爭取補助經費的做為，所以同意立委對社會的貢獻越大呢？**表4-7** 證明這種說法，受訪者居住在規模較小的選區明顯地比居住在中或大選區的選民更認同立委對於社會的貢獻。小、中、大選區選民同意的百分比分別是 68.9%、61.6%、52.0%。

表4-7　來自不同選區規模的選民是否同意立委對社會有貢獻的卡方分析

題項	選區	不同意	同意	總數	卡方值
立委是否對社會有貢獻	小選區	31.1%(46)	68.9%(102)	100.0%(148)	
	中選區	38.4%(137)	61.6%(220)	100.0%(357)	16.683***
	大選區	48.0%(243)	52.0%(263)	100.0%(506)	

***: p＜0.001　**: p＜0.01　*: p＜0.05

參、不同選區規模的選民對於立委爭取補助預算的看法之差異分析

最後，作者探討居住在不同規模的選區選民對於立委爭取補助預算的看法差異。**表4-8** 顯示，總體而言，統計分析結果並沒有顯著地呈現選民對立委爭取補助預算的看法會隨著選民所居住的選區規模不同而有所差異。不過，雖然沒有達到統計上的顯著水準，但是在大部分的情況下，小選區的受訪者在立委爭取補助利益上的看法都比中選區與大選區的選民來得強烈。作者並不想過度推論，因為這個部分的差異分析並未達到統計上的顯著水準，但是小選區受訪者意見仍然呈現有趣的型態，值得進一步觀察。以下區分為「爭取補助預算在立委選舉時的重要性」、「選民對於立委基本責任的期許」、「立委爭取補助經費對於選民投票的影響」等三方面來觀察小選區選民的意見與其他不同規模選區的選民有何不同？

首先，就爭取補助預算在立委選舉時的重要性來看，小選區的受訪者同意「立委會因為沒為地方爭取中央補助經費而落選」以及「為地方爭取中央補助經費是立委選舉的重要議題」的看法的百分比分別為 67.1%與 82.5%，均分別高過於中選區與大選區選民同意的百分比。其次，從選民對於立委基本責任的期許來看，

表4-8 居住在不同選區規模選民對於立委爭取補助預算的看法差異分析

題項	選區	不同意	同意	總數	卡方值
立委會因沒為地方爭取經費而落選	小選區	32.9%(47)	67.1%(96)	100.0%(143)	1.390
	中選區	38.3%(138)	61.7%(222)	100.0%(360)	
	大選區	37.6%(189)	62.4%(313)	100.0%(502)	
立委是否為地方爭取經費是立委選舉重要議題	小選區	17.5%(25)	82.5%(118)	100.0%(143)	5.452
	中選區	20.8%(75)	79.2%(285)	100.0%(360)	
	大選區	25.6%(134)	74.4%(389)	100.0%(523)	
向中央爭取經費保護選區利益是立委起碼責任	小選區	10.7%(16)	89.3%(133)	100.0%(149)	1.035
	中選區	12.6%(47)	87.4%(327)	100.0%(374)	
	大選區	13.8%(73)	86.2%(456)	100.0%(529)	
向中央爭取經費繁榮地方是立委起碼責任	小選區	10.7%(16)	89.3%(133)	100.0%(149)	1.311
	中選區	11.3%(42)	88.7%(330)	100.0%(372)	
	大選區	13.7%(72)	86.3%(455)	100.0%(527)	
若立委沒爭取補助經費，下次選舉不會支持他	小選區	40.9%(61)	59.1%(88)	100.0%(149)	2.450
	中選區	48.0%(179)	52.0%(194)	100.0%(373)	
	大選區	44.3%(231)	55.7%(294)	100.0%(522)	
立委沒爭取補助經費這件事會告訴別人	小選區	40.7%(35)	59.3%(51)	100.0%(86)	4.289
	中選區	30.2%(58)	69.8%(134)	100.0%(192)	
	大選區	29.1%(82)	70.9%(200)	100.0%(282)	
若立委有爭取補助經費，比較可能支持他	小選區	19.7%(30)	80.3%(122)	100.0%(152)	0.033
	中選區	21.1%(78)	78.9%(291)	100.0%(369)	
	大選區	21.0%(110)	79.0%(413)	100.0%(523)	
立委爭取補助經費這件事會告訴別人	小選區	24.8%(29)	75.2%(88)	100.0%(117)	4.003
	中選區	22.3%(64)	77.7%(223)	100.0%(287)	
	大選區	17.6%(72)	82.4%(337)	100.0%(409)	

小選區受訪者同意「爭取補助經費保護選區利益是立委最起碼的責任」的百分比（89.3%），也高過於中選區（87.4%）與大選區的受訪者（86.2%）。至於在「爭取補助經費繁榮地方是立委最起碼責任」的看法上，也呈現小選區選民同意百分比（89.3%）高於中選區（88.7%），也高過於大選區（86.3%）。最後，從立委是否曾經爭取補助經費對於選民投票的影響方面來看，小選區受訪者同意「沒有爭取補助經費，下次選舉不會支持」（59.1%）以及同意「立委若有爭取補助經費，較可能支持他」的百分比（80.3%）均高過於中選區與大選區的受訪者。唯二的例外是「立委沒有爭取中央補助經費這件事會告訴別人」以及「立委爭取中央補助經費這件事會告訴別人」這兩項同意意見的百分比。

第四節　不同選區規模的選民對於補助利益意見的差異分析：控制選區自有財源因素

前一節分析發現，選區規模對於受訪者的意見有相當程度的影響（小規模選區的選民感受較深刻），特別是在感受立法委員是否為選區帶回補助利益來繁榮地方或是保護選區利益；或是認為立委對社會是有貢獻的。雖然如此，誠如本章之前所言，小規模選區受訪者之所以有這種感受，會不會是因為台灣小規模立委選區平均來說地處偏僻，而且又是自有財源較低的地區，在這種情況之下，中央政府補助機會較多，加上當地立委員額又少的事實，以致於選民很容易辨識立委的功勞。作者在這一節所要釐清的是：選區規模是否獨立地影響選民的意見？還是選區自有財源狀況影響選民的看法？或者二者兼而有之？

　　實際操作上，本節分別檢定本章研究設計所談到的：
A1-C1-E1、B1-D1-F1；A2-C2-E2、B2-D2-F2；A3-C3-E3、B3-D3-F3；
A4-C4-E4、B4-D4-F4；A5-C5-E5、B5-D5-F5。首先，就 A1-C1-E1
與 B1-D1-F1 的檢定來說，**表 4-9** 變異數分析顯示，受訪者如果居
住在相同自有財源情況的縣市，則不管是否為大、中、小選區，
受訪者以立委是否「爭取地方建設經費」做為立委選舉時的投票
判準程度並沒有顯著性的差異。但是即便如此，我們還是可以看
出來，不管是高自有財源的選區，或是低自有財源的選區，小選
區受訪者在立委選舉投票時以立委「爭取地方建設經費」作為判
準的平均值還是最高，高過於中、大型選區選民的平均值。具體
來說，在同屬高自有財源的小選區受訪者會以立委是否爭取地方
建設經費做為投票判準的平均值為 7.47 分，高過於中選區的 6.60
分，以及大選區的 6.58 分。另外，在同屬低自有財源的小選區受
訪者會以立委是否爭取地方建設經費做為投票判準的平均值為

**表 4-9　不同自有財源選區內，大、中、小選區選民在立委選舉時，
　　　　　會以立委「爭取地方建設經費」做為投票判準的變異數分析**

自有財源情況	不同規模選區選民的評分	F 值	變異來源	檢定類別
高自有財源	小選區：7.47 N=42	2.145	無	A1-C1-E1
	中選區：6.60 N=139			
	大選區：6.58 N=460			
低自有財源	小選區：7.33 N=105	0.071	無	B1-D1-F1
	中選區：7.00 N=229			
	大選區：6.89 N=69			

7.33 分，高過於中選區的 7.00 分，以及大選區的 6.89 分。

其次，**表 4-10** 顯示在其他八個卡方分析檢定中，達到統計上的顯著水準有三項，分別是：(1)A2-C2-E2：意即雖然同樣來自高自有財源選區的受訪者，但是會隨著來自選區規模大小不同，而使得同意「選區立委有無向中央爭取經費來繁榮地方」的意見有所差異。同意百分比最高的是小選區（69.6%），其次為中選區（45.0%），最低為大選區（39.4%）；(2)A3-C3-E3：代表雖然同樣來自高自有財源選區的受訪選民，但是會隨著來自選區規模大小不同，而使得同意「選區立委有無向中央爭取經費來保護選區利益」的意見有差異；同意百分比最高的是小選區（56.5%），其次為中選區（36.2%），最低為大選區（29.6%）；(3)B3-D3-F3：代表雖然同樣來自低自有財源選區的受訪選民，但是會隨著來自選區規模大小不同，而使得同意「選區立委有無向中央爭取經費來保護選區利益」的意見有所差異；同意百分比最高的是小選區（57.9%），其次為中選區（50.4%），最低為大選區（35.7%）。

值得注意的是，其他五項卡方檢定雖然都未達到統計上的顯著水準，但是除了 B5-D5-F5 情況之外，其他四項的檢定當中，小選區同意的百分比都比中選區與大選區的同意百分比來得高。具體來說，第一，同樣是低自有財源選區的受訪者，小選區受訪者對於立委向中央爭取補助經費來繁榮地方的實際感受百分比為 59%，其次是中選區受訪者 54.9%，最後是大選區受訪者 47.1%。第二，同樣是高自有財源選區的受訪者，小選區選民同意如果立委沒有爭取中央的補助經費，下次選舉選民就不會支持的百分比為 60%，中選區受訪者為 47.6%，大選區受訪者為 56.3%。第三，同樣是低自有財源選區的受訪者，小選區選民同意如果立委沒有爭取中央的補助經費，下次選舉選民就不會支持的百分比為 59.2%，

表4-10　不同自有財源選區內，大、中、小選區選民對於立委「爭取補助利益」看法的卡方差異分析

財源狀況	選區規模	不同意	同意	總數	卡方值（檢定類別）
選區立委有沒有向中央爭取補助經費來繁榮地方？					
高自有財源選區	小選區	30.4%(14)	69.6%(32)	100.0%(46)	15.873***
	中選區	55.0%(72)	45.0%(59)	100.0%(131)	(A2-C2-E2)
	大選區	60.6%(271)	39.4%(176)	100.0%(447)	
低自有財源選區	小選區	41.0%(43)	59.0%(62)	100.0%(105)	2.414
	中選區	45.1%(107)	54.9%(130)	100.0%(237)	(B2-D2-F2)
	大選區	52.9%(37)	47.1%(33)	100.0%(70)	
選區立委有沒有向中央爭取補助經費保護選區利益？					
高自有財源選區	小選區	43.5%(20)	56.5%(26)	100.0%(46)	14.461**
	中選區	63.8%(83)	36.2%(47)	100.0%(130)	(A3-C3-E3)
	大選區	70.4%(312)	29.6%(131)	100.0%(443)	
低自有財源選區	小選區	42.1%(45)	57.9%(62)	100.0%(107)	8.91*
	中選區	49.6%(118)	50.4%(120)	100.0%(238)	(B3-D3-F3)
	大選區	64.3%(45)	35.7%(25)	100.0%(70)	
如果立委沒有爭取中央的補助經費，下次選舉就不會支持他					
高自有財源選區	小選區	40.0%(18)	60.0%(27)	100.0%(45)	3.356
	中選區	52.4%(75)	47.6%(68)	100.0%(143)	(A4-C4-E4)
	大選區	43.7%(198)	56.3%(255)	100.0%(453)	
低自有財源選區	小選區	40.7%(42)	59.2%(61)	100.0%(103)	2.306
	中選區	45.2%(104)	54.8%(126)	100.0%(230)	(B4-D4-F4)
	大選區	48.6%(34)	51.4%(36)	100.0%(70)	
如果立委有爭取中央的補助經費，下次選舉您比較可能支持他					
高自有財源選區	小選區	19.1%(9)	80.9%(38)	100.0%(47)	2.084
	中選區	26.8%(37)	73.2%(101)	100.0%(138)	(A5-C5-E5)
	大選區	21.4%(97)	78.6%(356)	100.0%(453)	
低自有財源選區	小選區	22.6%(24)	77.4% (82)	100.0%(106)	1.142
	中選區	17.7%(41)	82.3%(190)	100.0%(231)	(B5-D5-F5)
	大選區	18.6%(13)	81.4%(57)	100.0%(70)	

*: p<0.05　**: p<0.01　***: p<.001

中選區受訪者為 54.8%，大選區受訪者為 51.4%。第四，同樣是高自有財源選區的受訪者，小選區選民同意如果立委有爭取中央的補助經費，下次選舉就比較可能支持他的百分比為 80.9%，中選區受訪者為 73.2%，大選區受訪者為 78.6%。

本節的統計分析結果並沒有呈現壓倒性的證據（兩項變異數分析以及八項卡方檢定並沒有全部呈現大、中、小選區受訪者看法上達到統計上的顯著差異），當然我們就不能全然否認選區自有財源狀況會影響選民的看法。但是，從細部的統計分析結果內容看來，選區規模對於選民看法的影響似乎大過於選區自有財源的狀況，因為在沒有達到統計顯著差異的各題項當中，來自相同自有財源狀況的小選區選民之看法，不管是平均值或是百分比幾乎都比中、大選區選民的意見來得高。

第五節　立法委員對於爭取補助利益看法的問卷調查分析

壹、立委如何評估影響他們連任的六項因素？

表 4-11 顯示受訪立委認為影響他們連任的六項因素個別平均值（最高為 10 分，最低為 0 分）與標準差。圖 4-1 顯示立委認為影響他們連任的六項因素所佔重要性的次數分配情形。整體來看，這些圖表顯示立委認為自己能否連任主要的因素依序是「形象」、「選區服務」、「爭取地方建設經費」與「政黨」，至於「地方派系與宗親」及「專心制訂公共政策」的相對影響性則低於前四者。

表 4-11 立委認為六項影響連任因素的平均值與標準差

	平均分數	標準差
形象	7.74	1.72
政黨	6.60	1.69
地方派系或宗親	6.27	2.63
在立法院專心制訂政策	6.33	2.16
爭取地方建設經費	6.91	2.28
選區服務	7.53	2.13

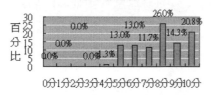

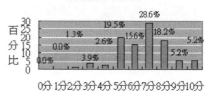

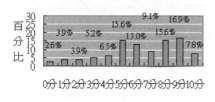

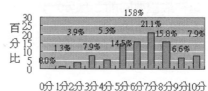

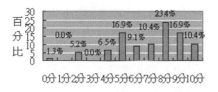

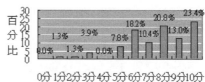

圖 4-1 立委認為影響連任六項因素的次數分配圖

具體來說，從**表 4-11** 當中六項影響因素的平均值來看，由高至低分別是 7.74 分的「形象」、7.53 分的「選區服務」、6.91 分的「爭取地方建設經費」、6.60 分的「政黨」、6.33 分的「專心制定政策」、以及 6.27 分的「地方派系與宗親」。進一步，從**圖 4-1** 當中六項因素從 0 分至 10 分的次數分配圖來看，這六項因素當中的「形象」、「選區服務」、「爭取地方建設經費」、「政黨」與「專心制定政策」等五項因素的分數分布明顯呈現偏峰（偏向於 5-10 分）。這五項因素超過 5 分（含 5 分）的次數分配總和分別是 98.8%、93.6%、87.1%、92.3%、81.7%。而「地方派系與宗親」的次數分配雖然看起來比較近似於常態分配，但是超過 5 分的次數分配總和也有 78%。從這些圖表看來，雖然立委認為影響他們連任這 6 項因素有高有低，但是他們認為這六項因素都具有相當程度的影響。

有趣的現象是：選民在立委選舉投票時所考慮的因素順位與立法委員認為連任因素的順位有所差異。選民認為最重要的前三項分別是爭取地方建設經費、專心制訂公共政策、形象；而立委認為最重要的前三項分別是形象、選區服務、爭取地方建設經費。雖然彼此的看法有所差異，但是爭取地方建設經費以及形象都是選民與立委同意的重要因素。

貳、立法委員如何分配日常精力與時間在不同的工作項目？

表 4-12 顯示立委在四項服務項目的分配比例。假設立委有 100% 的時間與精力從事立委工作，在分配四個工作項目的比例依序是 29.35% 的「制訂公共政策」、26.12% 的「參加地方活動」、22.37% 的「爭取中央補助經費」、以及 22.15% 的「幫忙選區民眾和行政機關打交道」。從這些百分比來看，其實各立委分配在這四項工作項

表 4-12　立委在四項服務項目的分配比例

	平均%	標準差
為地方爭取中央補助經費	22.37	11.50
制定公共政策	29.35	16.89
幫忙選區民眾和行政機關打交道	22.15	9.82
參加諸如婚喪喜慶、剪綵、廟會……等地方活動	26.12	13.28

目的時間與精力差異不大，均各佔約四分之一左右。但是如果觀察這些百分比的標準差，各委員之間的差異性就非常明顯了。除了「幫忙選區民眾和行政機關打交道」的標準差較小之外（9.82%），其他三項的標準差均超過 10%，標準差最大的是「制訂公共政策」（16.89%），其次是「參加地方活動」（13.28%），再其次是「爭取中央補助經費」（11.5%）。

參、立法委員如何看待「為地方爭取補助利益」這件事？

　　圖 4-2 顯示立委對於為地方爭取補助經費看法的次數分配情形。整體來看，受訪的連任立委們認為為地方爭取補助經費對選區而言是重要的，甚至於認為會影響連任的成敗。

　　首先，從選區選舉的實際情況來看，53.2%的受訪立委認同「選區裡無法連任的立委是因為沒有替地方爭取中央補助經費才落選」。另一方面，高達 87%的立委同意「立委選舉時會以曾經替地方爭取中央補助經費為選戰的重要議題」。其次，從立委基本責任的認同來看，有 92.2%的受訪者認同「向中央爭取補助經費保護選區利益是最起碼的責任」，也有 94.7%同意「向中央爭取補助經費繁榮地方是最起碼的責任」。因此，幾乎所有的立委皆認同爭取補助經費是他們最起碼的責任。最後，從立委對爭取補助經費是否

選區無法連任的立委候選人是因為沒
爭取中央補助經費才落選的同意程度

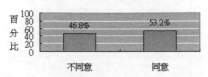

立委選舉時會以曾經爭取中央補助經
費為選戰重要議題的同意程度

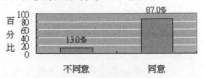

向中央爭取補助經費保護選區利益是
立委最起碼責任的同意程度

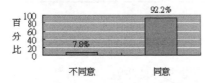

向中央爭取補助經費繁榮地方是立委
最起碼責任的同意程度

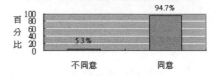

若沒爭取中央補助經費,您落選機會
會明顯提高的同意程度

爭取中央補助經費會提高連任機會的
同意程度

爭取中央補助地方經費不見得能連任,
但是沒有爭取一定落選的同意程度

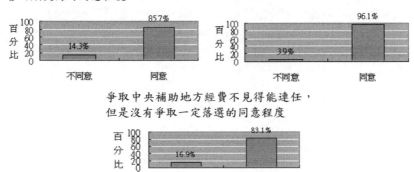

圖4-2　立法委員對於爭取補助預算的看法

影響連任的看法來看,85.7%的受訪立委認同「若沒為地方爭取中
央補助經費,落選的機會會明顯提高」。也有 96.1%的受訪立委表
示同意「為地方爭取中央補助經費會提高連任的機會」這項意見。
最後,受訪立委對於「爭取中央補助地方經費也不見得能連任,
但是沒有為地方爭取經費一定落選」這項意見的同意佔受訪立委
的 83.1%。

　　因此,從立法委員對於爭取補助預算看法中可以發現,立委

們雖然沒有將「爭取補助預算」這項工作項目放在第一順位，但是從他們將「爭取補助預算」視為起碼的責任，而且認為若沒有爭取會提高落選機會的想法，爭取補助預算在立委心目中應該有相當程度的重要性。

肆、不同選區規模的立委評估影響他們連任六項因素的變異數分析

表 4-13 顯示，除了「形象」這個因素之外，來自不同規模選區的立委評估「政黨」、「地方派系或宗親」、「在立法院專心制訂公共政策」、「爭取地方建設經費」以及「選區服務」等等因素對於他們連任的重要性並無顯著差異。

首先，受訪立委們評估「形象」這個因素在立委連任所佔的重要性高低依序是「大選區」的 8.10 分、「中選區」的 7.79 分、「小選區」的 6.64 分。並且變異數分析也達到統計上的顯著水準，差異來源是大選區高於小選區。立委員額越多的選區通常都會化程度較高，也因此個人的形象好壞愈能影響立委的連任。

其次，其他未達到統計顯著水準的因素包括：(1)「政黨」因素的平均分數由高至低分別為「中選區」的 6.88 分、「大選區」的 6.59 分，以及「小選區」的 6.14 分；(2)「地方派系或宗親」因素的平均數高低依序是「小選區」(6.36)、「大選區」(6.36)、「中選區」(6.08)；(3)「在立法院專心制訂政策」因素的平均數由高至低依序為「大選區」(6.87)、「小選區」(6.00)、「中選區」(5.67)；(4)「爭取地方建設經費」因素的平均數高低順序分別為「小選區」(7.57)、「中選區」(6.88)、「大選區」(6.69)；(5)「選區服務」因素平均數高低依序是「中選區」(7.63)、「大選區」(7.62)、「小選區」(7.14)。

值得注意的是小選區立委的意見。首先，「爭取地方建設經費」這個因素，雖然未達到統計上的顯著水準，但是來自小選區立委

表 4-13　來自不同選區規模的立委認為影響連任因素重要性的變
　　　　異數分析

影響立委連任的六項因素	不同選區規模的立委在各項因素的平均數	F 值	變異來源以及 t 值
形象	1-4 小選區：6.64	4.022*	大選區＞小選區 t=2.829**
	5-10 中選區：7.79		
	11-28 大選區：8.10		
政黨	1-4 小選區：6.14	0.829	無
	5-10 中選區：6.88		
	11-28 大選區：6.59		
地方派系或宗親	1-4 小選區：6.36	0.088	無
	5-10 中選區：6.08		
	11-28 大選區：6.36		
在立法院專心制訂公共政策	1-4 小選區：6.00	2.573	無
	5-10 中選區：5.67		
	11-28 大選區：6.87		
爭取地方建設經費	1-4 小選區：7.57	0.766	無
	5-10 中選區：6.88		
	11-28 大選區：6.69		
選區服務	1-4 小選區：7.14	0.282	無
	5-10 中選區：7.63		
	11-28 大選區：7.62		

*: p<0.05　**: p<0.01　***: p<.001

的平均數高低高達（7.57），高過於中、大選區的立委。其次，小選區立委在這六項因素平均數的排序分別是：「爭取地方建設經費」（7.57）、「選區服務」（7.14）、「形象」（6.64）、「地方派系或宗親」（6.36）、「政黨」（6.14）、「在立法院專心制訂政策」（6.00）。這兩組數據可以說明小選區立委認為爭取補助利益對於他們連任之路有相當程度的影響。

伍、不同選區規模的立委在工作項目分配上的差異分析

　　來自不同規模選區的立委在不同的工作項目的時間精力分配上有無明顯差異呢？**表4-14**顯示立委工作項目包括「制訂公共政策」、「幫忙選區民眾和行政機關打交道」與「參加地方活動」均未達到統計上的顯著水準，大、中、小選區立委在各服務項目當中的百分比差異並不大。但是在「為地方爭取中央補助經費」這個工作項目上，小選區的立委們所投注的時間與精力（平均30%）明顯大過於中選區（平均21.53%）以及大選區（平均20.34%）的立委們，同時也達到統計上的顯著水準（F=3.798），差異來源主要來自於小選區與大選區之間。很明顯，小選區立委們因為認為替地方爭取補助預算關鍵性地影響他們的連任（**表4-13**），所以投入在這項工作的時間與精力也相對較高。

表4-14　大、中、小選區立委與立委工作項目分配的變異數分析

立委工作項目	不同選區規模立委在各工作項目的平均數	F 值	變異來源
為地方爭取中央補助經費	1-4 小選區：30.00%	3.798*	小選區＞大選區 t=2.719**
	5-10 中選區：21.53%		
	11-28 大選區：20.34%		
制定公共政策	1-4 小選區：23.08%	1.096	無
	5-10 中選區：30.28%		
	11-28 大選區：30.88%		
幫忙選區民眾和行政機關打交道	1-4 小選區：21.15%	0.193	無
	5-10 中選區：21.60%		
	11-28 大選區：22.83%		
參加諸如婚喪喜慶、剪綵、廟會……等地方活動	1-4 小選區：25.77%	0.023	無
	5-10 中選區：26.60%		
	11-28 大選區：25.95%		

*: $p<0.05$　　**: $p<0.01$　　***: $p<.001$

陸、不同選區規模的立委對於爭取補助預算看法的卡方 差異分析

來自不同選區規模的立委對於立委爭取補助預算看法是否會有不同？整體來看，**表4-15**顯示七道題當中有五道題達到統計上的顯著水準，同時，小選區立委回答同意的百分比高過於中型選區的立委，中型選區立委的百分比也高過於大型選區的立委。以下區分為「選區選舉的實際情況」、「立委基本責任的認同」、以及「立委對於爭取補助經費是否影響其連任」的看法分別討論。

首先，從選區選舉的實際情況來看，來自不同選區規模的立法委員在「無法連任的立委候選人是因為沒有替地方爭取中央補助經費才落選」以及「立委選舉時會以您曾經以替地方爭取中央補助經費為選戰的重要議題」兩項意見都達到統計上的顯著差異。在前項意見中，三種選區規模的立委呈現「同意」的比例均高於「不同意」的情形。同意的百分比由高至低依序是「小選區」（85.7%）、「中選區」（66.6%）、「大選區」（41.1%）。而後者看法的同意比例高低依序為「小選區」（100%）、「中選區」（83.3%）、「小選區」（69.2%）。

接著，兩項關於立委基本責任的看法，不論受訪立委的選區規模大小如何，絕大部分的受訪立委同意「向中央爭取補助經費是他們最起碼的責任」，而同意百分比最高的都是來自小選區的立委。就「向中央爭取補助經費保護選區利益是最起碼的責任」這項看法而言，同意比例高低分別是「小選區」（100.0%）、「中選區」（87.5%）、「大選區」（64.1%）。而「向中央爭取補助經費繁榮地方是最起碼的責任」的同意程度為「小選區」（100.0%）、「中選區」（83.3%）、「大選區」（78.9%）。以上也都達到統計上的顯著水準。

表 4-15　來自不同規模選區立委對於爭取補助預算看法的卡方差異分析

題項	選區	不同意	同意	總數	卡方值
無法連任的立委候選人是因為沒有替地方爭取中央補助經費才落選？	小選區	14.3%(2)	85.7%(12)	100.0%(14)	6.714*
	中選區	33.4%(8)	66.6%(16)	100.0%(24)	
	大選區	58.9%(23)	41.1%(16)	100.0%(39)	
立委選舉時您會以曾經替地方爭取中央補助經費為選戰的重要議題？	小選區	0.0%(0)	100.0%(14)	100.0%(14)	7.331*
	中選區	16.7%(4)	83.3%(20)	100.0%(24)	
	大選區	30.8%(12)	69.2%(27)	100.0%(39)	
立委向中央爭取補助經費保護選區利益是最起碼的責任？	小選區	0.0%(0)	100.0%(14)	100.0%(14)	8.265*
	中選區	12.5%(3)	87.5%(21)	100.0%(24)	
	大選區	35.9%(14)	64.1%(25)	100.0%(39)	
立委向中央爭取補助經費繁榮地方是最起碼的責任？	小選區	0.0%(0)	100.0%(14)	100.0%(14)	9.422*
	中選區	16.7%(4)	83.3%(20)	100.0%(24)	
	大選區	21.1%(8)	78.9%(30)	100.0%(38)	
沒為地方爭取中央補助經費，您落選的機會明顯提高	小選區	7.1%(1)	92.9%(13)	100.0%(14)	9.877**
	中選區	29.2%(7)	70.8%(17)	100.0%(24)	
	大選區	51.3%(20)	48.7%(19)	100.0%(39)	
若您為地方爭取中央補助經費會提高連任的機會	小選區	0.0%(0)	100.0%(14)	100.0%(14)	0.730
	中選區	4.2%(1)	95.8%(23)	100.0%(24)	
	大選區	5.1%(2)	94.9%(37)	100.0%(39)	
即使爭取中央補助地方經費不見得能連任，但是沒有為地方爭取經費一定落選	小選區	14.3%(2)	85.7%(12)	100.0%(14)	1.822
	中選區	25.0%(6)	75.0%(18)	100.0%(24)	
	大選區	20.5%(8)	79.5%(31)	100.0%(39)	

*: $p<0.05$　　**: $p<0.01$　　***: $p<.001$

　　最後，不同規模選區的立委對於爭取補助經費是否影響連任的看法部分只有一道題達到統計上的顯著水準。第一，就「若沒為地方爭取中央補助經費，落選的機會明顯提高」的同意程度呈現「小選區」（92.9%）高於「中選區」（70.8%）與「大選區」（48.7%），並且達到統計上的顯著差異水準。第二，就「為地方爭取中央補助經費會提高連任的機會」這項意見來說，小選區立委的同意比例最高（100%），其次為中選區（95.8%），再其次為大選區（94.9%），但是並沒有達到統計上的顯著水準。第三，不同規模選區受訪立委對於「爭取中央補助地方經費不見得能連任，但是沒有為地方爭取經費一定落選」這項意見同意的百分比以小選區最高（85.7）%，其次為大選區（79.5%），中選區則殿後（75.0%），同樣地，也沒有達到統計上差異的顯著水準。

　　從這些差異分析的結果來看，受訪立委會因為來自不同規模的選區而對於爭取補助預算有不同的看法，特別是在「選區選舉的實際情況」以及「立委基本責任的認同」這兩個部分。而在「立委對於爭取補助經費是否影響其連任」部分，雖然只有「若沒為地方爭取中央補助經費，落選的機會明顯提高」的同意程度呈現統計上的顯著差異（小選區同意百分比高過於中、大選區），但是其他沒有達到統計顯著水準的兩項，也都呈現小選區立委同意百分比最高的現象。因此，整體來看，基於這些研究發現，小選區立委對於立委為地方爭取補助預算的看法是比中型或大型選區規模的立委要來得強烈。

第六節　研究發現與討論

　　本章首先利用第三章的選民問卷調查資料，檢驗立法委員爭

取補助利益影響選民投票時的抉擇是否會隨著選民居住的選區規模不同而異？對於立法委員經營選區所投注努力的感受程度是不是也會不一樣？選區規模大小會不會使得選民對於立法委員爭取補助預算的期待不同？其次，作者利用相同的資料庫，控制各縣市的自有財源狀況，觀察來自於相同自有財源狀況的選區，但是不同選區規模的受訪者，對於立委爭取補助利益的看法是否有所差異？最後，如果選區規模對於選民期待立法委員爭取補助利益的程度有顯著性的影響，那麼是不是會影響不同選區規模的立法委員為了連任而爭取補助利益的誘因？作者利用第六屆連任立委的問卷調查資料，回答這個問題。

壹、研究發現

一、選區規模的大小會影響選民的看法嗎？

首先，從不同選區規模選民在立委選舉投票時考慮的六項因素變異數分析看來，雖然並未發現不同選區規模的選民在立委選舉時以「爭取地方建設經費」做為評估要素的顯著性差異，但是從其平均數值的差異中仍可看出小選區的選民比較重視立委爭取地方建設經費，同時小選區選民 7.06 的平均值也高於小選區選民在其他五項投票考慮因素平均值（其他五項包括專心制訂政策、形象、政黨、地方派系或宗親、選區服務）。

其次，不同選區規模的選民對於立委經營選區的實際感受是否有所不同？除了「幫忙選民和政府打交道」這項立委經營選區工作項目與選民所居住的選區規模沒有顯著關聯之外，其餘三項均達到統計上的顯著水準。「立委有向中央爭取補助經費繁榮地方」與「立委有向中央爭取經費保護選區利益」這兩項呈現出選區立委員額數愈少，選民感受到立委向中央爭取補助經費的程度愈大。也因為如此，所以來自於小規模選區的選民明顯比中、大

型選區選民認同立委對社會的貢獻。

　　最後，雖然並沒有明顯發現選民對立委爭取補助預算的看法會隨著選民所居住的選區規模而有所不同（未達統計上的顯著水準），但是統計分析結果仍然呈現，在大部分的情況下，小選區的受訪者在立委爭取補助利益上的看法比中選區與大選區的受訪者來得強烈。

二、控制選區自有財源情況下，選區規模的大小會影響選民的
　　看法嗎？

　　在相同的自有財源情況下，本章檢定十項與立委爭取補助預算相關問卷題項，其中有 3 項顯示小選區選民感受比中、大型選區選民強烈，並且達到統計上的顯著水準。其他七項雖然沒有達到統計上的顯著水準，但是有六項都呈現小選區受訪者意見強度（卡方檢定的百分比或變異數分析當中的平均值）高過於中選區與大選區。從這些分析的結果看來，雖然我們不能完全否認選區財政狀況會影響選民對於立委爭取補助利益的看法，但是選區規模在塑造選民的意見上所扮演的角色似乎比選區財政狀況更為明顯。

三、立法委員問卷調查結果

(一)立委如何評估影響他們連任的因素？如何分配時間在日常工
　　作項目？是否重視為地方爭取補助預算？

　　第一，立委認為影響他們連任的重要因素依序分別是「形象」、「選區服務」、「爭取地方建設經費」、「政黨」、「專心制訂政策」、「地方派系與宗親」。第二，立委在四個工作項目的權重依序是「制訂公共政策」、「參加地方活動」、「爭取中央補助經費」、以及「幫忙選區民眾和行政機關打交道」，但是彼此之間差異不大。第三，立委們認為為地方爭取補助經費對選區而言是重要的，甚至於認為會影響連任的成敗。雖然他們沒有將「爭取地方建設經

費」放在影響他們連任重要因素的第一順位，也沒有將「爭取補助預算」這項工作項目放在自己工作時間量分配的第一順位，但是從立委們將「爭取補助預算」視為最起碼的責任，而且認為如果沒有這樣做會提高落選機會的這種想法，爭取補助預算在立委心目中應該有相當程度的重要性。

(二)來自不同選區規模的立委是否會隨著選區選民的意向起舞？

首先，雖然除了「形象」這個因素之外，來自不同規模選區的立委評估「政黨」、「地方派系或宗親」、「在立法院專心制訂政策」、「爭取地方建設經費」以及「選區服務」等等因素對於他們連任的重要性並無顯著差異。但是值得注意的是，在「爭取地方建設經費」這個因素上面，雖然未達到統計上的顯著水準，但是來自小選區立委在這項的平均數是最高。而小選區立委在所有六個項目的評分，也以「爭取地方建設經費」的平均值最高，這都說明了小選區立委認為爭取補助利益對於他們連任之路的影響非常大。

其次，小選區的立委們「為地方爭取中央補助經費」所投注的時間與精力明顯大過於中選區以及大選區的立委們，不僅達到統計上的顯著水準，而且差異來源主要也是來自於小選區與大選區之間。

最後，受訪立委會因為來自不同規模的選區而對於爭取補助預算有不同的看法。小選區立委對於為地方爭取補助預算的看法比中型或大型選區規模的立委要來得強烈（七道題當中有五道題達到統計上的顯著水準）。

貳、討論

雖然不是壓倒性的證據，但是本章的研究發現仍然呈現出選民對於立法委員爭取地方建設經費的期待與感受會受到他們所居

住選區的大小規模而異,選區規模越小的選民意見越是強烈。即使控制選區自有財源的情況下,這種型態依然可以辨識。而選民這種意見型態也影響了立法委員的意向,立委們普遍認為為選區爭取補助預算是他們最起碼的責任,如果不這樣做將會提高落選機會。同樣的,來自不同選區規模的立委也有不同強度的意見,小規模選區立委明顯地順應小選區選民的期待,他們積極爭取補助預算的態度明顯高過於中、大型選區所選出來的立委。

　　基於這樣的研究發現,接下來的問題將會是:立委這種回應選民意向的態度是不是足夠形成立委的誘因,進而轉換成為他們為選區爭取利益的具體行為?而最終將會使得他們所屬的選區成為實質利益分配的贏家?當然,截至目前為止,我們所探討的選區規模是 SNTV-MMD 選制下可能影響立委代表行為的因素。但是仍然有其他同樣屬於 SNTV-MMD 選制特殊的影響因素,例如台灣立法院常設委員會召集人的角色。又例如立法委員在前一次選舉當中所獲得的選票究竟是集中在選區內的某些次級行政轄區,或是平均分散在選區內各個次級地理轄區?集中或分散也可能塑造立委的誘因,因為選票集中代表他們只要服務少數地理區塊的選民即可,分散則要滿足更多的選民。另外,也有屬於台灣政治環境特有的影響因素,例如立委是否具有地方派系身分?具有地方派系身分可能傾向更積極地追求地方利益。在接續的第五章當中,作者將利用第三屆至第六屆區域立法委員分配政策提案行為、立法院第五屆第三會期所制定「擴大公共建設振興經濟暫行條例」以及「中央政府九十一至九十五年分配至縣市的補助款」等三個案例,來回答這些研究問題。

第五章

立法委員分配政策提案行爲與選區實質政策利益分配結果的分析

本章三個實證分析案例均來自於作者所執行的國科會研究計畫。第三至六屆立法委員分配政策提案數量的分析屬於計畫編號NSC95-2414-H-305-009 以及 NSC 96-2414-H-305-010 的研究計畫；擴大公共建設振興經濟暫行條例的實證研究案例是屬於計畫編號NSC93-2414-H-305-014 的研究計畫；而中央政府在民國 91-95 年分配至縣市補助款的實證分析是屬於 NSC 96-2414-H-305-010 的研究計畫。

第一節 研究問題

　　從第三章與第四章的分析當中發現，台灣選民對於立法委員
為選區帶回經濟利益的確有相當程度的期盼，同時也發現小規模
立法委員選區的選民期待比中、大型選區選民的期盼更為殷切。
而從立法委員的問卷調查分析當中，也發現選民這種期待直接影
響立法委員追求地方利益的動機，而不同選區規模的立法委員有
著不同程度的動機。

　　在本章當中，作者利用三個實證研究案例進一步來探索國會
議員追求地方利益的差異動機會不會進而影響國會議員在分配利
益代表行為的差異？而這些代表行為會不會因而造成選區實質政
策利益分配額度的不同？首先，本章將分析受到選區規模影響的
立委動機（追求地方利益的動機），是否會反映在立法委員分配政
策提案的數量？本章利用作者執行國科會 NSC95-2414-H-305-009
以及 NSC 96-2414-H-305-010 兩個研究計畫所收集的立法委員提
案資料，系統性分析第三屆至第六屆總共四屆立法委員分配政策
提案的數量是否受到選區規模的影響？其次，本章以立法院第五
屆第三會期所制定「擴大公共建設振興經濟暫行條例」做為研究
案例，觀察該條例在立法院審議過程當中，立法委員的代表行為；
並分析在該項條例授權下，實質政策利益在各立法委員選區（縣
市）分配的結果是否受到選區規模的影響？最後，本章分析中央
政府在民國九十一至九十五年之間，分配至縣市的補助款是否同
樣會受到立法委員選區規模因素的影響？除了選區規模的因素之
外，在 SNTV-MMD 制度下的特殊現象——立法委員票源集中或分
散程度，也將在本章深入分析，探索這項因素對於立法委員分配

政策提案行為以及政策利益分配結果的影響。另外，在台灣也屬於 SNTV-MMD 制度副產品的立法院常設委員會召集人的角色以及屬於我國獨特的「地方派系」（立法委員所屬的派系）因素也會在「擴大公共建設振興經濟暫行條例」以及「中央政府九十一至九十五年分配至縣市的補助款」分析當中加以檢視，觀察它們對於政策利益分配結果的影響。除了「選區規模」、「立委選票集中或分散程度」、「立法院常設委員會召集人」以及「地方派系」之外，其他屬於過去分配政治研究所考慮的相關因素也將同時納入分析，觀察他們對於立法委員分配政策提案行為以及實質政策利益分配結果的影響。

第二節　研究設計

壹、第三至第六屆立法委員分配政策提案分析

一、分析單位與觀察對象

　　本章第一個實證研究案例，第三至第六屆立法委員分配政策提案行為的分析單位是我國立法院第三屆至第六屆的區域立委。而觀察對象則是這些區域立委所提出來與分配政策相關的法律提案[1]。立委在國會的代表行為可分為投票表決、法律提案以及在院會或委員會的發言質詢內容等等，本研究案例將焦點放在立委在分配政策相關法律的提案行為。過去研究分配政策的學者通常是以議員的表決記錄做為觀察的重點，但是本研究在蒐集我國立法

---

[1] 由於立法院提案影像是從民國八十五年一月才開始建檔，透過網路只能完整地搜尋第三屆之後的提案資料。所以作者才決定觀察第三屆至六屆區域立委的分配政策提案行為。

院記名表決的過程中，面臨記名表決數量過少的限制。因為在我國，決定法案通過與否的主要依據往往不是記名投票的結果，而是朝野政黨協商的決議，但是政黨協商的過程是黑箱作業，外界無法得知。即使法案付諸記名表決，通常這些法案都偏向於政黨聯盟之間的對決，或者屬於非關法案實質內容的程序性表決。因此除了政黨的因素外，其他能夠影響立委投票意向的因素實在有限。另外，就院會或委員會的立委發言內容而言，雖然可以看出立委所關心的利益為何，但是大部分的法案在院會或委員會審查內容並不容易做系統性的分析，例如發言人數有限，並且從發言內容當中也不易清楚辨識立委的真正意圖。基於以上原因，因此本研究案例希望利用立委的分配政策提案數量，系統性地來測量立委們對於分配政策利益的偏好。

為什麼要觀察立委分配政策提案數量（不管有沒有三讀通過）而不觀察最終完成三讀的立委提案數量？理論上來說，經過三讀通過的法案最能證明提案立委所投注的努力，並向選民邀功。但是，實際上，立法委員利用最初的提案紀錄來彰顯立委個人努力標記的證據強度，其實並不低於三讀通過的法案。就時間上來說，有時候立委提案之後必須經過很冗長的時間之後才會有所結果，立委向選民邀功不會等到通過之後才做（有時候立委都卸任了，法案不見得進得了正式的審查議程），否則沒人知道他為選民所做的努力。通常在提案之後的第一個時間點，立委們就會向選民交代他已經做了（立委提案很多情況是選區選民提出要求，希望立委透過提案修改法律，所以提出要求的選民會垂詢處理進度，立委服務處也會隨時回報），未來法案如果能夠通過當然更好，即使未能通過，他也會告訴選民他努力過了。

另外，就法案內容來說，因為立委提案有很多機會可能會和其他立委所提的案子併案在常設委員會或是院會（如果逕付二讀）當

中接受審查。也有很多機會這些法案會透過政黨協商之後大幅修改。這些情形相當普遍，例如九十三年六月十一日三讀通過的制訂擴大公共建設投資特別條例、九十四年十二月六日通過的所得稅法第十七條修正案（與扣除額有關）、九十一年五月十日所通過的敬老福利生活津貼暫行條例、九十四年五月二十一日三讀通過的發展大眾運輸條例第二條修正案（有立委個人主張計程車納入大眾運輸業，牌照稅法一併修改降低計程車業者的課徵）。併案之後，法案即使經過三讀而通過，推動法案的功勞應該算在誰身上？經過政黨協商之後，法案最終的內容很有可能與提案立委個人原先的意圖有很大的出入，因此很難邀功。除非像過去廖學廣所提的基隆河整治條例特別預算案，或是李慶安、朱惠良以及洪秀柱所提的教育經費編列法等等，但是那畢竟是少數。在這種情況之下，立委想要藉此向選民邀功，因果鏈反而會變得相當模糊，或甚至於會有反效果。所以，基於以上理由，提案立委最原始的提案紀錄相當程度可以顯現他（她）對於選民照顧的意圖，不管有沒有通過，何時通過，通過的內容如何，立委都能告訴選民：「你看我有做吧！法案推動不順利不是我的問題，是其他外控因素所導致的結果」。

二、分配政策提案的選擇標準與篩選過程

(一)分配政策提案的選擇標準

　　本研究主要觀察立委在分配政策法案上的提案情形，所採用的「分配政策法案」的選擇標準，是源於 Lowi（1964: 690）以及 Wilson（1989: 79-82）依據成本與利益的集中、分散二項指標所區分的政策類型。分配政策可定義為具有利益集中於某區域，而成本是分散於一般大眾的特質。除此之外，如果政策成本同樣是全體納稅義務人承擔，政策利益也集中在少數人口，然而各個選區均有這些人口，只是有些議員的選區內受益人口較多，有些則較

少,但是議員對於選區內受益人口的數量一清二楚,這種政策也可稱之為分配政策的另一種類型,可稱之為準分配政策利益普及型法案(羅清俊,2004: 157),例如老農津貼的發放便是屬於準分配政策法案。全國的農民,只要符合老年農民福利津貼暫行條例的規定,目前每月可以領取六千元的補助津貼[2]。每個縣市均有農民,但是人數多寡不一,然而各縣市立委卻很清楚他們選區內的農民數量。而準分配政策和分配政策一樣,不但有助於國會議員維持或擴張政治支持,甚至獲益的地區或團體也會有強烈的誘因進行遊說或動員,所以具備分配政策與準分配政策特質的立委提案都是本研究案例所選擇的分析標的。

因此本研究案例透過立法院國會圖書館法律提案系統,列出第三屆至第六屆每一位區域立委所有的法律提案,再剔除掉各黨團的提案後,進一步將法案分類,過濾出具備利益集中、成本分散特質的分配型法案及準分配型法案,藉以觀察立委在分配政策提案行為上所表現出來的動機與強度。除了剔除黨團提案之外,立委若在某會期內重複提出條號與內容均相同之提案,本研究案例將其視為同一筆。另外,本研究主要觀察的是包含「實質性」分配利益的法律提案。因為分配政治研究多把焦點放在議員帶給特定區域或團體的「經濟利益」之上,尤其是工程建設或是福利津貼,而不處理「象徵性」的政策利益,例如提倡性別平等、族群融合的法案等。因此本研究案例也將排除象徵性政策利益的法案。

(二)信度檢測過程

由於在篩選「分配政策提案」的過程,難免會受到研究者個人的主觀判斷所影響。為了確保研究結果的穩定度,本研究利用

---

[2] 請參閱民國九十六年八月八日修正通過之老年農民福利津貼暫行條例第三條及第四條。

「評分者信度」來檢測不同評分者在法案分類上的一致性[3]。本研究特別挑選分配政策相關領域之研究人員兩名，做為信度檢測的評分者，並於第三屆至第六屆的 13844 筆區域立委提案當中，選擇具有代表性的樣本以供評分者檢測。

為了避免抽出的提案過度集中在某一屆次或會期，本研究透過分層隨機抽樣方法。首先，計算出「各屆次之區域立委提案總數」占「第三、四、五、六屆區域立委提案總數」的比例，以決定每一屆次應該分別隨機抽出多少筆提案。其次，再利用同樣的方法檢視第三、四、五、六屆個別屆次當中，各會期占該屆次區域立委提案總數的比例，以決定每一會期應隨機抽出的提案數量[4]。在 95％的信心水準，±10％的抽樣誤差的情況下，作者於第三屆至六屆區域立委提案資料庫當中抽取總共 95 筆提案，由 A、B 兩位研究員依照本研究之分類標準將其分類完畢，並計算信度係數。信度係數之計算過程如下：

■計算三位信度檢測者的平均提案結果相互同意度

表 5-1　評分者相互同意度檢測表

	作者與 A	作者與 B	A 與 B
相互同意的提案數	90	89	90
測試的總提案數	95	95	95
相互同意度	0.95	0.94	0.95
平均相互同意度：0.95			

---

[3] 評分者信度係指，研究者邀請不同的人在相同的資料中觀察相同的議題，以獲得不同觀察者彼此之間的判斷一致性(王國川、翁千惠譯，2005：363)。

[4] 透過分層隨機抽樣，本研究分別於第三屆第一會期(3-1)抽出 3 筆提案，3-2 抽 3 筆，3-3 抽 3 筆，3-4 抽 3 筆，3-5 抽 4 筆，3-6 抽 3 筆。第四屆的部分，4-1 抽出 4 筆，4-2 抽 5 筆，4-3 抽 3 筆，4-4 抽 4 筆，4-5 抽 5 筆，4-6 則是 1 筆。第五屆的部分，5-1 抽出 8 筆，5-2 抽 5 筆，5-3 抽 5 筆，5-4 抽 4 筆，5-5 抽 3 筆，5-6 則是 1 筆。第六屆的部分，6-1 抽 7 筆，6-2 抽 6 筆，6-3 抽 4 筆，6-4 抽 4 筆，6-5 抽 4 筆，6-6 則是 3 筆。共計抽出 95 筆提案。

■計算出評分者間信度

$$評分者間信度公式 = \frac{N * (平均相互同意度)}{1 + [(N-1) * 平均相互同意度]} \quad 【公式 5-1】$$

N：參與信度檢測的人數

依公式 5-1 的計算，本研究評分者間信度為 $= \frac{3 * 0.95}{1 + [(3-1) * 0.95]} = 0.98$

Kassarjian 指出，一旦信度係數高於 85％，則研究者便可滿意該統計結果（轉引自蘇昭銘，2006：23）。本研究案例在±10%的抽樣誤差下，三位研究員（含作者）間之信度為 98％，因此本研究對於分配政策提案的篩選，應該可以避免研究結果受到研究者主觀判斷所影響。

三、統計方法與變數操作化內容

本研究的觀察樣本為第三至六屆區域立委，依變數是這些立委所提的分配政策提案數量。依變數如果是大於或等於零的整數，也就是正的間斷性計數資料（count data），例如 0、1、2、3、4、5……，則利用傳統線性迴歸模型並不合適，因為它的抽樣分配會呈現單一眾數（unimodal）且往右偏斜（skew to the right）的波松分配（Poisson Distribution）（Agresti, 2007: 74）。例如本研究案例，假設區域立委 i，在某段時間內（本文分析第三屆至第六屆立法院期間）所提的分配政策法案數量為 Y_i，而分配政策提案數量的多寡受到各項自變數 X_i 的影響，並假設分配政策提案為一個波松過程，也就是說，Y_i 是一個服從波松分配的隨機變數。依據波松分配的前提，Y_i 的條件期望值 $E(Y_i|X_i)$ 必須等於其條件變異數 $Var(Y_i|X_i)$。在本研究案例當中，這些自變數包括立委所屬選區的規模、立委黨籍、立委資深程度、立委是否參與肉桶委員會、立委前一次選舉選票集中程度、立委是否有派系背景、立委前一次選舉的勝選幅度、立委所屬選區貧富狀況以及立委總提案數等等

自變數（以下會說明各自變數的操作化內容）。因此個別區域立委分配政策提案數量的機率密度分配為：

$$f(Y_i = y | X_i) = \frac{e^{-\exp(X_i'\beta)} \exp(X_i'\beta)^y}{y!} \quad , \quad y = 0, 1, 2 \ldots \ldots \quad (1)$$

其中 y 為區域立委分配政策提案數量。換句話說，我們假設 $\exp(X_i'\beta) = E(Y_i|X_i) = \mathrm{Var}(Y_i|X_i)$。則所有樣本下的最大概似函數為：

$$L(\beta; Y_1, Y_2, \ldots Y_n, X_1, X_2, \ldots, X_n) = \prod_{i=1}^{n} f(Y_i|X_i; \beta), \quad i = 1, 2, \ldots \ldots n \quad (2)$$

則估計參數為：

$$\hat{\beta} = \underset{\beta}{\arg\max} \; L(\beta; Y_1, Y_2, \ldots Y_n, X_1, X_2, \ldots, X_n) \quad (3)$$

為了估計方便，通常我們會將(3)式進行取對數的單調轉換（monotonic transformation），成為：

$$\ln L(\beta; Y_1, Y_2, \ldots Y_n, X_1, X_2, \ldots, X_n) = \ln \prod_{i=1}^{n} f(Y_i|X_i; \beta)$$

$$= \sum_{i=1}^{n} \ln f(Y_i|X_i; \beta) \quad (4)$$

$$= \sum_{i=1}^{n} -\exp(X_i'\beta) + Y_i X_i'\beta - \ln(Y_i!)$$

進一步則求各變數估計參數 $\hat{\beta}$ 的一階必要條件（first order condition）成為：

$$\frac{\partial \ln L(\beta; Y_1, Y_2, \ldots Y_n, X_1, X_2, \ldots, X_n)}{\partial \beta} = \sum_{i=1}^{n} [Y_i - \exp(X_i'\beta)] X_i = 0 \quad (5)$$

我們可以從(5)式當中求出各自變數估計參數 $\hat{\beta}$ 值。而當 X_i 當中包含了常數項時，則隱含 $\sum_{i=1}^{n} [Y_i - \exp(X_i'\beta)] = 0$（Winkelmann, 2000:

78; Cameron and Trivedi, 1998: 62）。

然而，波松迴歸模型要求期望平均數等於期望變異數的條件並不是所有資料都能夠符合，經常發生的情況是期望變異數大過於期望平均數，也就是所謂過度離散（over-dispersion）的現象，在這種情況之下，使用波松模型會讓估計參數有所偏誤，進而影響其統計推論的正確性。而負二項迴歸模型則是針對波松模型當中因為資料過度離散所發展出來的估計方法。如果我們的資料呈現這樣的問題，則會採用負二項迴歸模型。

至於負二項迴歸模型的運用，首先我們會從波松迴歸模型出發，令 $\exp(X_i{}'\beta) = E(Y_i|X_i) = \lambda_i$，讓它表示波松迴歸模型當中各個自變數所推演得到的個別區域立委分配政策提案數量的期望平均數。但是如果這些自變數並不能完全解釋立委分配政策提案數量時，則表示有其他未觀察到的外生因素沒有納入模型當中，這種情況將使得真正的期望平均數不會是 λ_i。我們假設，涵蓋沒有被觀察到的因素之個別期望平均數為 $\tilde{\lambda}_i$，而區域立委 i 的分配政策提案數量被沒有觀察到的因素所影響的程度為 ε_i，則 $\tilde{\lambda}_i = \exp(X_i{}'\beta + \varepsilon_i) = \lambda_i \exp(\varepsilon_i)$。根據 Maag 等人(1997: 220)、Winkelmann (2000: 125)、Cameron and Trivedi(1998: 100)，我們進一步假定 $\exp(\varepsilon_i) = v_i$ 服從單一參數 gamma 分配。由於真正的 $\tilde{\lambda}_i$ 包含 λ_i 及 v_i，而 λ_i 及 v_i 分別服從 Poisson 及 gamma 分配，因此 $\tilde{\lambda}_i$ 則是包含了 Poisson 與 gamma 的混合分配，成為所謂的負二項分配，則個別區域立委分配政策提案數量的機率密度函數將成為：

$$f(Y_i = y \mid \lambda_i, \alpha) = \int \frac{\exp(-\tilde{\lambda}_i)\tilde{\lambda}_i^{\,y}}{y!} \frac{(\alpha^{-1}/\lambda_i)^{\alpha^{-1}}}{\Gamma(\alpha^{-1})} \tilde{\lambda}_i^{\,\alpha^{-1}-1} \exp(-\frac{\tilde{\lambda}_i}{\lambda_i \alpha}) d\tilde{\lambda}_i$$

$$= \frac{\Gamma(\alpha^{-1} + y)}{\Gamma(\alpha^{-1})\Gamma(y+1)} \left(\frac{\alpha^{-1}}{\alpha^{-1} + \exp(X_i{}'\beta)} \right)^{\alpha^{-1}} \left(\frac{\exp(X_i{}'\beta)}{\alpha^{-1} + \exp(X_i{}'\beta)} \right)^{y}$$

$$= \left(\prod_{j=0}^{y-1}(j+\alpha^{-1})\right)\frac{1}{y!}\left(\frac{\alpha^{-1}}{\alpha^{-1}+\exp(X_i{}'\beta)}\right)^{\alpha^{-1}}\left(\frac{\exp(X_i{}'\beta)}{\alpha^{-1}+\exp(X_i{}'\beta)}\right)^{y} \quad (6)$$

在這種情況之下，這個負二項分配的平均數與變異數分別為：

$$E(Y_i \mid X_i) = \lambda_i \quad (7)$$

$$Var(Y_i|X_i) = E(Y_i|X_i) + \alpha\ E(Y_i|X_i)^2$$

$$= E(Y_i|X_i)\,(1+\alpha E(Y_i|X_i))$$

$$= \lambda_i(1+\alpha\ \lambda_i) \quad (8)$$

這個時候我們發現，平均數與變異數之間不再相等，如果 $\alpha =$ 0，則模型將回到波松迴歸模型；反之，如果 α 顯著地不等於 0，則我們可以確認資料存在過度離散的現象，此時利用波松迴歸模型將會低估估計參數的標準誤（standard errors），而使得參數的 t 值被高估（Winkelmann, 2000: 164）。

根據 Winkelmann（2000: 126）及 Cameron and Trivedi（1998: 71-72）的推導，由第(6)式所形成的取對數後最大概似函數成為：

$$\ln L(\alpha,\ \beta;Y_i,X_i) = \left\{[\sum_{j=0}^{y_i-1}\ln(j+\alpha^{-1})]-\ln Y_i! \right. \quad (9)$$

$$\left. -(Y_i+\alpha^{-1})\ln(1+\alpha\exp(X_i{}'\beta))+Y_i\ln\alpha+Y_iX_i{}'\beta\right\}$$

為了取得估計參數 $\hat{\beta}$ 與 $\hat{\alpha}$，我們極大化(9)式後針對 β 與 α 取其一階條件成為：

$$\frac{\partial \ln L(\alpha,\ \beta)}{\beta} = \sum_{i=1}^{n}\frac{Y_i-\exp(X_i{}'\beta)}{1+\alpha\exp(X_i{}'\beta)}X_i = 0 \quad (10)$$

透過(9)及(10)式，我們取得 $\hat{\beta}$ 與 $\hat{\alpha}$ 的估計值。而當我們估計所得到的 $\hat{\alpha}$ 顯著的不為 0 時，則可以判斷我們的資料將具有過度離散的性質，此時以負二項迴歸模型才不會高估 t 值。

解釋波松迴歸模型或負二項迴歸模型當中，自變數對於依變數的影響其實是相當直接的。可以有兩種方式（Liao, 1994: 72）：第一，直接利用 $\hat{\beta}$ 解釋自變數對於依變數的邊際影響。第二，也可以計算 $\exp(\hat{\beta})$ 來解釋自變數對於依變數期望值的乘數效果（multiplicative effect），這種解釋方法就像是二元邏吉斯迴歸模型（logistic regression）當中對於勝算比（odds）的解釋。

本研究案例在多變量波松迴歸（或負二項迴歸）模型當中所納入的自變數包括：(1)立委所屬選區的員額規模（以縣市為計算單位）；(2)立委是否為國民黨；(3)立委加入肉桶委員會的次數；(4)立委的資深程度；(5)立委是否曾有地方民選公職背景；(6)立委在上次立委選舉的勝選幅度；(7)立委選票集中指數；(8)選區高等教育人口指數；(9)立法委員票倉區投票率；(10)總提案數。這些自變數的選取均反映本書第二章所討論的分配政治理論內涵以及台灣特有的政治特質。不過，在本研究案例當中，立委所屬的地方派系這個變數並未納入分析，原因是資料來源的問題。本研究案例僅收集到第四屆至第六屆立委所屬地方派系的資料，第三屆則未能收集到可信的資料，為了能同時觀察第三至第六屆立法委員分配政策提案的情形，所以捨棄這個變數，但是後續兩個實證研究案例因為都是介於第四屆至第六屆立法院期間，所以立委所屬的地方派系這個變數均納入分析範圍。以下為本研究案例各變數操作化定義內容：

(一)依變數

第三至六屆每位區域立委分配政策提案的數量。

(二)自變數

■選區規模

　　本研究案例依照各選區的立委員額數的多寡區分為大型選區、中型選區及小型選區等三類，並透過虛擬變數（dummy variable）形式加以處理。為了能夠與第四章的分析放在同一個基準上，所以大、中、小選區的劃分方法與第四章相同，分別是大選區（11-28 名），中選區（5-10 名）與小選區（1-4 名）。利用這樣的標準所劃分出來三種選區規模下的樣本數在各屆之間均相差不遠，第六屆大、中、小選區規模的樣本數分別為 83、53、32；第五屆大、中、小選區規模的樣本數分別為 82、53、33；第四屆大、中、小選區規模的樣本數分別為 81、54、33（第三屆則是例外，那是因為第三屆區域立委僅有 122 位，大、中、小選區規模的樣本數分別為 47、39、36）[5]。另外，作者將選區規模以虛擬變數加以區分為大、中、小三種團體是因為本研究案例的分析單位是區域立委個人，選區規模的變數如果以每一位區域立委所屬選區的員額數做為操作型定義（連續性變數），除了只有一位立法委員的選區之外，其他則會面臨同屬一個選區的立委在選區規模這個變數的數值均相同，而無任何變異。簡單地說，本案例分析單位是「立委個人」，而選區員額數則是以「選區」為分析單位的測量。不同分析單位的測量放在同一個資料檔上做分析，將會產生可觀的誤差。

---

[5] 本研究不以過去為多數選舉研究者所使用的選區劃分標準，也就是小選區（應選名額 1 名）、中選區（應選名額 2-5 名）以及大選區（應選名額 6 名以上）。原因在於，以此標準劃分第三、四屆的選區規模，會產生小選區分析樣本數（立委）過少且三種規模的分析樣本差異過大的問題。

■肉桶委員會[6]

黃秀端（2000）認為立法院各個常設委員會當中，財政、交通和經濟三個常設委員會涉及龐大的政策利益，因此立委們會特別踴躍登記加入這三個委員會。另外，蕭怡靖利用各常設委員會之「平均人數」、「抽籤難易度」與「成員參與穩定度」等三項指標，也同樣發現「財政」、「經濟及能源」與「交通」等三個常設委員會是最多立委所欲登記參加的熱門委員會（蕭怡靖，2003：66）。因此本研究案例將這三個委員會界定為肉桶委員會，並計算各屆選區立委在各屆6個會期中加入肉桶委員會之總次數。

■資深程度

資深程度的計算方式為立法委員曾經擔任立委的屆數（從第一屆增額立委開始計算，不限定是否連任，中途離職者的屆數也納入計算）。

■國民黨

屬於國民黨籍的立委將被登錄為「1」，其他黨籍的立委將被登錄為「0」。

■勝選幅度

本研究案例所採用的勝選幅度以各選區之「族普基數[7]」作為分母，立委之得票數為分子。此變數的意義為：立法委員在次屆選舉中尋求連任的投票數，為該選區當選基數的幾倍？如果勝選幅度越大，代表立委距離當選門檻越遠，是屬於較安全的席位。因為在 SNTV-MMD 制度之下，各選區所需之當選票數都不盡相

---

[6] 分配政策提案的分析案例的自變數並沒有納入立委是否為各種常設委員會的召集人。常設委員會召集人這個自變數只放在擴大公共工程利益分配與91-95年補助款分配的分析當中，主要原因是我們認為召集人發揮的功能應該是在委員會的議程控制，控制的權力很有可能直接影響政策利益的分配。

[7] 族普基數（Droop Quota）：將選舉的有效票總數（V），除以選區應選名額加一（N+1），所得的商數再加一作為當選基數（Q），故其公式為 Q=V/(N+1)+1（王業立 2001, 22）。

同。經過此一轉換，所有立委的得票數才能放在一起，做有意義的比較（吳宜侃, 2003: 56）。

■地方民選公職

立委曾經當選過「縣市議員」、「縣市長」、「省議員」、「村里長」、「鄉鎮長」或是「鄉鎮市民代表」等公職者登錄為「1」；沒有相關背景者登錄為「0」。

■選票集中指數

由於我國在 SNTV-MMD 的選舉制度下，立法委員的選票分散在他所屬選區內的各個鄉鎮市或行政區之中，因此每個鄉鎮市或行政區對於每位立委的重要程度都會有所不同。透過選票集中指數，不僅可以說明某立委選票集中或分散在各個鄉鎮市或行政區的情形，還能夠呈現出各鄉鎮市或行政區對於某立委選舉的重要性程度（羅清俊，2007）。選票集中程度是不是會影響立法委員追求地方利益的動機？這是分配政治研究在 SNTV-MMD 選舉制度當中重要的研究議題（其實在比例代表開放名單制度也會是一個重要議題）。欲觀察立法委員選票集中或分散在各個鄉鎮市或行政區的程度，首先必須計算立委在個別鄉鎮市或行政區的得票情形。因此本研究先計算出每位立委在各鄉鎮市或行政區當中所謂的「票倉區指數」，藉以辨別個別立委的票數是否皆集中在一個或少數幾個票倉區之中。票倉區指數的運算過程如下：

第一，先將「某立法委員在某鄉鎮市或某行政區所得到的票數除以某委員的總得票數」（以下簡稱為 A 值）乘以「某立法委員在某鄉鎮市或某行政區所得票數除以該鄉鎮市或行政區的有效票數」（以下簡稱為 B 值）（羅清俊，2007）。這兩種數值的交乘結果不僅反映了立委自己所獲得的選票集中（concentration）在某鄉鎮市或某行政區的程度，也反映了立委在該鄉鎮市或該行政區票數的獨占程度（dominance)。每一位區域立委在每一個鄉鎮市或

每一個行政區都有一個這樣的交乘數值，數值越大的鄉鎮市或行政區代表它們是某位立委的「票倉區」，它們對於這位立委的重要性明顯大過於其他鄉鎮市或行政區。本研究稱這個測量指標為「票倉區指數」，如公式 5-2 所示。

票倉區指數＝$(Aij)*(Bij)$ 　　　　　　　　　【公式 5-2】

$$Aij = \frac{立法委員在某鄉鎮市區的得票數}{立法委員的總得票數}$$

$$Bij = \frac{立法委員在鄉鎮市區的得票數}{某鄉鎮市的總票數}$$

i：第 i 個選區

j：第 j 個鄉鎮市區

第二，然而，因為每個選區的鄉鎮市或行政區的數量以及每個選區的參選人數都不盡相同，因此會使得鄉鎮市或行政區數量少的選區，在 A 值上會較鄉鎮市或行政區數量多的選區來得高[8]；同理，參選人數少的選區，在 B 值上會比參選人數多的選區來得高[9]，所以 A 值與 B 值均必須加以矯正。本研究矯正的方法是將每個鄉鎮市或每個行政區的 A 值乘以（某位立委選區次級行政區數量 N/全國各選區的次級行政區數量中位數 Nmedian），再將 B 值乘以（立委在該選區參選人數 P/全國各選區參選人數的中位數 Pmedian）。換言之，本研究將選區內次級行政區的數量與選區內參選人的數量標準化至以全國為基準的中位數[10]。如公式 5-3 所示：

---

[8] 若甲、乙兩立委皆得 200 票，但甲立委的選區中有 5 個鄉鎮市，乙立委的選區中則有 10 個鄉鎮市。假設甲、乙的選票皆平均分布於各鄉鎮市之中，亦即每個鄉鎮市對於甲、乙而言是同等重要的，但是就甲立委而言，5 個鄉鎮市均各占 20%，而乙立委則是 10 個鄉鎮市均各占 10%，因此出現了鄉鎮市數目較多的選區，A 值會比較低的情形，故需矯正之。

[9] 在每個鄉鎮市的有效票為固定的情況下，參選人增加，B 值自然會變小。

[10] 全國各選區的次級行政區數量中位數在第三、四、五、六屆分別為 12、12、12、13 個；而全國各選區參選人數的中位數從第三屆至第六屆分別是 11、

$$矯正後的票倉區指數 = \left(Aij * \frac{Ni}{N_{median}} \right) * \left(Bij * \frac{Pi}{P_{median}} \right)$$ 【公式 5-3】

i：第 i 個選區

j：第 j 個鄉鎮市區

Ni：第 i 個選區的鄉鎮市數量

Pi：第 i 個選區參選人數

Nmedian：全國各選區的鄉鎮市數量中位數

Pmedian：全國各選區參選人數的中位數

　　第三，當計算出每一位區域立委在各鄉鎮市或是行政區的票倉區指數之後（矯正後的票倉區指數），作者進一步取每一位立法委員票倉區指數的標準差來代表每一位區域立委在他選區當中的「選票集中指數」。標準差越大，代表選票集中指數越高，也代表著立委的票源是集中在少數的鄉鎮市或行政區；相反的，當標準差越小時，代表該立委選票集中指數越低，也代表著立委票源分散在選區當中的各鄉鎮市或行政區。

　　作者處理的方式類似於 Ames（1995）在分析巴西國會議員選舉策略以及分配政治時所提出來計算國會議員選票集中程度的方法，不過仍然有所差異，差異之處在於 Ames 直接以本書所謂的 A 值（concentration）與 B 值（dominance）分別估計他們對於政策利益分配的影響，但是本書認為，一個選區之下的次級行政轄區（鄉鎮市或行政區）是不是立法委員重視的票倉區，必須同時考慮這兩種情況，因此本書將 A 值與 B 值加以交乘，並且加以標準化，以作為後續估計的基礎。本書附錄四收錄第六屆部分縣市區域立委在選區內各次級行政區的票倉區指數以及這些立委選票集中指數。因為所占篇幅太多，所以第三屆至第五屆的票倉區指數

13、12、8 位。

資料並沒有放在本書內容當中[11]。

■需求變數

　　本研究案例選擇選區高等教育人口指數藉以控制選區的需求對於立委分配政策提案行為的影響。直覺上,我們應該找出立委所屬選區的需求變數資料,也就是縣市層級的資料。不過,如果使用縣市層級的資料來代表立委選區的需求變數時,會出現相同選區多位立委在該筆資料上的數值會完全相同,而無任何變異(金門縣、連江縣、澎湖縣與台東縣的立委除外,因為這四個縣只有一位立委)。換言之,同一個資料檔當中會出現不同分析單位層次的測量值(一個是立委個人,另一個是縣市)。本研究利用之前所提過的立委「票倉區指數」解決這個問題。

　　在 SNTV-MMD 的選舉制度下,各選區(縣市)之下的每個次級行政區(鄉、鎮、市、行政區)對於每位立委選舉的重要程度都會有所不同。「票倉區指數」可以反映這個重要程度。本研究將各選區之下的每個次級行政區的票倉區指數當作權數,分別乘上每個次級行政區的需求變數數值,之後再取其平均值。某立委在某些次級行政區的票倉區指數越高,而這些次級行政區的需求變數數值也很高,則這位立委應該有足夠的動機滿足「票倉區的需求」,反之亦然。

　　以鄉、鎮、市、行政區的自有財源比例來代表需求變數是相當合適的,因為它反映了貧富狀況以及居民對於地方利益的需求,需求越高,立委提出分配政策法案的動機就會越強。但是,對於省轄市及直轄市的次級行政區而言,例如新竹市的香山區或台北市的松山區,由於它們並非地方自治團體[12],因此並沒有所謂自有財源的概念。所以必須另外找替代的指標。在檢視過各縣市

---

[11] 有研究興趣的讀者可以與作者聯絡,作者很願意無條件地提供這些資料檔。
[12] 詳見 96 年 7 月 11 日修正通過之地方制度法第 14 條。

年度統計要覽之後，可以細分至鄉鎮市與行政區，而且又與自有
財源的意義類似的相關資料，包括扶養比，高等教育人口比例，
農業人口比例等等。而透過主計處的縣市統計指標資料庫發現，
在這些資料當中，只有各縣市的高等教育人口比例與各縣市之自
有財源比例呈現高度相關的情形[13]。因此本研究在鄉鎮市區層級的
需求變數資料，便以高等教育人口比例取代自有財源比例。歸納
來說，本研究所採用以立委為分析單位的選區需求變數運算方法
如以下公式 5-4 所示：

$$立委選區高等教育人口指數 = \frac{\sum_{j=1}^{N_i}(高等教育人口比例_{ij} * 票倉區指數_{ij})}{N_i}$$

【公式 5-4】

i：第 i 個選區

j：第 j 個鄉鎮市區

Ni：第 i 個選區的鄉鎮市區數量

■立法委員票倉區投票率

　　此變數的測量與上述測量選區需求變數都是基於一樣的方法
與理由。在 SNTV-MMD 的選舉制度下，各選區（縣市）之下的每
個次級行政區（鄉、鎮、市、行政區）對於每位立委選舉的重要
程度都會有所不同。每一位立委在選區之下的各個次級行政區「票
倉區指數」可以反映這個重要程度。實際的操作上，作者將每位
立委在各選區之下的各個次級行政區的票倉區指數當作權數，分

---

[13] 例如各縣市高等教育人口比例與自有財源比例之相關係數在八十五年時為
0.893；八十六年時為 0.856；八十七年時為 0.816；八十八年時為 0.704；八
十九年時為 0.612；九十年時為 0.766，九十一年時為 0.837；九十二年時為
0.876；九十三年時為 0.887，都達到統計上的高度正相關，亦即我們可以預
期，高等教育人口比例越高之縣市，其自有財源比例也會越高。至於其他
變數如農業人口比例及扶養比，和自有財源間之相關程度均不若高等教育
人口比例高。

別乘以每位立法委員在每個次級行政區的投票率，之後再取其平均值，就是每一位立法委員的票倉區投票率。某立委在某些次級行政區的票倉區投票率越高，代表選區內關注選民的比例越高，則這位立委應該有足夠的動機滿足關注選民的需求，反之亦然。

■總提案數

　　立委個人的總提案數（含分配政策提案以及其他提案）。在波松（或負二項）迴歸模型當中的依變數是立委分配政策提案數量，然而有些立委可能偏好多提案，因此在分配政策提案數量上可能就會比其他立委多；而有些立委則恰恰相反。故本研究案例在自變數的部分納入立委的總提案數，便可以看出當立委的總提案數被控制在相同的水準之下，那些立委會較積極地提出分配政策利益法案？那些立委則否？**表 5-2** 為波松多變量迴歸模型當中各變數的敘述統計值（省略虛擬變數）。

表 5-2　波松或負二項迴歸分析模型當中各變數的敘述統計值

變數名稱	平均值	標準差
依變數：分配政策提案數	5.777	8.282
資深程度	2.038	1.269
肉桶委員會	1.916	2.088
地方民選公職	0.503	0.500
選票集中指數	0.0246	0.0316
勝選幅度	0.868	0.209
立法委員票倉區投票率	0.00912	0.00203
選區高等教育人口指數	0.00391	0.00212
總提案數	22.982	22.375

貳、「擴大公共建設振興經濟暫行條例」制訂過程與 實質政策利益分配結果分析

一、研究緣起

　　檢視過去國內分配政策實證研究，雖然研究主題看起來都是分配政策的研究，但是其中一部分的研究僅分析行政機關所主導某項政策利益分配至地方政府的結果，而並未追溯該政策利益分配的法源在立法機關審議的過程（羅清俊, 2000a, 2000b）。當然，這主要是因為該項政策利益分配完全屬於行政機關自由裁量權範圍，而無需在立法機關審議。而另外一部分的實證研究雖然觀察分配政策法案在立法機關審議的過程，但是並未分析基於該項法案所授權的政策利益在國會議員所屬選區的分配結果（羅清俊, 2004），主要是因為這些分配法案只做原則性的政策規範，實際上分配的裁量權是交由行政機關處理。

　　本章第二個案例所要分析的是民國九十二年五月二日立法院第五屆第三會期所制定「擴大公共建設振興經濟暫行條例」。這個案例不僅經過立法院審議政策利益分配的法源，同時也授權行政機關編列九十二年度追加預算，分配相關的政策利益給予二十五縣市（含台北市、高雄市、金門縣、連江縣）。這項分配政策讓作者有機會觀察分配法案制定過程當中，立法委員在立法院的肉桶代表行為以及這些代表行為對於選區所獲得政策利益分配額度可能的影響。

　　「擴大公共建設振興經濟暫行條例」緣自於民國九十一年十二月十八日行政院第二八一七次會議決議通過「擴大公共建設方案」草案，希望透過擴大公共建設而能在短期之內提振低迷的經濟景氣。行政院決議通過之後即分行各相關機關查照辦理，同時

就在當日將「擴大公共建設振興經濟條例」草案函請立法院審議。
經立法院第五屆第二會期第十六次會議報告後決定:「交通、經濟
及能源、內政及民族、衛生環境及社會福利、預算及決算等委員
會審查」。民國九十二年一月六日與一月八日立法院召開兩次委員
會聯席會議審查會。隨即於民國九十二年一月十四日第十七次會
議進行朝野協商,決議「擴大公共建設振興經濟條例草案」繼續
協商,協商之後立即提報院會處理。朝野協商結論為本案本會期
(第二會期)暫緩處理。接下來民國九十二年二月二十七日(第
五屆第三會期)由立法院院長召集協商,協商後決議擇期加開院
會儘速完成立法程序。民國九十二年三月十四日程序委員會擬請
院會將本案逕付二讀,與相關提案併案討論,但是二讀會之前必
須經過政黨協商。民國九十二年五月二日立法院召開二讀會審查
該法案,完成二讀之後,並隨即於當日完成三讀程序。

　　行政院在「擴大公共建設振興經濟暫行條例」的規範下所研
擬之擴大公共建設計畫(方案)總金額約為五百億元(四百九十
九億九千九百七十九萬元)[14],主要的項目包括四類,總計共有一
百個分項計畫。第一類為交通與觀光類建設,包括西濱及東西向
快速公路建設計畫、生活圈道路系統建設計畫、破損及危險路面
改善計畫、地方公共交通網補助計畫、東部鐵路改善計畫、台鐵
都會區捷運化暨區域鐵路建設計畫、整備觀光遊憩基礎服務設施
建設計畫、推動觀光漁港計畫等共一百九十億七千一百三十萬
元。第二類為教育、文化及體育類建設,包括國中小老舊危險校
舍整建計畫、公共圖書館強化計畫、國立台灣博物館整建展覽典
藏研究大樓計畫、台閩地區古蹟維護計畫、九十四年全國運動會
場地整修計畫、台中市休閒自行車網示範工程計畫等共八十億四

---

[14] 該暫行條例三讀通過之後的內容另外增加八十四億直接給予鄉鎮市。

千七百三十萬元。第三類為通信資訊類建設，包括戶政e網通、地方服務e網通、政府機關資通安全基礎建設、報稅訊息即時通、筆錄電腦化及遠距接見訊問、建制專利商標資料庫、衛生局所網路便民服務等共三十四億四千七百八十四萬九千元。第四類為防洪排水及環境改善等類建設，包括區域排水及河海堤改善計畫、老舊及危險市場更新改善計畫、地方產業交流中心推動計畫、LED交通號誌燈節能示範計畫、土石流災害及農漁村環境改善計畫、原住民部落環境改善計畫、雨污水下水道建設工程、創造台灣城鄉風貌示範計畫、台北防洪大漢溪沿岸舊垃圾（腐植土）遷置計畫等共一百九十四億三千三百三十四萬一千元。

從這些建設計畫的內容看來，四個類別建設計畫的主管機關幾乎涵蓋所有行政院所屬的部會。交通與觀光類建設計畫的主管機關主要為交通部，另外內政部與農委會也涉及一小部分；教育、文化及體育類建設計畫的主管機關主要為教育部、文建會、體委會，而內政部也涉及一小部分；第三類通信資訊類建設的主管機關為內政部、研考會、經濟部、財政部、衛生署、主計處、法務部等等；第四類防洪排水及環境改善等類建設的業務主管機關為農委會、內政部、原民會、經濟部、環保署、教育部、退輔會、國科會、公共工程委員會、研考會、故宮博物院等等。

首先，由於該暫行條例涉及的主管部會相當廣泛，因此幾乎立法院多數的常設委員會均有正當性的監督職權。究竟立法委員以及審查委員會對於法案審議過程的影響如何？各種不同常設委員會委員對於政策利益分配至縣市的影響如何？本研究案例特別著重在常設委員會召集人的身上，過去台灣分配政策研究並未發現常設委員會的人數或席次比例對於選區獲得政策利益有明顯的影響。但是其他關於我國立法院的研究發現，常設委員會召集人常常是政黨刻意安排以方便其連任，並擴大政黨席次，因此占有

該位置的立法委員所屬選區獲取政策利益的機會很大（Tsai, 2005）。其次，雖然本暫行條例的立法目的是希望能夠促進經濟復甦，但是法案提出的時點相當接近公元二○○四年的總統大選，因此該項政策利益在各縣市的分配情形是否呈現總統選舉的政治影響力？第三，除了立法院常設委員會（委員與召集人）與總統選舉的因素之外，其他傳統分配政策研究所討論的相關因素是否也會影響這項政策利益在縣市的分配情形（基於本書第二章所討論的相關文獻）？例如選區所屬立委的資深程度、各政黨立法委員人數比例等等。當然，本研究案例也特別注意在SNTV-MMD立委選舉制度之下，選區規模以及立委選票集中程度對於政策利益分配的影響，同時也關注我國特有的地方派系因素的影響。

二、分析途徑

(一)法案制訂過程分析

　　本研究案例首先觀察九十二年五月二日立法院三讀通過「擴大公共建設振興經濟暫行條例」以及九十二年五月十九日由行政院函送至立法院的「九十二年度中央政府總預算追加預算案之修正案」的制定過程。本研究觀察涉及這些法案審議過程當中所發生的所有事件，包括立法委員在法案審議各階段的發言記錄、行政官員與立法委員在法案審議過程的對答情形等等，希望能夠歸納出立法委員在這兩項法案制訂過程的代表行為。

(二)統計分析

　　本研究案例利用「擴大公共建設振興經濟暫行條例」授權給行政機關編列九十二年度追加預算，分配相關的政策利益給予二十五縣市的資料從事統計分析，資料來源為行政院經建會。首先從事敘述性統計，觀察各種政策利益（補助案數與金額）在縣市分配的情況。其次，利用OLS多元迴歸的多變量模型，分析影響這

些政策利益分配的相關因素。本研究案例以政策利益方案為分析
單位（program as unit of analysis）。之所以會以補助方案而不是以
縣市為分析單位主要有兩個理由。第一，因為擴大公共工程建設
方案所分配的項目非常繁多，有的項目因為有獨特性，所以只有
單一縣市獲得，有的項目只有少數縣市獲得，而有的項目幾乎每
一個縣市均可獲得。為了避免因為聚合這些資料而遺漏了單一補
助項目所呈現分配政治的特色，因此以政策利益方案為分析單
位。第二，每一項不同特質的補助方案是由立法院不同的常設委
員會所監督，例如補助方案其中一項「台灣省雨水下水道建設計
畫」是屬於內政委員會的監督範圍；而「整建國民中小學老舊危
險校舍計畫」是屬於教育委員會的監督範圍，其他各種補助方案
還涉及國防委員會、經濟與能源委員會、交通委員會、衛生與福
利委員會等等。為了能夠看出各種不同委員會成員對於各項政策
利益的影響，唯有以補助方案為分析單位才能夠達成這個目的。

　　在擴大公共工程建設方案總共一百項子計畫當中，作者先排
除全國性不分區的項目，同時也排除每個縣市都獲得金額而且金
額均相同的項目，例如「協助地方政府研訂及推動實施地方永續
遠景」。剩下的補助項目總共七十二項，有的項目只有單一縣市獲
得補助；有的項目只有少數縣市獲得，而有的項目幾乎每一個縣
市均可獲得（但是金額不同）。所有縣市在這七十二項補助當中獲
得的補助次數總共有四百八十七項，不過因為連江縣平均每人所
獲得的金額遠遠大過於其他縣市，形成outlier，因此本研究案例將
連江縣的九筆資料排除於多變量分析之外（敘述性統計仍然納入
分析），換言之，多變量分析的觀察值扣除連江縣的9項之後有四
百七十八個。多變量模型如果出現變異數不齊一性的問題，則利
用LIMDEP統計軟體所使用的White's Robust V. C. Matrix 加以排
除（Greene, 2002）。同時也會利用VIF值來檢測自變數之間所形成

的線性重合問題。以下說明依變數與各種自變數操作化的內容，這些自變數的選取均反映本書第二章所討論的分配政治理論內涵以及台灣特有的政治特質：

■依變數

　　某一項補助方案座落地縣市平均每人所獲得的金額。原始資料來源為行政院經建會。作者初步以OLS呈現分析模型的標準化殘差與標準化預測值的對應情形，發現有變異數不齊一的現象，所以取依變數的自然對數減緩該現象，初步排除變異數不齊一的問題。

■自變數

1. 補助方案座落縣市92年自有財源比例[15]：這個變數當作是補助方案座落縣市客觀的需求變數，也是本分析模型的控制變數。

2. 選區規模（亦即立法委員員額）：補助方案座落縣市所屬立委人數（第五屆立法院）。

3. 立委平均資深程度：補助方案座落縣市立委擔任立委平均屆數。將各縣市立委所擔任屆數相加之後除以各縣市立委人數（第五屆立法院）。

4. 民進黨立委占縣市立委總人數比例：補助方案座落縣市民進黨立委人數占縣市立委總人數比例(已當選之立委在審查會期若有病逝、離職或遭註銷立委資格者，不予計算)（第五

15　由於這個分析案例是以方案為分析單位，所以採用方案座落地點（縣市）的自有財源比例作為指標，並不是利用立法委員票倉區指數來間接估計。理由是因為中央政府在分配該項政策利益時，如果有考慮到均衡縣市發展，一般都會以該方案座落地點的縣市自有財源作為分配的基準。而在分配政策提案分析案例當中，因為分析單位是立法委員，而且立法委員會不會多提分配政策法案是基於立法委員依照他自己的票倉區貧富狀況來估量，它與中央政府主導政策利益分配所依循的客觀標準在概念上有所不同。

屆立法院）。

5. 審查委員會委員人數：補助方案座落縣市所屬立法委員擔任該補助方案審查委員會委員的人數。審查委員會可能是交通、經濟及能源、內政及民族、衛生環境及社會福利、資訊與科技、國防委員會等等（第五屆第三會期）。

6. 常設委員會召集人：補助方案座落縣市所屬立法委員在第五屆第三會期擔任常設委員會召集人的總人數（不以審查委員會為限，但是排除司法、法制與外交委員會，因為該暫行條例所分配的補助利益並未或極少涉及這些委員會的監督職權）。

7. 立法委員選戰競爭程度：利用之前分析立法委員分配政策提案分析的勝選幅度。超過一位以上立法委員的縣市，取選區內各立法委員勝選幅度的平均值。

8. 縣市長黨籍：補助方案座落縣市如果是民進黨執政編碼為1，其餘為0。

9. 各縣市人民團體總數占縣市人口比例：補助方案座落縣市在九十二年人民團體總數占縣市人口比例。這些團體主要包括工商自由職業團體與社會團體，例如工商業團體數量，自由職業團體數量，學術文化團體數量，醫療衛生團體數量，宗教團體數量，體育團體數量，社會服務及慈善團體數量以及宗親會數量等等。資料來源為內政部社會司與行政院勞委會。

10. 總統選舉得票差距：補助方案座落縣市在第十屆（二〇〇〇年）正副總統選舉時，陳水扁與呂秀蓮得票率減去其它組候選人最高得票率。

11. 地方派系的種類數量：補助利益座落縣市所屬立法委員的

地方派系背景種類數量[16]。

12.補助利益座落縣市所屬立法委員選票平均集中程度：這個
　變數與本章之前分析立法委員分配政策提案時的選票集中
　程度有些許的不同。在立法委員分配政策提案分析當中的
　分析單位是立法委員，所以選票集中程度是每一位立法委
　員在選區次級行政區票倉區指數的標準差。但是在「擴大
　公共建設振興經濟暫行條例」的分析當中，分析單位是補
　助方案，本研究案例關心補助方案利益座落縣市的相關特
　質，既然如此，補助利益座落縣市除了像台東縣或澎湖縣
　等等縣市只有一位立法委員之外，其他縣市多位立法委員
　各自都有一個票倉區指數的標準差，所以這些立委人數超
　過一位的縣市之立委選票集中指數就取這些標準差的平均
　值來代表補助利益座落縣市的立法委員平均選票集中程
　度。

13.立法委員票倉區投票率：「立法委員選舉票倉區投票率」也
　牽涉到本章之前所定義的票倉區指數概念。在SNTV的選
　舉制度下，各選區（縣市）之下的每個次級行政區（鄉、
　鎮、市、行政區）對於每位立委的重要程度都會有所不同。
　既然如此，某鄉鎮市或行政區如果是某立委的票倉區，那
　麼這些票倉區選民的投票率高低可能會左右立委不同程度
　的關注。實際的操作上，作者將各選區之下的每個次級行
　政區的票倉區指數當作權數，分別乘以每一位立法委員在
　每個次級行政區的投票率，之後再取其平均值，就是每一
　位立法委員的票倉區投票率。某立委在某些次級行政區的
　票倉區投票率越高，代表選區內關注選民的比例越高，則

---

[16] 第五屆立法委員所屬地方派系資料資料是由政大政治系盛杏湲教授慷慨提
　　供。

這位立委應該有足夠的動機滿足關注選民的需求，反之亦
然。如果選區立委人數超過一人時，則計算出選區每一位
立委票倉區投票率之後，再求其平均值，就成為縣市當中
各立法委員平均的票倉區投票率。

14.縣市所屬第五屆立委過去曾經擔任過地方民選公職人員比
例：縣市所屬第五屆立委過去曾經擔任過地方民選公職人
員的人數除以該縣市立委總人數。

　　表5-3為本研究案例多變量分析模型當中各個自變數與依變數
的敘述統計數值（省略虛擬變數）。

表 5-3　「擴大公共建設振興經濟暫行條例」多變量迴歸分析模型
當中的依變數與自變數敘述統計表

變數	平均值	標準差
依變數：Ln（每人所獲得補助金額）	1.820	0.632
總統選舉得票比率差距	-0.033	0.23
立委員額	7.203	6.444
立委選票集中指數	0.020	0.010
立委選舉平均勝選幅度	0.816	0.199
立委平均資深程度	1.700	0.519
審查委員會委員人數	0.677	1.012
立法院常設委員會召集人總數	0.928	1.156
民進黨立委人數占縣市立委總人數比例	0.376	0.164
社會團體比例（數量／人口）	0.00117	0.000687
立法委員票倉區投票率	0.009	0.0015
立委所屬的地方派系種類數量	3.008	2.221
縣市所屬立法委員過去曾經擔任地方民選公職人員的比例	0.507	0.255
縣市自有財源	0.493	0.154

參、中央政府九十一至九十五年度分配至縣市補助款的分析

一、補助款資料來源與分析單位

中央政府九十一至九十五年度分配縣市補助款的資料來自於行政院主計處，分析單位為縣市。分配給縣市政府的補助款包括了一般型補助款（由行政院主計處統籌撥發）與計畫型補助款（預算編列於行政院各部會）。本研究案例之所以分析九十一至九十五年期間，純然是因為資料取得方便的原因。精省之前，從各縣市預算書當中所顯示的補助收入其實包含了省補助款與中央補助款，研究者很難區分有多少金額是來自於中央？有多少金額來自於省政府？精省之後各縣市預算書所列之補助來源就很單純是來自於中央政府，而目前行政院主計處網站上公布的資料是從九十年度開始，所以本研究案例分析九十一至九十五年度的資料（九十年的資料仍然使用，利用它來控制自我相關，但是實際觀察的依變數是九十一至九十五年，後續內容會說明）。

二、多變量 OLS 迴歸分析模型界定與變數操作化內容

(一)依變數

依變數是九十一至九十五年度各縣市每人每年所獲得補助預算金額（以九十年為貨幣基期年）。連江縣平均每人所獲得的金額遠遠大過於其他縣市，形成 outlier，因此將該縣的五筆資料排除於多變量分析之外（敘述性統計仍然納入分析），換言之，多變量分析的觀察值扣除連江縣之後剩下一百二十個。由於本案例所分析的資料匯集了時間序列與橫斷面的資料，因此容易出現自我相關（autocorrelation）與變異數不齊一的問題。Durbin-Watson 統計值顯示本研究資料存在第一順位自我相關（first-order autocorrelation），

這個自我相關的問題很有可能是因為各年度分配給各縣市補助款金額高度相關所致，因此本研究案例的自變數納入 t-1 時間點每人每年所獲得的補助款加以矯正（Sayrs, 1989: 20-21），矯正之後 Durbin-Watson 統計值顯示已克服此問題。而在變異數不齊一的部分，可能會出現時間上的變異數不齊一問題(contemporaneous correlation)，因此分析模型的自變數納入以九十五年為基準的四個年度虛擬變數，包括九十一、九十二、九十三、九十四年，以排除這個問題（Sayrs, 1989; Stimson, 1985）。最後，依變數除了取其自然對數之外，也利用 LIMDEP 統計軟體所使用的 White's Robust V. C. Matrix 排除橫斷面資料的變異數不齊一問題（unit-specific heteroskedasticity）（Greene, 2002）。

(二)自變數

　　以下自變數的選取同樣反映了本書第二章所討論的分配政治理論內涵以及統計估計上必要的處理措施（t-1 時間點每人每年所獲得的補助款以及以九十五年為基準的四個年度虛擬變數）。在統計模型的建構上，本研究案例也考慮自變數對於補助款分配影響的時差（time lag）。因為本研究案例所分析的補助款資料是來自於中央政府總預算，而這些年度預算是由立法院在前一年的下半年審議（也就是立法院雙數會期），因此以下自變數均會反映「時間差」的影響。而在之前「擴大公共建設振興經濟暫行條例」的統計分析就沒有這個問題，該條例是在立法院第五屆第三會期通過，補助利益的分配是受到相關因素「即時」的影響，所以在該分析的研究設計當中，並不考慮「時間差」的影響。

　　1.前一年補助預算：九十至九十四年度各縣市每人每年所獲得
　　　補助預算金額（取自然對數）。納入此變數是克服第一順位
　　　自我相關的問題。

2.縣市政府自有財源比例[17]：此變數為需求變數，包含九十至九十四年度自有財源比例。九十年自有財源比例對應九十一年補助預算，九十一年自有財源比例對應九十二年補助預算，依此類推。

3.立法委員相關變數：由於中央政府 t 年時間點的預算是由各屆立法院在 t-1 年時間點（雙數會期）所審查，因此九十一年度是由第四屆第六會期（90.9.20~91.1.18）所審查，九十二年度是由第五屆第二會期（91.9.24~92.1.14）所審查，九十三年度是由第五屆第四會期（92.9.5~93.1.3），九十四年度是由第五屆第六會期（93.9.14~94.1.24），九十五年度是由第六屆第二會期（94.9.13~95.1.13）所審查。所以，以下所有有關立法院相關的變數編碼均依照中央政府總預算審查期間，立法委員的實際狀況來編碼。

(1)選區規模：立法委員員額數，亦即九十至九十四年度各縣市立委人數。

(2)立委平均資深程度：九十至九十四年度各縣市立委擔任立委的平均屆數，我們將各縣市立委所擔任屆數相加之後除以各縣市立委人數。

(3)民進黨立委占縣市立委總人數比例：九十至九十四年各縣市民進黨立委人數占縣市立委總人數比例（已當選之立委，在預算審查會期，若有病逝、離職或遭註銷立委資格者，不予計算）。期間仍有一些立委轉換黨籍，我們

---

[17] 由於這個分析案例是以縣市為分析單位，因此我們使用縣市的自有財源比例作為指標，並不是利用立法委員票倉區指數來間接估計。理由是因為中央政府在分配補助款時，如果有考慮到均衡縣市發展，一般都會以該縣市的自有財源作為分配的基準。而在分配政策提案分析案例當中，因為分析單位是立法委員，而且立法委員會不會多提分配政策法案是基於立法委員依照他自己的票倉區貧富狀況來估量，它與中央政府主導政策利益分配所依循的客觀標準在概念上有所不同。

以預算審查會期當時的黨籍為基準。

(4)常設委員會召集人總數：九十至九十四年度各縣市立法委員在預算審查會期擔任常設委員會召集人的總人數。第四屆第六會期對應九十一年補助預算，第五屆第二會期對應九十二年補助預算；第五屆第四會期對應九十三年補助預算；第五屆第六會期對應九十四年補助預算；第六屆第二會期對應九十五年補助預算。

(5)立法委員選戰競爭程度：利用之前分析立法委員分配政策提案分析的勝選幅度。超過一位以上立法委員的縣市，取各委員勝選幅度的平均值。第四屆立委選舉對應九十一年補助預算；第五屆立委選舉對應九十二年、九十三年與九十四年補助預算；第六屆立委選舉對應九十五年補助預算。

(6)各縣市立法委員選舉選票集中程度：操作化定義與「擴大公共建設振興經濟暫行條例」統計分析當中的選票集中程度相同。第四屆立委選舉選票集中程度對應九十一年補助預算；第五屆立委選舉選票集中程度對應九十二年、九十三年與九十四年補助預算；第六屆立委選舉選票集中程度對應九十五年補助預算。

(7)立法委員票倉區得票率：操作化定義與「擴大公共建設振興經濟暫行條例」統計分析當中的選票集中程度相同。第四屆立委選舉對應九十一年補助預算；第五屆立委選舉對應九十二年、九十三年與九十四年補助預算；第六屆立委選舉對應九十五年補助預算。

(8)地方派系的種類數量：各縣市立法委員具有地方派系背景的種類數量，例如桃園縣第六屆立法委員當中有地方

派系背景的立法委員所屬的地方派系共有四個種類[18]。第四屆立委對應九十一年補助預算;第五屆立委對應九十二年、九十三年與九十四年補助預算;第六屆立委對應九十五年補助預算。

(9)縣市所屬立委過去曾經擔任過地方民選公職人員比例:縣市所屬立委過去曾經擔任過地方民選公職人員的人數除以該縣市立委總人數。

4.縣市長黨籍:民進黨執政縣市編碼為 1,其餘為 0。九十一年度預算對應第十三屆縣市長與第二屆北高市長黨籍;九十二年對應第十四屆縣市長黨籍與第二屆北高市長;九十三年至九十五年對應第十四屆縣市長黨籍與第三屆北高市長黨籍。

5.九十至九十四年各縣市人民團體總數占縣市人口比例:九十至九十四年各縣市人民團體數量除以各縣市人口數。資料來源內政部社會司與行政院勞委會。這些團體主要包括工商自由職業團體與社會團體。例如工商業團體數量,自由職業團體數量,年學術文化團體數量,醫療衛生團體數量,宗教團體數量,體育團體數量,社會服務及慈善團體數量以及宗親會數量等等。

6.總統選舉得票差距:第十屆與第十一屆正副總統選舉,陳水扁與呂秀蓮在各縣市的得票率減去其它組候選人當中最高得票率者。第十屆總統選舉資料對應九十一至九十三年補助預算,第十一屆總統選舉資料對應九十四至九十五年補助預算。

---

[18]第六屆的立委派系資料來源是高永光教授在「當前政治生態——政黨、選舉與地方派系」演講資料(民國九十四年三月八日,網址:http://www3.nccu.edu.tw/~ykkao/localdb/950308.ppt)。至於第五屆立法委員派系資料則是由政大盛杏湲教授慷慨提供,第四屆資料來源是吳宜侃(2003)。

表 5-4 九十一至九十五年縣市補助款分配分析模型各變數的敘
述統計值

變數	平均值	標準差
依變數＝Ln（每人每年所得金額）	4.176	0.390
總統選舉得票比率差距	-0.067	0.280
立委員額	6.592	5.939
立委選票集中指數	0.0189	0.010
立委選舉平均勝選幅度	0.846	0.207
立委平均資深程度	1.906	0.637
立法院常設委員會召集人總數	0.848	1.191
民進黨立委人數占縣市立委總人數比例	0.343	0.198
社會團體比例（數量/人口）	0.00139	0.000853
立委票倉區投票率	0.00895	0.00188
立委所屬地方派系種類數量	3.648	3.701
縣市所屬立法委員過去曾經擔任民選公職人員比例	0.491	0.311
自有財源	0.480	0.164

表 5-4 為上述依變數與自變數的敘述統計數值（省略虛擬變數）。

第三節 分 析

壹、第三至第六屆立法委員分配政策提案分析

一、敘述性分析

表 5-5 顯示第三至第六屆來自於大、中、小三種不同選區規模的區域立委，他們所提分配政策提案數量占個人總提案數量比例

表 5-5　第三至第六屆區域立委分配政策提案數量占個人總提案
數量比例（以選區規模區分）

	第三屆	第四屆	第五屆	第六屆
大選區	10.47%	17.02%	22.93%	33.10%
中選區	14.70%	18.99%	24.93%	35.33%
小選區	16.72%	21.51%	35.78%	40.43%
平均	13.96%	19.17%	26.08%	35.20%

大選區（11-28 名），中選區（5-10 名）與小選區（1-4 名）

的差異情形。整體來看，各屆次的統計結果都呈現出小型選區的
區域立委比中、大型立委更積極提出分配政策法案。第三屆小選
區立委有 16.72% 的分配政策提案率，第四屆小選區立委 21.51%，
第五屆小選區立委 35.78%，以及第六屆小選區立委 40.43%，通通
超過各屆次中型選區立委的比例；而中型選區立委的分配政策提
案率也都高過於大型選區立委的分配政策提案率。

　　初步看來，選區規模這個變數很有可能影響立委的分配政策
提案行為，不過也有可能同時受到其他變數的影響。所以本研究
案例將進一步透過多變量的波松或負二項迴歸分析模型，同時控
制那些可能會影響立委分配政策提案行為的相關變數，觀察選區
規模對於區域立委在分配政策提案上的影響。

二、負二項迴歸分析

　　由於匯集第三至六屆的區域立委分配政策提案資料，呈現過
度離散（over-dispersion）的情形，故使用負二項迴歸模型（Negative
Binomial Regression Model）取代波松迴歸模型（Poisson Regression
Model）來從事分析。

　　首先，表 5-6 的模型分析當中，選區規模是透過虛擬變數處
理，並且將小型選區立委視為參照組。統計分析結果顯示，在控

表 5-6 第三至第六屆立法委員分配政策提案數量的負二項迴歸分析模型

變數名稱	迴歸係數(標準誤)
常數	0.631(0.186)***
大選區	-0.221(0.086)***
中選區	-0.146 (0.089)*
國民黨	0.156(0.065)***
資深程度	0.029(0.026)
肉桶委員會	0.008 (0.015)
地方民選公職	0.156(0.064)***
選票集中指數	-0.348(1.178)
勝選幅度	-0.054(0.157)
立委票倉區投票率	0.022(0.019)
選區高等教育人口指數	-0.000073 (0.000550)
總提案數	0.034(0.002)***
整體模型適配度檢定 自由度	X^2=739.331*** d.f.=1
樣本數	626
過度分散估計參數（α）	0.350(0.033)***

1.單尾檢定：*: $p<0.1$ **: $p<0.05$ ***: $p<0.01$。2.括號內的數值為標準誤（standard error）。3.依變數為立委提出的分配政策提案數。4.過度離散參數 α 係數值等於 0.350（t 值=10.541），達到統計上顯著水準，因此本模型使用負二項迴歸分析模型。

制立委總提案數的情況之下（該變數達到統計上的顯著水準），大型選區及中型選區立委虛擬變數的迴歸係數均為負，並且都達到統計上的顯著水準，這代表中型與大型選區的立委所提的分配政策提案數量均明顯少於小型選區的立委。同時，由迴歸係數來看，中型選區立委的分配政策提案數量少於小型選區立委的提案數量（中型選區的迴歸係數是-0.146），而大型選區立委的分配政策提案數量比中型選區立委更少於小型選區立委的提案數量（大

型選區的迴歸係數是-0.221）。

其次，統計分析結果顯示「國民黨立委」呈現正向且顯著影響，意味著國民黨籍區域立委在分配政策提案數量上，明顯地較其他政黨的立委多。國民黨籍立委向來與地方有著深遠的連結，因此多提分配政策法案滿足選民需求似乎不令人意外。另外，統計分析結果也顯示，曾經擔任過地方民選公職的區域立委明顯地比其他沒有此項經歷的立委更積極提出分配政策法案。擔任過地方民選公職的區域立委因為有選舉與經營選區的經驗，所以他們可能因為瞭解選區需求而主動提案，也可能是因為人脈關係的壓力而提案。

最後，「資深程度」、「加入肉桶委員會的次數」、「選票集中指數」、「勝選幅度」、「立委票倉區投票率」、「高等教育人口指數（選區自有財源的替代指標）」等自變數對於第三至六屆區域立委分配政策提案數量的影響均沒有達到統計上的顯著水準。但是這些自變數的迴歸係數符號大部分都如預期，例如我們期待參加肉桶委員會次數越多的立委所提的分配政策法案越多、前一次選舉的勝選幅度越小的立委會多提案、如果立委票倉區財政狀況越不佳則立委會多提案、如果立委票倉區投票率越高則立委的提案也多。但是立委資深程度與立委選票集中程度就有一些討論空間了。在立委資深程度部分，因為資深立委可能已經在地方上累積了相當程度的影響力，所以他們不見得需要透過多提分配政策提案來鞏固票源（預期迴歸係數為負）。不過，統計分析結果呈現的迴歸係數卻是正的。這代表資深立委可能不見得認為他們在地方上的地位穩定，所以仍然傾向多提分配政策法案。當然，這些資深立委分配政策提案數量雖然比資淺立委多，但是差異並沒有太大。而在選票集中指數部分，理論上的預期是認為選票越集中的立委應該會多提分配政策法案。然而，統計分

析結果所呈現的關係卻恰恰相反。也就是說，前一次選舉所獲得選票越分散的立委，反而會比選票集中的立委稍微多提一些分配政策提案。作者推測這會不會是因為選票分散的立委因為沒有固定票倉區的票源，所以他們必須儘可能多提不同種類的分配政策提案來滿足整個選區範圍內的選民需求？當然，這只是推測，況且它並沒有達到統計上的顯著水準[19]。

貳、「擴大公共建設振興經濟暫行條例」制訂過程與政策利益分配結果分析

一、法案制訂過程分析

　　「擴大公共建設振興經濟暫行條例」的提出是行政院基於當時國內外經濟低迷，政府稅收情況欠佳，加以政府舉債額度占政府總預算及特別預算歲出總額已達14.8%，接近公共債務法規定15%的舉債上限，勢將無力支應擴大公共投資。所以，行政院希望以特別預算的方式排除公共債務法之舉債上限，讓政府在經濟低迷之狀況下得以隨時提出適當的公共建設計畫。行政院認為台灣經濟從未出現過負成長，同時失業率也從未超過5%，但是民國九十年卻都同時遭遇到這些困境。換言之，經濟環境已經達到預算法第83條所宣稱的情況，同時因為舉債空間也有限，所以行政院

---

[19] 選票集中程度對於區域立委分配政策提案數量的影響在第三至六屆個別屆次顯現出相當程度的差異性。羅清俊與謝瑩蒔（2008）在第三屆的個別屆次分析發現選票集中程度的迴歸係數為正，未達統計上的顯著水準；第四屆為負，未達統計上的顯著水準。羅清俊與廖健良（2009）在第五屆的個別屆次分析發現選票集中程度的迴歸係數為正，未達統計上的顯著水準；第六屆為正，但是達到統計上的顯著水準。羅清俊與廖健良認為之所以第六屆該變數的迴歸係數為正向且顯著，可能與立委選制即將在第七屆改變成為單一選區有關。儘管如此，作者在本章匯集這四屆的資料分析發現，該變數仍為負，未達統計上的顯著水準，這代表著平均這四屆立法院來說，票源分散的立委所提的分配政策法案數量仍然稍微多過於票源集中的立委。

認為透過特別預算方式編列經費應該是合適的途徑。

　　該法案在立法院的審議過程當中，朝野立委主要僵持不下的部分有幾項，第一，在野立委（非民進黨立委）不滿行政院在第五屆立法院第二會期休會之前才匆促送進該案。第二，在野立委極力反對以特別預算方式編列。第三，在野立委認為擴大公共建設的項目都是以小型工程為主，明顯有為即將到來的二〇〇四年總統大選綁樁的意圖。

　　該法案在民國九十二年一月六日第一次委員會聯席審查會議的審議過程當中，民進黨與台聯立委極力為執政黨辯護。發言的黃宗源（台聯）認為通過本案對於台灣經濟成長幫助很大；鄭朝明（民進黨）希望在野立委共體時艱；邱垂真（民進黨）希望儘速通過本案，同時也批評在野立委一方面反對該案以特別預算編列，另一方面甚至於要加碼預算金額，一下子同意逕付二讀，一下子又要付委審查；李明憲（民進黨）與唐碧娥（民進黨）發言希望儘速通過該案；李鎮楠（民進黨）批評在野立委想要加碼預算額度。而國親立委則批評聲不斷，例如周錫瑋（親民黨）、邱毅（親民黨）、曾永權（國民黨）、楊麗環（國民黨）、黃義交（親民黨）、陳劍松（親民黨）、傅崑萁（親民黨）質疑行政院為何要以特別預算編列經費；林德福（親民黨）認為行政院在九十年度預算執行率很低，推動擴大公共工程案很難達成預期效益；侯彩鳳（國民黨）認為行政院分明是在選舉綁樁；楊仁福（國民黨）除了認為行政院違反財政紀律之外，也認為公共工程的項目應該詳列細目，經立法院核備之後始能動支經費，並必須提出進度報告。

　　民國九十二年一月八日召開第二次委員會聯席審查會議，在該聯席審查會議的前一天，立法院長王金平與行政院長游錫堃曾經見面達成初步協議。主要的協議是：擴大公共工程案所需的五百億經費以特別預算方式編列，但是擴大公共服務就業方案的兩

百億經費則循追加預算方式編列（擴大公共服務就業方案與擴大公共工程方案都是希望解決當時景氣低迷與驟升的失業率，行政院最初的想法是希望該兩案均以特別預算編列經費）。兩院院長的非正式協商明顯影響隔一天召開的「擴大公共建設振興經濟暫行條例」第二次委員會聯席審查會議。一些民進黨立委抱怨行政院不堅持立場，讓同黨立委很難替行政院辯護，例如郭榮宗（民進黨）、邱垂貞（民進黨）與林國華（民進黨）。在野立委則更加懷疑行政院事實上有足夠的錢辦理追加預算，例如周錫瑋（親民黨）、李雅景（國民黨）。

其他委員的發言內容包括：郭俊銘（民進黨）與唐碧娥（民進黨）希望該法案儘速通過；李明憲（民進黨）與鄭朝明（民進黨）批評在野立委為反對而反對；邱創進（民進黨）希望行政院所編列的錢要花得適當；侯水盛（民進黨）為行政院辯護，宣稱這絕不是政策綁樁；謝明源（民進黨）與賴清德（民進黨）認為以特別預算編列經費是必要的；林育生（民進黨）則要求農委會應該要多爭取本案的經費。

在野立委的發言內容包括：林德福（親民黨）認為行政機關執行率低，未來應該要好好控管；周錫瑋（親民黨）認為「擴大公共建設振興經濟暫行條例」要註明總金額；邱毅（親民黨）批評特別預算，同時也批評該案缺乏成本效益分析；李桐豪（親民黨）認為要在法條當中規範總金額與實行期間，他也批評行政院根本沒有整體計畫，過去公共工程的政策執行率也低；廖風德（國民黨）批評特別預算的編列，也認為該案都是一些小工程，明顯是在綁樁；黃敏惠（國民黨）認為法條當中沒有規範總預算額度與實施期間，等於是開空白支票給行政院。

在第二次委員會聯席審查會議委員與行政官員詢答之後，立刻進行逐條討論。行政院所提總共九條的版本當中，通過四條，

其餘留待政黨協商。一月十四日政黨協商結論為暫緩於本會期(第二會期)處理,不過在第三會期必須優先處理。第三會期開議後,程序委員會於三月十四日決定逕付二讀,不過在二讀前必須完成條文的政黨協商。民國九十二年五月二日進行「擴大公共建設振興經濟條例草案」二讀會與三讀會階段,在二讀會之前,朝野已經過協商,並已有協商條文。最後三讀所通過的條文內容與行政院最初所提出的版本有相當大的出入。首先,原先所規劃的五百億額度增加至五百八十四億,多出來的八十四億是要直接分配給鄉鎮市。其次,所需經費並非透過特別預算,而是循追加預算程序辦理。但是預算編製不受預算法第二十三條不得充經常支出及財政收支劃分法第三十條、第三十七條補助地方事項及經費負擔規定之限制。而在五百八十四億的預算當中,其中三百三十四億元得以舉借債務,不受公共債務法第四條第五項有關每年度舉債額度之限制。

歸而言之,這個法案審查過程當中政黨立場的發言雖然壁壘分明,但是過程仍算平順,當然,最後的結果很明顯是經過相當大幅度的妥協而來。除了台聯提出復議案之外(並未通過),並未實施表決或是記名表決。大部分的內容都是透過政黨協商而來。而在民國九十二年五月二十九日至六月三日期間所審查的九十二年度追加預算案(與本法案有關的部分)的審議過程也相當平順,大都透過協商而來,並未有記名表決。立法院雖然對於擴大公共建設主管機關的追加預算額度有些刪減,但是並未影響整體的預算內容。在通案的部分:(1)屬於示範、規劃、宣傳等經費,均全數刪除。(2)關於 e 化電腦設備預算,通案刪減一成,業務費通案刪減一成。在個別主管機關部分,刪減的部分包括:(1)經濟建設委員會減列「經建計畫之設計、研審及協調」以及「國土綜合規劃及推動」當中擴大公共建設方案觀摩會五百萬元,另減列兩千

萬元（項目自行調整）。(2)公共工程委員會減列「公共工程技術業務」當中「補助暨輔導各縣市政府辦理促進民間參與公共建設計畫可行性評估、先期規劃、招商、公告、甄審之前置作業，訓練及宣導等相關經費」兩千萬元、「辦理生態工法展覽示範計畫經費」之觀摩經費六百五十萬元。(3)內政部營建署減列「營建業務」兩億元〔項目自行調整，但不得減列辦理各鄉（鎮、市）屬城鎮地貌改造—創造台灣城鄉風貌示範計畫所需環境景觀改善規劃設計及工程施作等經費〕。

二、統計分析

　　表 5-7、圖 5-1 與圖 5-2 顯示各縣市基於「擴大公共建設振興經濟暫行條例」所獲得的補助案數與金額（並不包含直接分配給鄉鎮市的八十四億經費）。從補助案數的多寡來看，獲得前五名補助案數依序是台北縣（30 個）、苗栗縣（25 個）、嘉義縣（25 個）、宜蘭縣（25 個）、新竹縣（24 個）、南投縣（24 個）、高雄縣（24 個）、台中縣（23 個）、屏東縣（23 個）、花蓮縣（22 個）、桃園縣（22 個）、台南縣（22 個）。就平均每個補助案補助每人的金額多寡來看，前五名依序是連江縣（2258.03 元）、金門縣（496.30 元）、台東縣（345.38）、澎湖縣（302.02）、宜蘭縣（205.05）等等。補助案數與平均每人金額都拿得不算少的縣市包括宜蘭縣、新竹縣、苗栗縣、南投縣、嘉義縣、花蓮縣、台東縣等等。

　　表 5-8 顯示影響擴大公共建設方案補助利益分配相關因素的迴歸統計分析結果。首先，未達到統計顯著水準的自變數包括「總統選舉得票比率差距」、「立委平均資深程度」、「審查委員會委員人數」、「立委票倉區投票率」、「縣市立委地方派系種類數量」以及「縣市所屬立委過去曾經擔任民選公職人員的比例」。這些結果意味民進黨似乎並沒有明顯地利用擴大公共建設方案補助利益來

表 5-7 擴大公共建設振興經濟暫行條例分配至縣市的補助案數
與金額表

縣市別	補助案數	平均每個補助案金額（元/每人）
台北市	11	47.64
高雄市	14	44.12
台北縣	30	38.71
桃園縣	22	54.91
新竹縣	24	147.93
新竹市	15	114.55
苗栗縣	25	131.38
台中縣	23	55.22
台中市	17	75.92
南投縣	24	161.89
彰化縣	21	99.74
雲林縣	18	166.31
嘉義縣	25	150.84
嘉義市	12	147.79
台南縣	22	100.63
台南市	18	89.48
高雄縣	24	88.32
屏東縣	23	113.39
台東縣	20	345.38
花蓮縣	22	201.11
宜蘭縣	25	205.05
基隆市	17	125.79
澎湖縣	16	302.02
金門縣	10	496.30
連江縣	9	2258.03

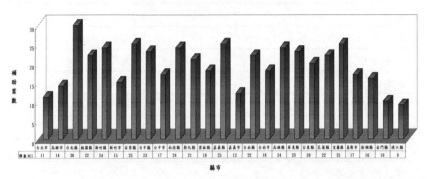

圖 5-1　擴大公共建設振興經濟暫行條例分配至縣市的補助案數

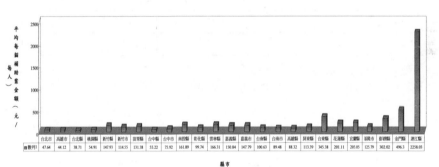

圖 5-2　擴大公共建設振興經濟暫行條例分配至縣市的平均每個
　　　　補助案金額（元／每人）

表 5-8　「擴大公共建設振興經濟暫行條例」補助利益分配的多變量迴歸分析模型

自變數	標準化迴歸係數（t 值）
常數	2.538（9.457）***
總統選舉得票比率差距	0.008（0.084）
立委員額	- 0.222（3.255）***
立委選票集中指數	- 0.104（1.534）*
立委選舉平均勝選幅度	- 0.091（1.417）*
立委平均資深程度	- 0.043（0.784）
審查委員會委員人數	- 0.048（0.442）
立法院常設委員會召集人總數	0.069（1.329）*
民進黨立委人數占縣市立委總人數比例	- 0.179（2.423）***
民進黨執政縣市	0.092（1.371）*
社會團體比例（數量/人口）	0.230（2.423）***
立委票倉區投票率	0.010（0.199）
立委所屬地方派系種類數量	0.047（0.617）
縣市所屬立委過去曾經擔任民選公職人員的比例	0.013（0.196）
自有財源	- 0.164（2.809）***
Adjusted R^2	0.49
N	478

依變數＝Ln(每人獲得補助金額)
單尾檢定：*: $p<0.1$　**: $p<0.05$　***: $p<0.01$

經營二〇〇四年的總統大選，儘管補助利益多給了二〇〇〇年總統選舉時獲得選票較多的縣市，但是與獲得選票較少的縣市比較起來，也沒有太多顯著的差異。縣市所屬立委平均的資深程度並不能影響這項補助利益的分配，甚至於資淺立委所屬的縣市還稍稍多得到一些。審查本條例的審查委員會成員所屬縣市也沒得到特別的好處，甚至於還少拿了一些。選區關注選民越多、立委所屬地方派系種類數量越多、以及立委過去曾經擔任民選公職人員

的比例越高的縣市似乎可以多拿些許的補助利益，但是並沒有達到統計上的顯著水準。

其次，在達到統計顯著水準的自變數當中，按照標準迴歸係數的大小（絕對值）排列依序是「社會團體比例」（0.230）、「立委員額」（-0.222）、「民進黨立委人數占縣市立委總人數比例」（-0.179）、「自有財源」（-0.164）、「立委選票集中指數」（-0.104）、「民進黨執政縣市」（0.092）、「立委選舉平均勝選幅度」（-0.091）、「立法院常設委員會召集人總數」（0.069）。達到統計顯著水準的自變數所呈現的意義在於：第一，補助方案座落縣市如果社會團體數量占該縣市人口比例越高，該補助方案的金額就越高。擴大公共建設方案的補助利益種類相當繁多，相當符合許多社會團體的需求。分配這些政策利益滿足這些社會團體的需求是可以預期的。第二，當補助方案座落縣市的立委人數越少（選區規模越小），則該項補助方案的金額就越高。這個發現與本書第三、四章以及本章第一個案例（立委分配政策提案分析）的研究發現相當一致。換言之，小選區選民的期待影響了立委追求地方利益的動機，立委在分配政策提案的數量上反映了這種動機，並且影響了這些選區實質上所獲得的政策利益。

第三，補助方案座落縣市如果民進黨立委人數占縣市立委總人數比例越低，反而會獲得較高的補助金額。這個發現符合過去分配政策研究所謂的「免除歸咎」（blame avoidance）的假設（Balla et al., 2002; Horiuchi, 2007）。執政的民進黨為了避免招人批評只照顧同黨立委占多數的縣市，在民進黨立法委員比例較低的縣市反而分配更多的金額，以杜悠悠之口。第四，補助方案座落縣市如果自有財源比例較低，則補助方案的金額會較高，這種分配結果至少考慮到各縣市經濟發展程度，協助財源較不充裕的縣市，這也符合該政策利益方案的原始目的。

　　第五，補助方案座落縣市如果立委選票集中指數越高，反而補助金額越低。這個發現與過去分配政策研究的發現似乎並不一致。過去研究發現，選票集中程度越高的選區，也就是選票不對稱地偏向某些次級行政區時，國會議員有比較強的動機爭取補助利益，同時這種動機也會反映在選區所獲得政策利益的多寡上。然而，立法委員選舉的選票集中程度越高究竟是會鼓勵或是不鼓勵立法委員爭取政策利益？其實仍然見仁見智的問題。從本案例研究統計結果來看，立法委員選票集中指數越低（票源越分散於各次級行政區），似乎是鼓勵立法委員爭取政策利益（這與立委分配政策提案分析的發現類似）。為什麼會這樣呢？作者認為，票源越分散的立委為了廣泛爭取票源，他們引介各種不同類別政策利益（種類多元的利益）來滿足各種不同地理區位選民的可能性就很高。而「擴大公共建設振興經濟暫行條例」的政策利益正是類型多元的政策利益，因此票源越分散的立委選區獲取的金額也會相對地增高。而在 SNTV-MMD 制度之下，票源越集中的立委並不需要爭取政策利益來滿足選區所有的選民，因為他們只要滿足少數區域的利益需求即可增加其當選機會，甚至於只要靠著勤跑基層便能當選，因此選區獲取的金額就相對較低。

　　第六，補助方案座落縣市如果是民進黨執政，則該項補助方案的金額也會越高。這個發現也與過去的分配政策研究發現一致，包括國內過去關於省政府補助款分配的研究發現，國民黨執政的縣市獲得超額補助款（羅清俊, 2000a）以及研究美國總統如何利用政策利益照顧與總統同屬相同政黨執政的州（Larcinese, Rizzo, and Testa, 2006）。從另外一個角度來看，民進黨籍立法委員占多數的縣市獲得較少的補助利益，雖然可能是為了避免在野黨的歸咎，但是這並不代表民進黨全般輸誠。掌握政權的民進黨仍然可以讓民進黨執政的縣市獲得較多額度的補助利益。這種情況與Horiuchi研究日本在

SNTV制度時期中央政府政策利益分配的發現相當類似（Horiuchi, 2007）。第七，補助方案座落縣市如果在上次立委選舉時競爭程度越高（平均勝選幅度越小），獲取該補助方案的金額就越高。因為選戰競爭程度高，在任立委擔心未來選舉失敗，因此特別會爭取補助利益以減少這種風險。第八，補助方案座落縣市如果立法委員擔任常設委員會的召集人人數越多，則補助方案的金額就越高。這也證明在SNTV-MMD制度之下，常設委員會召集人通常被政黨用來當作是引介政策利益的重要角色（Tsai, 2005）。

參、中央政府九十一至九十五年度分配至縣市補助款的分析

圖 5-3 顯示民國九十一至九十五年度各縣市每人每年獲得中央政府補助款的額度（千元），連江縣、澎湖縣、金門縣、台東縣、新竹縣與花蓮縣每人每年獲得超過兩萬元的補助額度。台北市、台北縣、台中市、台南市、桃園縣與高雄縣每人每年只獲得不到一萬元的補助款，而台北市獲得最少，僅獲得一千多元。

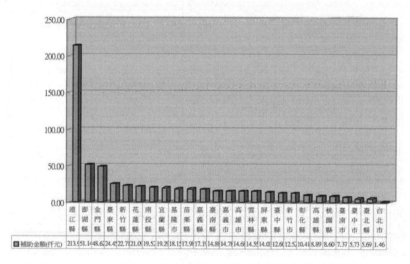

圖 5-3　九十一至九十五年各縣市獲得補助金額（仟元／人）

表 5-9 顯示九十一至九十五年縣市補助款分配迴歸分析模型的結果，我們先來看統計估計上必要的處理措施而控制的變數，也就是 t-1 時間點每人每年所獲得的補助款以及以九十五年為基準

表 5-9　九十一至九十五年縣市補助款分配多變量分析模型

自變數	標準化迴歸係數（t 值）
常數	2.149（8.908）
91 年	- 0.002（-0.055）
92 年	0.020（0.711）
93 年	0.084（2.976）***
94 年	0.009（0.333）
Ln（前一年每人獲得補助款）	0.565（10.723）***
總統選舉得票比率差距	0.023（0.488）
立委員額	- 0.082（1.655）**
立委選票集中指數	- 0.047（1.441）*
立委選舉平均勝選幅度	0.013（0.471）
立委平均資深程度	- 0.015（0.537）
立法院常設委員會召集人總數	0.041（1.292）*
民進黨立委人數占縣市立委總人數比例	- 0.011（0.265）
民進黨執政縣市	- 0.006（0.205）
社會團體比例（數量／人口）	0.219（3.505）***
立委票倉區投票率	0.025（0.805）
立委所屬地方派系種類數量	0.051（1.502）*
縣市所屬立委過去曾經擔任民選公職人員的比例	0.012（0.449）
自有財源	- 0.280（6.09）***
Adjusted R^2	0.95
N	120

依變數＝Ln（每人每年獲得補助金額，91-95 年。以 90 年為貨幣基期年）
*: $p<0.1$　**: $p<0.05$　***: $p<0.01$（單尾檢定）
括號內為 t 值

的四個年度虛擬變數對於補助款分配的影響。首先，就 t-1 時間點每人每年所獲得的補助款來說，前一年每人獲得補助款越多則接續一年也會獲得較多的補助款。其次，就年度虛擬變數來說，九十三年的補助款額度明顯比九十五年來得多（除了九十一年度之外，其他年度都比九十五年度多，而九十三年最突出）。有趣的是，九十三年中央政府補助款額度不僅明顯高於九十五年度，就迴歸係數的大小來說，它也高於九十一年、九十二年與九十四年。九十三年高額度的中央政府補助款似乎非比尋常，因為這個統計分析結果是控制了縣市自有財源之後所得出的結果。更有趣的是，如果觀察各年度虛擬變數的迴歸係數變化情形，以九十五年為基準，九十一年的補助款額度少於九十五年，九十二年開始攀升，至九十三年達到最高峰，而九十四年驟減，九十五年則更少。為甚麼如此？我們直覺的聯想會是九十三年舉行的總統大選。補助款額度在選舉年大幅增加，選後則大幅減少的規則變化呈現出明顯的政治景氣循環現象。

　　其次，在達到統計顯著水準的其他自變數當中，按照標準迴歸係數（絕對值）的大小排列依序是「自有財源」（-0.280）、「社會團體比例」（0.219）、「立委員額」（-0.082）、「立委地方派系種類數量」（0.051）、「立委選票集中指數」（-0.047）、「立法院常設委員會召集人總數」（0.041）。這些發現代表著自有財源越低的縣市、社會團體比例越高的縣市、立委員額越少（選區規模越小）的縣市、立委地方派系種類數量越多縣市、立委選票集中指數越低的縣市、立法院常設委員會召集人總數越多的縣市都能夠獲得顯著的超額補助款。最後，未達到統計顯著水準的自變數包括「總統選舉得票比率差距」、「立委選舉平均勝選幅度」、「立委平均資深程度」、「民進黨立委人數占縣市立委總人數的比例」、「民進黨執政縣市」、「立委票倉區投票率」以及「縣市所屬立委過去曾經擔

任民選公職人員的比例」。以上這些研究發現將在下一個部分與擴大公共建設振興經濟暫行條例分配至縣市的利益做比較分析。

肆、兩個實質政策利益分配的比較分析

表 5-10 比較在「九十一至九十五年度縣市所獲得中央政府的補助款」案例以及「擴大公共建設振興經濟暫行條例分配至縣市的利益」案例當中均納入的自變數對於政策利益分配的影響型態。第一,在兩個分析案例均呈現一致性影響的自變數(達到統計上的顯著水準而且具有相同方向性的影響):包括「自有財源」(負向)、「立委規模或員額」(負向)、「立委選票集中指數」(負向)、「立法院常設委員會召集人總數」(正向)、「社會團體比例」(正向)。基於這些研究發現,本研究有相當程度的信心相信台灣政府補助利益分配與這幾個因素密切關聯。只要縣市的自有財源越低、選區規模越小、立委選票越分散、立法院常設委員會召集人總數越多、或是社會團體比例越高,則這些縣市獲得高額度補助利益的機會就相對增高。在這些對於實質政策利益分配具有一致性影響的因素當中,選區規模與立委票源分布情形是因為 SNTV-MMD 制度所導引出來的;而根據 Tsai(2005)的說法與實證研究發現,立法院常設委員會召集人也是在 SNTV-MMD 制度之下,政黨為了協調同黨候選人避免彼此過度競爭而減少了當選席次的刻意安排,而常設委員會召集人擁有地位的優勢引介選區所需的地方利益。基於這些研究發現,很明顯的,台灣政策利益的分配受到 SNTV-MMD 制度顯著的影響。

第二‧其他一些自變數對於政策利益的分配雖然都有一致性的影響方向,但是有的只在某一個案例當中呈現出統計上的顯著水準,例如「民進黨立委人數占縣市立委總人數的比例」(均為負向但是只在擴大公共建設補助利益案例達到顯著水準)以及「縣

表 5-10 「擴大公共建設振興經濟暫行條例」利益分配與「91-95年度縣市補助款分配」影響因素的比較分析

自變數	91-95 年度縣市\獲得的補助款	依照擴大公共建設振興經濟暫行條例分配至縣市的利益
自有財源	(-)***	(-)***
立委員額	(-)**	(-)***
立委選票集中指標	(-)*	(-)*
立法院常設委員會召集人總數	(+)*	(+)*
社會團體比例（數量/人口）	(+)***	(+)***
民進黨立委人數占縣市立委總人數比例	(-)	(-)***
縣市立委地方派系種類數量	(+)*	(+)
總統選舉得票比率差距	(+)	(+)
票倉區投票率	(+)	(+)
縣市所屬立委過去擔任民選公職人員的比例	(+)	(+)
立委平均資深程度	(-)	(-)
立委平均勝選幅度	(+)	(-)*
民進黨執政縣市	(-)	(+)*

(+)：正向影響　　(-)：負向影響

*: p<0.1　　**: p<0.05　　***: p<0.01（單尾檢定）

市立委地方派系種類數量」（均為正向但是只在九十一至九十五年縣市補助款案例達到顯著水準）；或是在兩個案例當中都沒有達到統計上的顯著水準，例如「總統選舉得票比率差距」（均為正向）、「立委票倉區平均投票率」（均為正向）與「立委平均資深程度」（均為負向）、「縣市所屬立委過去曾經擔任民選公職人員的比例」（均為正向）。雖然以上這些變數並不是全盤性的達到統計上的顯著水準，但是一致性的影響方向在某種程度上可以讓我們推測民進黨立委人數占縣市立委總人數比例越低的縣市、立委地方

派系種類數量越多的縣市、總統選舉得票比率差距越多的縣市、立委票倉區平均投票率越高的縣市、立委平均越資淺的縣市、縣市所屬立委過去曾經擔任民選公職人員的比例越高的縣市可能獲得稍微多一些的補助利益。

第三,還有一些自變數對於利益分配的影響方向完全不同,而且只在一個分析案例當中達到統計上的顯著水準。例如「立委選舉平均勝選幅度」(在擴大公共建設補助利益案例達負向顯著水準,在九十一至九十五年縣市補助款案例正向不顯著)以及「民進黨執政縣市」(在擴大公共建設補助利益案例達正向顯著水準,在九十一至九十五年縣市補助款案例負向不顯著)。為什麼會有這種情形呢?坦白說,回答這個問題並不容易,唯一能做的推測可能是因為擴大公共建設補助利益案政治可見度高(相對於例行性的中央政府補助款分配來說),所以勝選幅度越低的立委們(越競爭的縣市)或是民進黨執政的縣市特別會利用這個機會獲取政策利益以爭取未來的選票。

第四節　研究發現與討論

壹、研究發現

本書在第三章與第四章驗證了小規模選區的選民高度期待立法委員為地方帶回經濟利益,而這種期待程度比中型或大型規模立委選區的選民更高。同時,來自不同選區規模的立委也會隨之調整他們追求地方利益的動機。作者基於以上的發現,接續在本章探究立法委員會不會因為他們來自不同規模的選區,而導致他們為地方爭取利益的代表行為有所差異?作者觀察第三屆至第六

屆區域立委的分配政策提案行為來回答這個問題。進一步，如果
這些立法委員追求地方利益的確因為選區規模的影響而有不同程
度的動機，並反映在他們的代表行為之上，那麼這種現象是不是
會直接或間接影響實質政策利益在立委選區分配的結果？也就是
小規模選區獲得的政策利益多過於中型與大型規模的立委選區？
本章以「擴大公共建設振興經濟暫行條例」以及「中央政府九十
一至九十五年分配至縣市的補助款」做為研究案例，回答這個研
究問題。除了選區規模之外，過去分配政治研究所討論的相關因
素、與 SNTV-MMD 選舉制度相關的因素、屬於我國獨特的「地方
派系」等因素也一併在本章的分析當中加以考慮。本章重要的發
現如下：

　　第一，從立法委員分配政策提案的統計分析結果發現，當控
制其他相關變數之後，來自於小規模選區的立委明顯地比中型以
及大型選區的立委更傾向於多提分配政策法案（國民黨籍立委以
及曾經有過地方民選公職經驗的立委也明顯地傾向多提分配政策
法案）。而在「擴大公共建設振興經濟暫行條例」以及「中央政府
九十一至九十五年分配至縣市的補助款」兩個研究案例的統計分
析當中也同時發現，選區規模越小的縣市獲得高額度補助利益的
機會相對增高。以上這些發現除了驗證了來自小選區的立委們不
但積極地透過提案來爭取地方利益，也證實了這些立委們更會想
辦法讓超額的實質利益流向他們的選區。

　　第二，另一個與 SNTV 選舉制度相關的立委票源分布情形顯
著地影響本章所分析的兩項實質政策利益分配的結果，立委選票
越分散於選區內各個次級行政區的縣市，該縣市將會獲得越多的
補助利益。這個變數雖然沒有顯著地影響區域立委分配政策的提
案數量，但是影響方向與兩項政策利益分配的分析結果相同（均
為負向）。

第三，在「擴大公共建設振興經濟暫行條例」以及「中央政府九十一至九十五年分配至縣市的補助款」兩個實質政策利益分配的研究案例當中，除了選區規模以及立委票源分布情形影響政策利益分配之外，自有財源越低的縣市、立法院常設委員會召集人總數越多的縣市，以及社會團體比例越高的縣市均可獲得這兩項補助項目高額度的金額。值得注意的是，立法院常設委員會召集人這個角色（自變數）雖然不純然是 SNTV-MMD 制度上的特性，但是在台灣可以屬於 SNTV-MMD 制度的副產品，深深影響政策利益的分配。

第四，同樣從本章兩項政策利益在縣市分配的分析結果來看，立法委員地方派系背景對於政策利益的分配有正向的影響，雖然只在「中央政府九十一至九十五年分配至縣市的補助款」案例當中達到統計上的顯著水準，但是「擴大公共建設振興經濟暫行條例」的案例當中的迴歸係數仍為正。

貳、討論

本章與第三章、第四章的研究結果驗證了立法委員選舉的 SNTV-MMD 制度深刻影響台灣分配政治的運作，包括選區規模、立委票源分布狀況以及另一項也可算是這個制度一半產物的常設委員會召集人。不過，立委票源分布狀況究竟如何影響分配政治的運作似乎仍是一個令人困惑的謎題。也就是說，到底國會議員票源集中還是分散才會塑造議員們追求地方利益的誘因並進而讓超額的政策利益流入選區？ 本章雖然發現台灣在 SNTV-MMD 制度之下，立法委員票源在選區的分布情形與立法委員提出分配政策提案的動機有某種程度的關聯，也就是票源分散的立委似乎比票源集中的立委稍微多提一些分配政策法案，但是因為並未達到統計上的顯著水準，所以這種關聯性並不強。但是儘管如此，本

章仍然發現，平均來說，選區當中的立委票源越分散，該選區明
顯地獲取超額的政策利益[20]。

　　首先，理論上來說，分配政策提案與獲取選區實質利益對於
立委的連任都會有所幫助，但是對於票源分散的立委來說，顯然
獲取選區實質利益的重要性勝過於分配政策的提案數量。其次，
檢視過去關於國會議員選票集中程度對於分配政治的影響之研究
發現，國會議員選票越集中，國會議員為選區爭取地方利益的動
機越強，而選區獲取高額度政策利益的機會也越大（Hirano, 2005；
Ames, 1995）。表面上來看，本章的研究發現似乎截然不同於過去
的研究。然而作者認為，這可能與本章所分析的案例（擴大公共
建設振興經濟暫行條例」以及「中央政府九十一至九十五年分配
至縣市的補助款」）聚合著多元種類的政策利益有關。如果立法委
員的選票分散，代表他們沒有特定的票倉區，換言之，支持他們
的選民相對來說散落在選區內的各個地理區塊，而對於政策利益
的需求可能也會呈現相當程度的分殊性。在這種情況之下，立法
委員為了滿足這些選民，勢必會爭取許多不同種類的政策利益才
能實現照顧選民的責任。相對來說，立法委員選票如果只集中在
選區內的某個地理區塊，則選民特質的一致性可能比較高，因此
對於政策利益的需求種類也較少。在這種情況之下，立法委員只
需要針對票倉區選民的需求，爭取少量的政策利益，也許就能完
成照顧選民的任務。所以，很有可能是基於這些因素，我們才會
在本章的實質政策利益分配的實證分析當中發現立委平均選票集
中程度的選區與選區所獲得的政策利益之間呈現負向顯著的關
係。

　　當然，作者這種說法是否成立仍然需要後續研究驗證對立假

---

[20] 羅清俊（2008）分析桃園縣特別統籌款的分配，也有類似的發現。

設（rival hypothesis）。換言之，我們必須檢驗單一種類的政策利益在選區分配的情形。如果所分配的政策利益屬於單一種類（例如農業人口利益），而這項政策利益的需求人口聚集在選區當中的某些地理區塊，並且這些地理區塊同時又是立法委員票源集中的票倉區時，而如果我們也發現該選區獲得超額政策利益的機會越高，那麼我們就可以確認 SNTV-MMD 制度之下，選票集中程度對於政策利益分配結果的影響會隨著政策利益是屬於多元利益或是單一種類利益而有所差異。

另外，選區立委具有地方派系背景是否會從中央政府獲取更多的補助利益？從兩項政策利益分配的分析案例來看，答案應該是肯定的。雖然該變數在「擴大公共建設振興經濟暫行條例」的分析案例當中並未達到統計上的顯著水準（迴歸係數符號為正向）。但是從「中央政府九十一至九十五年分配至縣市的補助款」的分析當中，我們明顯看出地方派系因素對於肉桶利益的影響。作者之所以認為地方派系因素深具影響力是因為它可以持續五年在中央政府所分配的各項補助款當中獲得超額的利益，這比較於單一年只分配一次的擴大公共建設利益追加預算來說，顯然獲利更為穩定。

第六章

研究發現、結論與討論

第一節　本書的研究發現與結論

　　本書利用一系列的實證研究，觀察立法委員選舉在
SNTV-MMD制度時期的台灣分配政策與政治。第一，作者重新回
到分配政策與政治研究的起始點，針對選民所做的全國性調查研
究發現：首先，SNTV-MMD制度下的台灣選民對於立法委員為選
區帶回經濟利益有很強烈的期待。立法委員為選區帶回經濟利益
會讓民眾心存感激而反映在投票行為上。這種看法會隨著選民不
同的政黨認同而有所差異，泛藍選民偏向這種看法。這種看法也
會隨著選民所居住的區域不同而有所差異，住在離島與東部各縣
的受訪者感受最深。其次，即便立法委員曾經為選區爭取補助利
益，但是感受得到的民眾只接近五成。受訪者這種感受並不會隨
著他們政黨認同而有所差異，但是卻受到他們所居住的區域不同
而有所差別，住在離島與東部各縣的受訪者感受比較深刻。最後，
立法委員爭取補助經費對選民而言是相當重要的，不但可能影響
到選民投票的選擇，也可能成為選民之間討論的話題。這些看法
並不會因為受訪者的政黨認同而有太多的差別，但是居住在離島
與東部各縣的受訪者顯然比其他受訪者有稍強的看法。

　　第二，同樣基於全國調查的資料分析，選民對於立法委員為
家鄉帶回補助利益的期待也會因為選區立委員額數量多寡的不同
而有所差異。小規模立法委員選區的選民對於補助利益的感受與
期盼比中、大型規模選區選民來得深刻。當控制受訪者所居住縣
市的自有財源時，仍然發現選區規模對於受訪者意見相當程度的
影響。

　　第三，本書針對連任的第六屆區域立法委員所做的調查研究

發現，立法委員密切回應選民對於補助利益的需求。立法委員回應的程度也會隨著選區規模的大小不同而異。來自小規模選區的立委感受到的課責壓力特別大，所以追求選區補助利益的誘因強過於中、大規模選區的立法委員。

第四，透過第三屆至第六屆立法委員分配政策提案數量的分析發現，立法委員為選區爭取補助利益的誘因會反映在他們的分配政策提案行為。同樣基於選民的課責程度，來自小規模選區的立法委員明顯地比中、大型規模選區的立委更積極。除此之外，伴隨著SNTV-MMD制度所呈現的現象是各個立委選舉時的選票傾向於集中在選區當中的某個地理區塊，但是不見得每一位立委選票集中的程度都會相同。統計分析結果發現，雖然沒有達到顯著水準，但是迴歸係數是負號，代表票源分散的立委會比票源集中的立委稍微多提一些分配政策法案。另外，國民黨籍立委與具有地方民選公職經驗的立委所提的分配政策法案數量顯著地多過於其他立委。

第五，選區規模影響選民對於補助利益的期盼，影響到立法委員爭取補助利益的誘因，而立法委員某種程度也將這種誘因反映到分配政策的提案代表行為上。本書進一步透過「擴大公共建設振興經濟暫行條例」所分配至各縣市的政策利益以及「九十一至九十五年中央政府分配給各縣市的補助款」分析發現，選區規模也顯著地影響選區所獲得到的實質補助利益。規模越小的選區在這兩項利益的分配上都是贏家。伴隨著SNTV-MMD制度所呈現的立委選票集中程度對於這兩項利益的分配也都是顯著的負向影響，也就是說，平均來說，立委票源越分散的選區明顯地獲得越多的實質政策利益。在台灣屬於SNTV-MMD制度副產品的立法院常設委員會召集人對於這兩項實質利益分配也都是正向顯著的影響，選區如果越多立委擔任常設委員會的召集人，則該選區將獲

得超額的這兩項政策利益。除此之外，選區自有財源越低、選區
社會團體數量占縣市人口的比例越高，則這些選區獲得這兩項實
質補助利益的額度都會比較高；立委具地方派系背景也能相當程
度地為選區獲取可觀的政策利益。最後，在任總統前一次選舉時
在各縣市的得票率多寡對於這兩項實質政策利益分配的影響雖然
沒有達到統計上的顯著水準（迴歸係數符號為正向），但是二〇〇
四年（民國九十三年）總統大選選舉年，中央政府分配給縣市政
府的補助款總額度顯著地高過於其他年度的補助款總額度（九十
一、九十二、九十四、九十五年）。

　　基於以上這些研究發現，作者認為台灣分配政治受到立委選
舉制度——SNTV-MMD制度深刻的影響。因為我們看到選區規
模、立委票源分布情形、以及國會常設委員會召集人這些與
SNTV-MMD制度直接或間接相關因素明顯地影響民眾對於地方利
益的期待、立法委員追求地方利益的誘因、立法委員在分配政策
提案的代表行為，或是政策利益在選區的分配結果。當然，行政
部門在總統選舉年提供各縣市高額度補助利益（雖然縣市之間所
獲得的金額沒有顯著的差異），也透露行政部門在台灣分配政治所
扮演的重要角色（當然它也屬於執政黨的影響力）[1]。具有地方派
系背景的立法委員對於引介補助利益至選區的積極程度也不容忽
視。而地方上的社會團體更是爭取政府實質政策利益的重要贏家。

第二節　討　論

　　基於本書的研究發現，有幾項重要的議題值得進一步討論。

---

[1] 羅清俊（2001）分析台灣省補助款以及台北市區公所歲出預算分配，均發
　現這種所謂政治景氣循環的現象。

以下這些議題的討論內容綜合了本書的發現在分配政策與政治研究的意義、分配政策與政治研究另類的研究範疇、後續在台灣值得研究的議題、以及分配政治或肉桶政治在規範層面的討論等等。

壹、本書的研究發現在分配政策與政治研究上所蘊含的意義

首先，本書的研究發現最重要的意義在於政治制度的差異塑造不同型態的分配政治現象。台灣立法委員選舉在 SNTV-MMD 制度時期所呈現出來包括複數選區規模上的差異、立委票源分布情形、安排選舉岌岌可危的立法委員擔任立法院常設委員會召集人被當作是減少同黨候選人競爭而極大化政黨當選席次的重要策略等等這些因素，都明顯地影響民眾對於地方利益的期待、立法委員追求地方利益的誘因、立法委員在分配政策提案的代表行為，或是政策利益在選區的分配結果。這些研究發現呼應了強調制度差異的分配政策跨國研究以及單一國家分配政策的研究結果。

其次，分配政策與政治研究所建構的理論其實可以視為權力理論當中的一種，因為政策利益分配的結果是權力關係操作化出來的外顯現象，換言之，誰擁有權力，誰就傾向能夠獲利（羅清俊，1998: 598）。既然如此，本書的研究發現當中有兩項影響政策利益分配的顯著性因素直接與權力有關。一項是與 SNTV-MMD 制度相關的因素，亦即立法院常設委員會召集人在政策利益分配上扮演了制度性的影響權力。另一項則是行政部門所掌控的預算編列權力，因為行政部門在總統大選年編列了非比尋常的高額度補助預算給縣市；而這當然也與執政的政黨權力有關（儘管對於同黨執政的縣市或是同黨占多數立委席次的縣市不見得獲得較多的補助利益）。

其他顯著影響政策利益分配的因素，雖然不能從本書的分析

當中直接看出與權力有關,但是它們理應會和某種權力密切相關,只是作者目前並沒有直接的實證資料可以系統性地在本書當中回答以下這些研究問題:第一,SNTV-MMD制度下的小規模選區的立委究竟具備甚麼樣的條件,透過甚麼方式讓選區獲得超額的政策利益?小規模選區的立法委員人數少,只有一位或少數幾位立委的選區在國會多數決的制度條件下,他們憑甚麼可以抗衡大規模選區擁有多位立委的局面?究竟是甚麼原因或是甚麼機制讓小規模選區的立法委員能夠排除制度上的限制從而獲取超額的政策利益?是不是小規模選區立委會聯手建立聯盟,而形成關鍵少數的權力?還是小規模選區立委個人的影響力?而這些個人影響力的基礎究竟是甚麼?是制度性的權力?還是其他?第二,SNTV-MMD制度下,票源分散的立委究竟具備甚麼樣的條件,透過甚麼方式讓選區獲得超額的政策利益?會不會是因為這些票源分散的立委並無法像選票集中的立委只要專心經營一個地理區塊即可,所以他們必須想各種辦法能夠在各種政策議題上面使得上力,才能照顧整個選區的利益,在這種情況之下,他們勢必會在立法院內,或是在與行政部門之間的互動關係上找出一個使力點,否則無法如此。而這個使力點究竟是甚麼?第三,除了選區規模與立委票源分布這兩項影響因素之外,具備地方派系背景的立委以及選區內的各種社會團體到底透過甚麼樣的途徑?掌握甚麼樣的優勢權力地位獲取超額利益?凡此種種都是未來的台灣分配政策與政治研究接續本書研究發現之後,應該要處理的有趣研究議題。

貳、分配政策與政治研究另類的研究範疇

分配政策與政治研究所建構的理論不僅僅只是觀察權力消長的情形而已(政策利益分配多寡的消長情形),它同時也和一些公

共政策研究領域所關注的重要議題密切相關。第一，它可以詮釋
政府預算可能的變化情形。例如在本書第二章文獻回顧所談到
的，國會議員基於互惠的關係，導致政府預算不斷擴張而缺乏經
濟效率（Weingast et al., 1981）。又例如官僚政治學者 James Q.
Wilson（1989）詮釋國會議員的肉桶行為如何改變行政部門的預算
結構。他認為，基於選票的關係，國會議員選區利益需要行政部
門預算的支持；但是基於職責的關係，議員又必須監督行政機關
的預算控管。在這樣的兩難情況下，國會議員通常會抑制行政部
門經常門預算的成長，而放任資本門預算的擴張，尤其在政府精
簡的潮流之下，這種情形將更加普遍。

　　第二，分配政策與政治的研究理論可以詮釋政策次級系統在
政策形成過程當中所扮演的角色，而這個部分也是近年來公共政
策研究領域最常研究的內容。例如本書第二章文獻回顧談到關於
Stein and Bickers（1995）所提出的政策次級系統投資組合理論
（Portfolio Theory of Policy Subsystem）就與 Hugh Heclo 的政策網
絡（1978），John Kingdon 的政策社群（1984），Paul Sabatier 的競
爭性的倡議聯盟（1988）的概念密切關聯。

　　第三，分配政策與政治研究所建構的理論也可以詮釋府際關
係對於政策執行成效的影響（Rich, 1993）。上級政府有許多政策目
標需要地方政府協助執行（例如解決貧窮問題），通常上級政府會
將達成政策目標所需要的補助款分配至各地方政府，希望地方政
府協助上級政府執行。但是，這些補助款分配至地方政府之後，
是否真的能達成上級政府所預期的目標呢？很難說。尤其當地方
政府自主權高漲之後，補助款的分配機制已經漸漸由計畫型的指
定用途補助[2]（categorical grants）轉換至非計畫型的綜合補助制度[3]

---

[2] 在我國，稱之為計畫型補助款。
[3] 在我國，稱之為一般型補助款。

（block grants），也就是上級政府定義出廣泛的政策目標，當補助款撥入地方政府之後，地方政府在這個廣泛的政策目標之下，有相當的權限決定究竟要透過何種方式來使用這筆錢，以及如何分配給地方政府轄區內的各個地區。在各個地方政府的政治生態不同的情況之下，各地方政府執行該政策所呈現出來的政策效果不就得會與上級政府所界定的政策目標一致。

參、後續在台灣值得研究的議題

(一)納入與行政部門相關的變數以擴大研究範疇

　　分配政策與政治研究從一九六零年代興起以來，不管單一國家的研究或是跨國的比較研究都是以立法機構為立論基礎。即使後來的研究納入行政部門的相關變數也都是以總統的角色（總統制的國家如美國或韓國）為主，例如總統在前一次選舉當中，各個行政區域的得票率多寡是否影響政策利益獲得的多寡？是否協助與總統同黨的地方首長轄區？或是以掌理內閣的執政黨或執政聯盟的角色（內閣制的國家如日本或澳洲）為主，例如個別內閣閣員是否可以讓自己的選區獲利？執政黨如何透過政策利益分配鞏固票源？除了這些變數之外，就作者所知，並沒有相關的實證研究納入其他與行政部門有關的變數。

　　未來台灣的分配政策與政治研究如果能夠蒐集到各種單一種類政策利益分配在地方政府轄區的長期資料（例如由各個單一行政部會負責分配的政策利益），將會出現相當有趣的研究議題，而這個研究議題與行政部門密切相關[4]：在相同的政策利益之下，觀察歷任不同的部會首長如何分配這些政策利益？行政院部會首長有的具有地方行政首長的資歷或是立法委員的資歷，這些從地方

---

[4] 這個想法是政治大學公共行政學系施能傑教授所提供的研究建議，當時作者受邀在政治大學公共行政系演講（2008 年 12 月 11 日）。

選舉出身的部會首長分配政策利益的方式與政策利益分配的結果，是否會跟毫無地方選舉資歷的部會首長明顯不同？具有地方行政首長資歷或是立法委員資歷的部會首長是否特別會利用超額的政策利益照顧自己的家鄉？不同部會之間是否有明顯不同？以上這些現象在國民黨執政時期與民進黨執政時期是否有所差異？

(二)探索管制政策的分配政治特質

分配政治與政策的研究者對於「政策利益」仍然有不一樣的詮釋與定義。這倒稱不上是研究爭議，而是研究者以不同的角度詮釋政策利益，而各種詮釋意義在真實世界都有一定程度的效度。傳統上，政策利益被界定為具有現金價值的利益，例如本書所分析上級政府分配至地方政府行政轄區的補助金額。但是從現實面來看，有些研究者認為補助金額固然是傳統上大家認為合理的政策利益定義，但是就國會議員來說，說不定他們偏好爭取數量眾多的補助案數，而不太在乎每一個補助案子的補助金額。因為只要有一個補助案子下來，國會議員就可以參加剪綵，就可以在選民面在邀功，案數越多，他們曝光的機會也就可以增加（Stein and Bickers, 1992）。也有研究認為，選民期待國會議員為他們向行政機關說項，例如農民向聯邦政府申請天然災害的補助，選區的農民就會期待他們的國會議員幫他們打通關節，讓申請文件儘快核准下來，因此行政處理的時間就會變成選民評估國會議員到底能不能幹的另一項指標，而這也可以算是另外一種政策利益（Oppenheimer, 1984）；另外Eric Helland（1999）也曾分析過國會議員協助選民申請Medicaid的處理時間。又例如冷戰結束之後，美國實際上因為不需要那麼多的軍事設施，因此國防部評估應該關閉那些軍事基地。這些基地其實與選區的經濟發展息息相關，關閉基地會讓選民失去許多的工作機會（例如約聘僱人員、餐飲業等等）。選區的民眾都在期待他們所選出的國會議員能夠幫他們抵

擋關閉的風潮（Parker & Flora, 2007）。從這些例子看來，國會議員除了為選區獲取實質的經濟利益創造就業機會之外，凡是能夠協助選民解決困難的舉動，其實都可算是廣義的政策利益。換言之，讓選民心存感激的事情不見得只有直接的金錢利益。通俗地來說，選民期待國會議員的角色，可能不僅是財神爺，也期待他們是土地公或媽祖婆。

類似這樣的分配政策研究，最具代表性的應該算是 Faith 等人（1982）關於美國反拖拉斯肉桶的研究（Anti-Trust Pork Barrel）。Faith 等人觀察美國 1961-1969 年聯邦貿易委員會（Federal Trade Commission）針對企業疑似違反反拖拉斯法的案件（包括企業被檢舉以及 FTC 主動查訪的案件），分析案件最終裁決的結果如果是對於企業有利的撤銷原處分（dismissal），那麼這種裁決結果是否與該企業所在地的國會議員有密切關係？實證研究結果發現，被 FTC 調查的企業所在地所選出來的國會議員如果屬於參議院或是眾議院與反拖拉斯相關的常設委員會委員，則這些企業被撤銷原處分的機會非常高。換言之，這些與監督反拖拉斯政策密切相關的國會議員很有可能運用其影響力來左右裁決結果。從這項研究看來，反拖拉斯的經濟管制政策其實也蘊含著分配政治的特質。首先，撤銷原處分的利益是由企業獲得，而市場獨占的負面成本則是由所有民眾共同負擔；其次，國會議員之所以協助企業擺脫反拖拉斯的裁罰，主要是希望從企業獲得競選獻金，同時也希望企業能夠協助國會議員動員選民支持。

而類似這種案例也不只是反拖拉斯政策才會出現，一些社會管制政策例如環境污染事實的裁罰也是如此。例如 Couch 等人（2008）以違反環保法規的企業接收到裁罰傳票的數量多寡，來驗證國會議員的政治力量是否會影響環保管制政策的執行。他們觀察一九九二年至一九九三年之間，因為違反環境管制政策而收

到裁罰傳票的美國財星五百大企業。依變數是收到裁罰傳票的數量，而自變數包括企業規模（以企業的總銷售額表示）、企業的資產報酬率、以類別變數表示金屬、化學和石化工業（目的在區別產業不同造成污染程度）、對於環保署具有監督和預算審查權力的國會委員會（以該企業的總部是否位於該委員會成員的選區為判斷基準，如果是則編碼為 1，否則為 0）、國會議員的資深程度。統計分析結果顯示，當企業的規模越大時，收到傳票的數量越多；企業的資產報酬率越高時，收到傳票的數量越低；金屬和化工產業接收較多的傳票；國會議員資深程度的影響並沒有達到統計上的顯著水準，但是呈現正相關；企業總部所在的選區如果是常設委員會委員所屬選區時，接收傳票的數量顯著降低。從以上這些研究看來，即便是在管制政策的領域，肉桶政治仍然如影隨形（Nivola, 1998; Stockman, 1975）。

(三)比較台灣在單一選區選舉制度時期以及在 SNTV-MMD 制度時期的差異

台灣第七屆立法委員選舉從 SNTV-MMD 制度轉變成為單一選區制度，同時立法委員的人數也減半。單一選區制度之下，每一個選區只選出一位立法委員，選民非常容易判斷立法委員對於地方利益的貢獻。員額減半意味著立法委員所服務的選民比過去增加一倍。這些轉變到底對於台灣分配政治造成何種影響？立法委員的代表行為是否因此而轉變？政策利益的分配受到國會政治因素影響的程度是否也因此而改變？

不過，雖然立法委員的選舉制度轉變成為單一選區制度，但是作者推測，如果選民仍然以所居住的縣市所獲得的整體利益多寡來評判立委的功過，則過去台灣分配政治的現象恐怕不會改變太多（這相當有可能，因為許多中央政府所分配的政策利益大都是以縣市為分配單位，而且許多政策利益具有外溢效果，不會只

侷限在立委的選區內。即使中央政府可能將政策利益分配至鄉鎮市，但是目前所劃分的許多單一選區也不盡然與鄉鎮市的轄區完全符合，而這也會讓選民無從判斷）。因為每一個縣市所選出來的立法委員人數仍然有多寡之分，例如台北縣十二人、桃園縣六人、宜蘭縣一人、新竹縣一人、台中縣五人等等。那些立委人數在兩人或兩人以上的縣市，立法委員之間仍然會面臨在 SNTV-MMD 制度時期一樣的集體行動問題。換言之，這些縣市的立法委員可以在面臨責難時歸咎責任給同縣市其他單一選區的立委，或是可以用搭便車的方式分享同縣市其他選區立委為縣市所帶來的實質利益。而這種集體行動的問題可能會隨著縣市立委員額不同而異，正如 Lancaster（1986）的預測以及本書的研究發現一樣，縣市立委員額越多，集體行動的問題就會越嚴重。

(四)地方政府層級的研究

第七屆立法委員選舉已經改為單一選區制，但是地方政府層級的民意代表選舉制度仍然維持 SNTV-MMD 制度，因此本書的分析架構可以應用在地方政府層級的研究。台灣目前較少以地方政府層級為觀察對象的分配政策與政治研究，雖然地方層級民意代表與中央層級立法委員為選民所做的事情似乎沒有太大的差異，同樣都藉由勤跑紅白帖、爭取地方工程補助款或利用提案來回應對於選民的承諾。但是，選民與地方層級民意代表在心理距離或是地理距離都比中央層級民意代表更為接近（湯京平、吳重禮、蘇孔志，2002: 47）。所以地方政府層級的分配政治現象可能會比中央層級更為明顯，不管是單一縣市（單一鄉鎮市）的觀察或是各縣市（各鄉鎮市）的比較分析都值得後續研究來做。

(五)立法委員與企業之間的關係

本書一系列的實證分析都是在台灣的政治制度之下，選區（選民）、立法院（立法委員）與行政部門（總統）之間關係為主要立

論或分析的軸線。但是，缺少的一個研究區塊是企業在分配政治所扮演的角色。立法委員固然需要一般選民的選票，但是他們可能更需要企業所提供的政治獻金。Samuels（2002）的實證研究發現，巴西的國會議員帶回肉桶利益是為了照顧地方上的工程包商，而非訴諸一般選民。我們當然不敢說台灣一定會是如此，但是仍有潛在的可能性，至少立法委員為選區所爭取的政策利益可能有一部分的原因是為了企業的利益。羅清俊與張皖萍（2008）的實證研究雖然沒有發現「選區企業」這個因素對於立委爭取企業利益的代表行為有正向且顯著的影響[5]。但是我們認為這仍然需要更多的證據才能證明。特別是要分析立委選區內的企業究竟從政府獲得多少實質的政策利益（依變數）？而如果監察院未來也可以同意公開立委到底從那些營利事業單位獲得多少政治獻金的細部資料時，則選區企業從政府所獲得的利益與企業捐贈給立委獻金金額之間的關係就可以一目瞭然了[6]。

肆、分配政治或肉桶政治在規範層面的討論

儘管 Evans（2004）認為肉桶（pork barrel）可以當作是政治上的潤滑劑以追求公共利益（必要的惡？），但是絕大部分人認為，嚴重的分配政治或肉桶政治對於國家的發展的確不是好現象。問題是，我們究竟應該如何舒緩這種現象？制度設計應該是重點。從本書的研究發現很明顯可以看出我國 SNTV-MMD 選舉制度對於肉桶政治的影響，選區規模的差異、立委票源分布、國會

---

[5] 他們所分析的對象是第二屆第五會期通過的「修正勞工保險條例部分條文」與第四屆第一會期通過的「修正營業稅法部分條文」這兩個與企業利益相關法案審議過程當中的三項記名表決，以及第三至第五屆區域立委提出與企業利益相關法律案的數量。

[6] 目前監察院的查詢系統只有個人捐獻、政黨捐獻、以及營利事業單位捐獻的獻金總額資料，並未公布捐獻者名單與個別金額。是否公開的爭議仍在持續當中。

常設委員會召集人的角色等等。換言之，利用制度引導行為才能解決問題，至少可以舒緩嚴重的肉桶政治。而有些制度的設計不僅要針對國會議員，也要針對行政部門，因為在本書所分析的兩個實質政策利益在縣市的分配案例當中，雖然我們沒有發現補助款在縣市的分配與總統選舉在該縣市得票率呈現顯著性的正相關，但是九十一至九十五年補助款分配分析呈現出總統大選的二○○四年補助預算（民國九十三年）明顯地超過其他年度的補助預算。

選舉制度的變革是第一項可以立即想到的制度設計，但是我們才剛剛從 SNTV-MMD 制度轉變成為單一選區制度，因此短期之內改變制度似乎不可行。而遺憾的是，不管根據過去的研究，或是本書的研究發現，單一選區制度對於肉桶政治的減緩並沒有幫助，甚至於可能更加深肉桶現象。第二項制度設計類似於幾年前由立法院國民黨黨團所提出來的財政紀律法（至今仍停留在一讀階段）。從當時所提出的財政紀律法草案內容來看，規範的對象偏向於行政部門、公職候選人以及政黨。至於對立法委員的財政紀律規範，在預算法第九十一條已有明文規定，亦即立法委員所提出的法律案如果大幅增加歲出或減少歲入者，應先徵詢行政院的意見，同時要指明彌補資金之來源；必要時，並應同時提案修正其他法律。當然，法律歸法律，是否能夠落實可能更為重要。第三項制度設計是建立行政部門政策利益分配公開透明化的制度。政策利益分配透明化的制度是將所有政策利益分配的相關訊息攤在陽光之下，包括中央政府所提供的補助方案項目有那些？究竟是誰獲得補助利益（地方政府、民間團體或是企業）、為甚麼他們有資格獲得補助利益？獲得補助利益的額度有多少？獲得這些額度的理由是甚麼？資訊一旦透明化，立法委員與行政部門想要透過這些政策利益買通選民也好，或是潤滑行政與立法部門（委員）

之間的關係也好，都會受到相當程度的限制。

　　我們來看看美國的經驗。肉桶政治相當嚴重的美國為了將補助利益相關資訊透明化，並且改善聯邦補助利益的執行成效，在一九九九年通過「聯邦財政補助管理改善法」（Federal Financial Assistance Management Improvement Act of 1999）。並於二〇〇二年透過 www.grants.gov 的網站架設，將聯邦補助資訊全部整合在一個共同的平台上。舉凡聯邦補助訊息，申請程序，追蹤補助審核進度，受補助者的執行進度與成效等等，通通可以在線上處理與監測。美國國會更在二〇〇六年通過「聯邦補助責任與透明法」（Federal Funding Accountability and Transparency Act of 2006）（美國現任總統 Barack Obama 是當時參議院幾位提案的參議員之一），該法要求從二〇〇七會計年度年起（fiscal year 2007），所有接受聯邦政府補助的各級政府或團體（entities or organizations）必須將相關資訊公開在網頁上，例如接受補助的機構名稱（the name of the entity receiving the award）、接受補助的額度（the amount of the award）、補助來源以及補助目的（funding agency and an award title descriptive of the purpose of each funding action）、接受補助的機構所在位置（the location of the entity receiving the award）等等。當然，這項法律通過之後對於舒緩美國肉桶政治會有多大的成效仍然有待觀察，但是資訊公開透明化之後，無疑地將會是解決這項問題的重要起步。

附錄一　全國選民調查問卷

★訪問主題：選民期待

★訪問開頭語：先生／小姐您好： 這裏是台北大學民調中心，我們正在幫學校老師進行一項有關「立委服務選區」的學術研究，打擾您幾分鐘時間，簡單請教您一些問題，謝謝！過濾：請問您是否年滿二十歲（是否具有投票權）？過去有沒有在立法委員選舉當中投過票？

★題號：1

您的戶籍在那個縣市（選區）？您有沒有住在這個縣市（選區）？（若否，追問家中是否有合格人選，否則終止訪問）

01 高雄市第一選區（鹽埕區、鼓山區、旗津區、左營區、楠梓區、三民區）

02 高雄市第二選區（新興區、前金區、苓雅區、前鎮區、小港區）

03 臺北市第一選區（北投區、士林區、松山區、信義區、南港區、內湖區）

04 臺北市第二選區（中山區、大同區、大安區、中正區、萬華區、文山區）

05 臺北縣第一選區（板橋市、土城市、樹林市、鶯歌鎮、三峽鎮）

06 臺北縣第二選區（三重市、新莊市、蘆洲市、淡水鎮、五股鄉、泰山鄉、林口鄉、三芝鄉、石門鄉、八里鄉、金山鄉、萬里鄉）

07 臺北縣第三選區（中和市、永和市、新店市、汐止市、瑞芳鎮、深坑鄉、石碇鄉、坪林鄉、平溪鄉、雙溪鄉、貢寮鄉、烏來鄉）

08 宜蘭縣　09 桃園縣　10 新竹縣　11 苗栗縣　12 台中縣

13 彰化縣　14 南投縣　15 雲林縣　16 嘉義縣　17 台南縣
18 高雄縣　19 屏東縣　20 台東縣　21 花蓮縣　22 澎湖縣
23 基隆市　24 新竹市　25 台中市　26 嘉義市　27 台南市
28 金門縣　29 連江縣

★題號：2
您住在（顯示上一題選項）多久的時間？
01 三年以下　02 三年至六年　03 六年至九年　04 九年以上
96 不知道／無意見　98 拒答

★題號：3
整體來說，您同不同意立委對社會是有貢獻的（台：有幫助）？
01 同意　02 不同意　96 不知道／無意見　98 拒答

★題號：A
一般來說立委選舉投票時可能會考量許多因素，我們以下有六個
選項，請您依照過去投票時所占的重要性來打個分數，從 0 分到
10 分，分數愈高代表該因素愈重要，您分別會給予幾分？

★題號：4-1
「形象」（意指長相、過去學經歷、個人特質……等等）這個因素，
對您過去立委投票考量的重要性，您會給予幾分？
01 0分　02 1分　03 2分　04 3分　05 4分　06 5分　07 6分　08
7 分　09 8 分　10 9 分　11 10 分　96 不知道／無意見　98 拒答

★題號：4-2
「政黨」這個因素，對您過去立委投票考量的重要性，您會給予

幾分？

01 0分　02 1分　03 2分　04 3分　05 4分　06 5分　07 6分　08

7分　09 8分　10 9分　11 10分　96 不知道／無意見　98 拒答

★題號：4-3

「地方派系或宗親」這個因素，對您過去立委投票考量的重要性，

您會給予幾分？

01 0分　02 1分　03 2分　04 3分　05 4分　06 5分　07 6分　08

7分　09 8分　10 9分　11 10分　96 不知道／無意見　98 拒答

★題號：4-4

「在立法院專心制訂政策」這個因素，對您過去立委投票考量的

重要性，您會給予幾分？

01 0分　02 1分　03 2分　04 3分　05 4分　06 5分　07 6分　08

7分　09 8分　10 9分　11 10分　96 不知道／無意見　98 拒答

★題號：4-5

「爭取地方建設經費」（台：爭取中央的經費，建設地方）這個因

素，對您過去立委投票考量的重要性，您會給予幾分？

01 0分　02 1分　03 2分　04 3分　05 4分　06 5分　07 6分　08

7分　09 8分　10 9分　11 10分　96 不知道／無意見　98 拒答

★題號：4-6

「選區服務」（例如參加婚喪喜慶、剪綵、廟會等地方活動；幫忙

選民和政府機關打交道）這個因素，對您過去立委投票考量的重

要性，您會給予幾分？

01 0分　02 1分　03 2分　04 3分　05 4分　06 5分　07 6分　08

7 分　09 8 分　10 9 分　11 10 分　96 不知道／無意見　98 拒答

★題號：B

接下來想了解您對立委經營選區的實際感受。

★題號：5

您的選區立委有沒有向中央爭取補助經費，來繁榮地方（例如道路、橋樑、學校、圖書館、防洪排水的建設經費）？

01 有　02 沒有　98 拒答

★題號：6

您的選區立委有沒有向中央爭取補助經費，保護選區的利益（例如農業補助、災害補助、寒害補助）？

01 有　02 沒有　98 拒答

★題號：7

您的選區立委有沒有幫忙選民和政府打交道（例如關說、陳情）？

01 有　02 沒有　98 拒答

★題號：8

您的選區立委有沒有參加各項地方活動（例如婚喪喜慶、剪綵、廟會）？

01 有　02 沒有　98 拒答

★題號：9

您同不同意在您的選區裏，立委會因為沒為地方爭取中央補助經費而落選？

01 非常同意　02 有點同意　03 不太同意　04 非常不同意　96 不知道／無意見　98 拒答

★題號：10

您同不同意在您的選區裏，立委是不是有為地方爭取中央補助經費是立委選舉的重要議題？

01 非常同意　02 有點同意　03 不太同意　04 非常不同意　96 不知道／無意見　98 拒答

★題號：11

您同不同意向中央爭取補助經費來保護我們選區利益（例如農業補助、災害補助、寒害補助）是立委最起碼的責任？

01 非常同意　02 有點同意　03 不太同意　04 非常不同意　96 不知道／無意見　98 拒答

★題號：12

您同不同意向中央爭取補助經費來繁榮地方（例如道路、橋樑、學校、圖書館、防洪排水的建設經費）是立委最起碼的責任？

01 非常同意　02 有點同意　03 不太同意　04 非常不同意　96 不知道／無意見　98 拒答

★題號：13

「如果立委沒有爭取中央的補助經費，下次選舉您就不會支持他」這句話，您同不同意？（回答 3、4、96、98 者跳答 15）

01 非常同意　02 有點同意　03 不太同意　04 非常不同意　96 不知道／無意見　98 拒答

★題號：14

「立委沒有爭取中央補助經費這件事您會告訴別人」這句話，您同不同意？

01 非常同意　02 有點同意　03 不太同意　04 非常不同意　96 不知道／無意見　98 拒答

★題號：15

「如果立委有爭取中央的補助經費，您比較可能支持他」這句話，您同不同意？（回答 3、4、96、98 者跳答 17）

01 非常同意　02 有點同意　03 不太同意　04 非常不同意　96 不知道／無意見　98 拒答

★題號：16

「立委爭取中央補助經費這件事您會告訴別人」這句話，您同不同意？

01 非常同意　02 有點同意　03 不太同意　04 非常不同意　96 不知道／無意見　98 拒答

★題號：17

您今年幾歲？

01 20-29　02 30-39　03 40-49　04 50-59　05 60 及以上　98 拒答

★題號：18

您的教育程度（最高學歷）是？

01 國中以下　02 高中（職）　03 大專　04 研究所及以上　98 拒答

★題號：19

我們社會上有很多人都有支持的政黨，請問您有沒有比較偏向支持哪個政黨？

01 國民黨　02 民進黨　03 親民黨　04 台聯黨　05 新黨　06 泛藍　07 泛綠　08 選人不選黨（中立不偏倚）　96 不知道／無意見　97 其他　98 拒答

★題號：20

受訪者性別？

01 男　02 女

附錄二　立法委員問卷

各位敬愛的委員們，您好：

　　弟羅清俊為國立台北大學公共行政暨政策學系副教授，因研究計畫的需要，正在進行「台灣選民對立法委員期待」的相關研究。叨擾您幾分鐘的時間，針對這份問卷表示您寶貴的意見。填答完畢後，煩請委員將問卷放入弟所準備的回郵信封內，然後寄回台北大學。本問卷所蒐集的資料，僅做整體分析，絕對不會對外公佈委員個人的意見，所以請您放心作答。弟亦承諾，日後會將本研究計畫針對選民部分所做的民意調查分析結果回饋給您，讓您即時掌握目前選民對於立委期待的最新狀況。最後，感謝您的協助，並祝您身體健康，事事順心！

台北大學公共行政暨政策學系副教授　羅清俊敬上

2501-2295

95 年 6 月

第一部分

　　以下有六個因素，請依照您立委連任路上，各項因素所占的重要性來打分數，從 0 分到 10 分，分數愈高代表該因素在您連任時所占的重要性愈高，您分別會給予幾分？（單選）

1.「形象」（意指長相、過去學經歷、個人特質等）這個因素，在您連任時所占的重要性，您會給予幾分？

2.「政黨」這個因素，在您連任時所占的重要性，您會給予幾分？

3.「地方派系或宗親」這個因素，在您連任時所占的重要性，您會給予幾分？

4.「在立法院專心制訂政策」這個因素，在您連任時所占的重要性，您會給予幾分？

5.「爭取地方建設經費」這個因素，在您連任時所占的重要性，您會給予幾分？

6.「選區服務」（例如參加婚喪喜慶、剪綵、廟會等地方活動；幫忙選民和政府機關打交道）這個因素，在您連任時所占的重要性，您會給予幾分？

第二部分

假設一位立委有 100%的時間與精力從事立委工作。請問您，在您的立委任內各自分配多少百分比在以下四個工作項目？

例如：20%+60%+15%+5%=100%

1.為地方爭取中央補助經費，占多少%？

2.制定公共政策，占多少%？

3.幫忙選區民眾和行政機關打交道，占多少%？

4.參加諸如婚喪喜慶、剪綵、廟會……等地方活動，占多少%？

第三部分

此部分想要了解您對於爭取補助預算的看法。選項包括非常不同意、不太同意、普通、有點同意、非常同意五種。（單選）

1.您同不同意在您的選區裡，無法連任的立委候選人是因為沒有替地方爭取中央補助經費才落選？

2.您同不同意立委選舉時您會以曾經替地方爭取中央補助經費為

選戰的重要議題？

3.您同不同意身為一個立委，向中央爭取補助經費保護選區利益（例如農業補助、災害補助、寒害補助）是最起碼的責任？

4.您同不同意身為一個立委，向中央爭取補助經費繁榮地方（例如道路、橋樑、學校、圖書館、防洪排水等建設經費）是最起碼的責任？

5.您同不同意若您沒為地方爭取中央補助經費，您落選的機會會明顯提高？

6.您同不同意若您為地方爭取中央補助經費會提高連任的機會？

7.您同不同意即使爭取中央補助地方經費也不見得能連任，但是沒有為地方爭取經費一定落選？

本問卷到此結束，感謝您的協助！！！

懇請您將此問卷放入回郵信封並寄回台北大學

附錄三　立委問卷調查──立委黨籍差異分析表

表一　不同政黨立委認爲競選連任六項因素重要性的變異數分析

立委競選連任六項因素	不同選區規模的立委在各項因素的平均數	t 值
形象	泛藍立委：8.08	1.769
	泛綠立委：7.37	
政黨	泛藍立委：6.68	0.004
	泛綠立委：6.69	
地方派系或宗親	泛藍立委：6.71	1.523
	泛綠立委：5.77	
在立法院專心制訂公共政策	泛藍立委：6.76	1.629
	泛綠立委：5.91	
爭取地方建設經費	泛藍立委：7.29	1.410
	泛綠立委：6.54	
選區服務	泛藍立委：8.34	3.501**
	泛綠立委：6.71	

*: p<0.05　　**: p<0.01　　***: p<.001

表二　立委黨籍與立委服務項目的平均數差異檢定

立委服務項目	不同政黨立委在各服務項目的平均數	t 值
為地方爭取中央補助經費	泛藍立委：21.89%	0.294
	泛綠立委：22.71%	
制定公共政策	泛藍立委：24.44%	2.627*
	泛綠立委：34.62%	
幫忙選區民眾和行政機關打交道	泛藍立委：23.56%	1.312
	泛綠立委：20.48%	
參加諸如婚喪喜慶、剪綵、廟會……等地方活動	泛藍立委：30.10%	2.584*
	泛綠立委：22.19%	

*: p<0.05　　**: p<0.01　　***: p<.001

表三　不同黨籍立委對於爭取補助預算看法的卡方差異分析

題項	黨籍	不同意	同意	總數	卡方值
無法連任的立委候選人是因為沒有替地方爭取中央補助經費才落選？	泛藍	34.2%(13)	65.8%(25)	100.0%(38)	3.868
	泛綠	57.1%(20)	42.9%(15)	100.0%(35)	p=0.049*
立委選舉時您會以曾經替地方爭取中央補助經費為選戰的重要議題？	泛藍	15.8%(6)	84.2%(32)	100.0%(38)	0.878
	泛綠	8.6%(3)	91.4%(32)	100.0%(35)	p=0.349
立委向中央爭取補助經費保護選區利益是最起碼的責任？	泛藍	10.5%(4)	89.5%(34)	100.0%(38)	0.559
	泛綠	5.7%(2)	94.3%(33)	100.0%(35)	p=0.455
立委向中央爭取補助經費繁榮地方是最起碼的責任？	泛藍	5.4%(2)	94.6%(35)	100.0%(37)	0.003
	泛綠	5.7%(2)	94.3%(33)	100.0%(35)	p=0.954
沒為地方爭取中央補助經費，您落選的機會會明顯提高	泛藍	13.2%(5)	86.8%(33)	100.0%(38)	0.020
	泛綠	14.3%(5)	85.7%(30)	100.0%(35)	p=0.889
若您為地方爭取中央補助經費會提高連任的機會	泛藍	0.0%(0)	100.0%(38)	100.0%(38)	3.397
	泛綠	8.6%(3)	91.4%(32)	100.0%(35)	p=0.065
即使爭取中央補助地方經費也不見得能連任，但是沒有為地方爭取經費一定落選	泛藍	13.2%(5)	86.8%(33)	100.0%(38)	0.621
	泛綠	20.0%(7)	80.0%(28)	100.0%(35)	p=0.431

*: p<0.05　**: p<0.01　***: p<.001

附錄四　第六屆立委票倉區指數與選票集中指數（擇錄部分縣市）

地區	姓名	A原始值	A矯正值	B原始值	B矯正值	A*B原始值（票倉區指數）	A*B矯正值（矯正後票倉區指數）	A*B矯正值標準差（選票集中指數）
臺北市第一選區士林區	丁守中	0.2543	0.1272	0.1275	0.2550	0.0324	0.0324	
臺北市第一選區內湖區		0.1699	0.0850	0.1003	0.2006	0.0170	0.0170	
臺北市第一選區北投區		0.2598	0.1299	0.1527	0.3054	0.0397	0.0397	0.0138
臺北市第一選區松山區		0.1146	0.0573	0.0808	0.1616	0.0093	0.0093	
臺北市第一選區信義區		0.1399	0.0699	0.0853	0.1706	0.0119	0.0119	
臺北市第一選區南港區		0.0615	0.0308	0.0806	0.1612	0.0050	0.0050	
臺北市第一選區士林區	章孝嚴	0.1950	0.0975	0.0776	0.1552	0.0151	0.0151	
臺北市第一選區內湖區		0.1577	0.0788	0.0738	0.1476	0.0116	0.0116	
臺北市第一選區北投區		0.1751	0.0876	0.0817	0.1634	0.0143	0.0143	0.0059
臺北市第一選區松山區		0.1520	0.0760	0.0850	0.1700	0.0129	0.0129	
臺北市第一選區信義區		0.2304	0.1152	0.1114	0.2228	0.0257	0.0257	
臺北市第一選區南港區		0.0898	0.0449	0.0933	0.1866	0.0084	0.0084	
臺北市第一選區士林區	李永萍	0.1767	0.0883	0.0684	0.1368	0.0121	0.0121	
臺北市第一選區內湖區		0.2205	0.1102	0.1005	0.2010	0.0222	0.0222	
臺北市第一選區北投區		0.1631	0.0816	0.0741	0.1482	0.0121	0.0121	0.0050
臺北市第一選區松山區		0.1647	0.0824	0.0897	0.1794	0.0148	0.0148	
臺北市第一選區信義區		0.1892	0.0946	0.0891	0.1782	0.0169	0.0169	
臺北市第一選區南港區		0.0859	0.0429	0.0869	0.1738	0.0075	0.0075	
臺北市第一選區士林區	高建智	0.2904	0.1452	0.1070	0.2140	0.0311	0.0311	
臺北市第一選區內湖區		0.1253	0.0627	0.0544	0.1088	0.0068	0.0068	
臺北市第一選區北投區		0.2684	0.1342	0.1160	0.2320	0.0311	0.0311	0.0128
臺北市第一選區松山區		0.1286	0.0643	0.0666	0.1332	0.0086	0.0086	
臺北市第一選區信義區		0.1289	0.0644	0.0577	0.1154	0.0074	0.0074	
臺北市第一選區南港區		0.0585	0.0292	0.0563	0.1126	0.0033	0.0033	

臺北市第一選區士林區		0.1437	0.0718	0.0500	0.1000	0.0072	0.0072	
臺北市第一選區內湖區		0.2626	0.1313	0.1077	0.2154	0.0283	0.0283	
臺北市第一選區北投區	蔡正元	0.1276	0.0638	0.0521	0.1042	0.0066	0.0066	0.0091
臺北市第一選區松山區		0.1560	0.0780	0.0764	0.1528	0.0119	0.0119	
臺北市第一選區信義區		0.1507	0.0754	0.0638	0.1276	0.0096	0.0096	
臺北市第一選區南港區		0.1594	0.0797	0.1451	0.2902	0.0231	0.0231	
臺北市第一選區士林區		0.2421	0.1211	0.0830	0.1660	0.0201	0.0201	
臺北市第一選區內湖區		0.1786	0.0893	0.0721	0.1442	0.0129	0.0129	
臺北市第一選區北投區	鄭運鵬	0.1886	0.0943	0.0758	0.1516	0.0143	0.0143	0.0049
臺北市第一選區松山區		0.1541	0.0771	0.0743	0.1486	0.0115	0.0115	
臺北市第一選區信義區		0.1597	0.0799	0.0666	0.1332	0.0106	0.0106	
臺北市第一選區南港區		0.0768	0.0384	0.0688	0.1376	0.0053	0.0053	
臺北市第一選區士林區		0.2395	0.1198	0.0810	0.1620	0.0194	0.0194	
臺北市第一選區內湖區		0.1842	0.0921	0.0734	0.1468	0.0135	0.0135	
臺北市第一選區北投區	蕭美琴	0.1923	0.0962	0.0763	0.1526	0.0147	0.0147	0.0049
臺北市第一選區松山區		0.1567	0.0783	0.0745	0.1490	0.0117	0.0117	
臺北市第一選區信義區		0.1528	0.0764	0.0629	0.1258	0.0096	0.0096	
臺北市第一選區南港區		0.0745	0.0372	0.0659	0.1318	0.0049	0.0049	
臺北市第一選區士林區		0.1867	0.0933	0.0605	0.1210	0.0113	0.0113	
臺北市第一選區內湖區		0.2238	0.1119	0.0854	0.1708	0.0191	0.0191	
臺北市第一選區北投區	徐國勇	0.1577	0.0789	0.0600	0.1200	0.0095	0.0095	0.0035
臺北市第一選區松山區		0.1503	0.0752	0.0685	0.1370	0.0103	0.0103	
臺北市第一選區信義區		0.1656	0.0828	0.0653	0.1306	0.0108	0.0108	
臺北市第一選區南港區		0.1158	0.0579	0.0982	0.1964	0.0114	0.0114	
臺北市第一選區士林區		0.1364	0.0682	0.0417	0.0834	0.0057	0.0057	
臺北市第一選區內湖區		0.1611	0.0806	0.0580	0.1160	0.0093	0.0093	
臺北市第一選區北投區	費鴻泰	0.1016	0.0508	0.0364	0.0728	0.0037	0.0037	0.0148
臺北市第一選區松山區		0.2211	0.1105	0.0950	0.1900	0.0210	0.0210	
臺北市第一選區信義區		0.3306	0.1653	0.1228	0.2456	0.0406	0.0406	
臺北市第一選區南港區		0.0493	0.0246	0.0393	0.0786	0.0019	0.0019	
臺北市第一選區士林區		0.2204	0.1102	0.0602	0.1204	0.0133	0.0133	
臺北市第一選區內湖區		0.1660	0.0830	0.0534	0.1068	0.0089	0.0089	
臺北市第一選區北投區	林重謨	0.1932	0.0966	0.0619	0.1238	0.0120	0.0120	0.0027
臺北市第一選區松山區		0.1406	0.0703	0.0540	0.1080	0.0076	0.0076	
臺北市第一選區信義區		0.1855	0.0927	0.0616	0.1232	0.0114	0.0114	
臺北市第一選區南港區		0.0942	0.0471	0.0673	0.1346	0.0063	0.0063	

臺北市第二選區大同區		0.0633	0.0317	0.0762	0.2078	0.0048	0.0066	
臺北市第二選區大安區		0.2987	0.1493	0.1455	0.3968	0.0435	0.0593	
臺北市第二選區中山區	賴士葆	0.1442	0.0721	0.1032	0.2815	0.0149	0.0203	0.0211
臺北市第二選區中正區		0.1285	0.0643	0.1255	0.3423	0.0161	0.0220	
臺北市第二選區文山區		0.2483	0.1242	0.1482	0.4042	0.0368	0.0502	
臺北市第二選區萬華區		0.1170	0.0585	0.0879	0.2397	0.0103	0.0140	
臺北市第二選區大同區		0.1539	0.0769	0.1700	0.4636	0.0262	0.0357	
臺北市第二選區大安區		0.1822	0.0911	0.0815	0.2223	0.0148	0.0202	
臺北市第二選區中山區	王世堅	0.2226	0.1113	0.1464	0.3993	0.0326	0.0444	0.0132
臺北市第二選區中正區		0.1007	0.0504	0.0904	0.2465	0.0091	0.0124	
臺北市第二選區文山區		0.1428	0.0714	0.0783	0.2135	0.0112	0.0152	
臺北市第二選區萬華區		0.1978	0.0989	0.1365	0.3723	0.0270	0.0368	
臺北市第二選區大同區		0.1129	0.0565	0.0945	0.2577	0.0107	0.0146	
臺北市第二選區大安區		0.3096	0.1548	0.1049	0.2861	0.0325	0.0443	
臺北市第二選區中山區	周守訓	0.1415	0.0707	0.0704	0.1920	0.0100	0.0136	0.0132
臺北市第二選區中正區		0.1061	0.0531	0.0721	0.1966	0.0077	0.0104	
臺北市第二選區文山區		0.2093	0.1046	0.0869	0.2370	0.0182	0.0248	
臺北市第二選區萬華區		0.1206	0.0603	0.0630	0.1718	0.0076	0.0104	
臺北市第二選區大同區		0.0534	0.0267	0.0444	0.1211	0.0024	0.0032	
臺北市第二選區大安區		0.2939	0.1469	0.0988	0.2695	0.0290	0.0396	
臺北市第二選區中山區	林郁方	0.1496	0.0748	0.0739	0.2015	0.0111	0.0151	0.0129
臺北市第二選區中正區		0.1350	0.0675	0.0910	0.2482	0.0123	0.0168	
臺北市第二選區文山區		0.2293	0.1146	0.0945	0.2577	0.0217	0.0295	
臺北市第二選區萬華區		0.1388	0.0694	0.0720	0.1964	0.0100	0.0136	
臺北市第二選區大同區		0.0742	0.0371	0.0524	0.1429	0.0039	0.0053	
臺北市第二選區大安區		0.2087	0.1043	0.0597	0.1628	0.0125	0.0170	
臺北市第二選區中山區	潘維剛	0.1783	0.0892	0.0749	0.2043	0.0134	0.0182	0.0061
臺北市第二選區中正區		0.1358	0.0679	0.0778	0.2122	0.0106	0.0144	
臺北市第二選區文山區		0.2183	0.1091	0.0765	0.2086	0.0167	0.0228	
臺北市第二選區萬華區		0.1848	0.0924	0.0814	0.2220	0.0150	0.0205	
臺北市第二選區大同區		0.1770	0.0885	0.1189	0.3243	0.0210	0.0287	
臺北市第二選區大安區		0.2025	0.1012	0.0551	0.1503	0.0112	0.0152	
臺北市第二選區中山區	藍美津	0.1897	0.0948	0.0759	0.2070	0.0144	0.0196	0.0069
臺北市第二選區中正區		0.1122	0.0561	0.0612	0.1669	0.0069	0.0094	
臺北市第二選區文山區		0.1571	0.0786	0.0524	0.1429	0.0082	0.0112	
臺北市第二選區萬華區		0.1615	0.0808	0.0678	0.1849	0.0109	0.0149	

臺北市第二選區大同區	李慶安	0.0665	0.0332	0.0418	0.1140	0.0028	0.0038	0.0092
臺北市第二選區大安區		0.2644	0.1322	0.0674	0.1838	0.0178	0.0243	
臺北市第二選區中山區		0.1505	0.0752	0.0564	0.1538	0.0085	0.0116	
臺北市第二選區中正區		0.1204	0.0602	0.0615	0.1677	0.0074	0.0101	
臺北市第二選區文山區		0.2549	0.1274	0.0796	0.2171	0.0203	0.0277	
臺北市第二選區萬華區		0.1434	0.0717	0.0564	0.1538	0.0081	0.0110	
臺北市第二選區大同區	黃適卓	0.1406	0.0703	0.0871	0.2375	0.0122	0.0167	0.0036
臺北市第二選區大安區		0.2312	0.1156	0.0580	0.1582	0.0134	0.0183	
臺北市第二選區中山區		0.1662	0.0831	0.0612	0.1669	0.0102	0.0139	
臺北市第二選區中正區		0.1214	0.0607	0.0610	0.1664	0.0074	0.0101	
臺北市第二選區文山區		0.1579	0.0789	0.0485	0.1323	0.0077	0.0104	
臺北市第二選區萬華區		0.1826	0.0913	0.0706	0.1925	0.0129	0.0176	
臺北市第二選區大同區	郭正亮	0.1297	0.0649	0.0790	0.2155	0.0102	0.0140	0.0041
臺北市第二選區大安區		0.2384	0.1192	0.0588	0.1604	0.0140	0.0191	
臺北市第二選區中山區		0.1944	0.0972	0.0705	0.1923	0.0137	0.0187	
臺北市第二選區中正區		0.1148	0.0574	0.0567	0.1546	0.0065	0.0089	
臺北市第二選區文山區		0.1628	0.0814	0.0492	0.1342	0.0080	0.0109	
臺北市第二選區萬華區		0.1599	0.0800	0.0608	0.1658	0.0097	0.0133	
臺北市第二選區大同區	李敖	0.0606	0.0303	0.0350	0.0955	0.0021	0.0029	0.0095
臺北市第二選區大安區		0.2961	0.1480	0.0691	0.1885	0.0205	0.0279	
臺北市第二選區中山區		0.1477	0.0738	0.0507	0.1383	0.0075	0.0102	
臺北市第二選區中正區		0.1322	0.0661	0.0619	0.1688	0.0082	0.0112	
臺北市第二選區文山區		0.2398	0.1199	0.0686	0.1871	0.0164	0.0224	
臺北市第二選區萬華區		0.1237	0.0618	0.0445	0.1214	0.0055	0.0075	
臺北縣第一選區三峽鎮	林鴻池	0.0284	0.0118	0.0479	0.0610	0.0014	0.0007	0.0335
臺北縣第一選區土城市		0.1300	0.0542	0.0797	0.1014	0.0104	0.0055	
臺北縣第一選區板橋市		0.7709	0.3212	0.1878	0.2390	0.1448	0.0768	
臺北縣第一選區樹林市		0.0558	0.0233	0.0520	0.0662	0.0029	0.0015	
臺北縣第一選區鶯歌鎮		0.0149	0.0062	0.0253	0.0322	0.0004	0.0002	
臺北縣第一選區三峽鎮	莊碩漢	0.0549	0.0229	0.0901	0.1147	0.0049	0.0026	0.0166
臺北縣第一選區土城市		0.2337	0.0974	0.1393	0.1773	0.0326	0.0173	
臺北縣第一選區板橋市		0.5708	0.2378	0.1353	0.1722	0.0772	0.0410	
臺北縣第一選區樹林市		0.0783	0.0326	0.0709	0.0902	0.0056	0.0029	
臺北縣第一選區鶯歌鎮		0.0623	0.0259	0.1030	0.1311	0.0064	0.0034	

臺北縣第一選區三峽鎮		0.0745	0.0311	0.1205	0.1534	0.0090	0.0048	
臺北縣第一選區土城市		0.2590	0.1079	0.1522	0.1937	0.0394	0.0209	
臺北縣第一選區板橋市	周錫瑋	0.4935	0.2056	0.1153	0.1467	0.0569	0.0302	0.0120
臺北縣第一選區樹林市		0.1272	0.0530	0.1135	0.1445	0.0144	0.0077	
臺北縣第一選區鶯歌鎮		0.0457	0.0190	0.0745	0.0948	0.0034	0.0018	
臺北縣第一選區三峽鎮		0.1470	0.0612	0.2294	0.2920	0.0337	0.0179	
臺北縣第一選區土城市		0.2135	0.0889	0.1210	0.1540	0.0258	0.0137	
臺北縣第一選區板橋市	李嘉進	0.2347	0.0978	0.0529	0.0673	0.0124	0.0066	0.0132
臺北縣第一選區樹林市		0.1824	0.0760	0.1570	0.1998	0.0286	0.0152	
臺北縣第一選區鶯歌鎮		0.2225	0.0927	0.3499	0.4453	0.0779	0.0413	
臺北縣第一選區三峽鎮		0.0595	0.0248	0.0692	0.0881	0.0041	0.0022	
臺北縣第一選區土城市		0.2200	0.0917	0.0929	0.1182	0.0204	0.0108	
臺北縣第一選區板橋市	李文忠	0.5221	0.2175	0.0877	0.1116	0.0458	0.0243	0.0090
臺北縣第一選區樹林市		0.0893	0.0372	0.0573	0.0729	0.0051	0.0027	
臺北縣第一選區鶯歌鎮		0.1091	0.0454	0.1278	0.1627	0.0139	0.0074	
臺北縣第一選區三峽鎮		0.0580	0.0242	0.0638	0.0812	0.0037	0.0020	
臺北縣第一選區土城市		0.2228	0.0928	0.0891	0.1134	0.0199	0.0105	
臺北縣第一選區板橋市	吳清池	0.5777	0.2407	0.0918	0.1168	0.0530	0.0281	0.0113
臺北縣第一選區樹林市		0.1145	0.0477	0.0695	0.0885	0.0080	0.0042	
臺北縣第一選區鶯歌鎮		0.0270	0.0112	0.0299	0.0381	0.0008	0.0004	
臺北縣第一選區三峽鎮		0.0520	0.0217	0.0535	0.0681	0.0028	0.0015	
臺北縣第一選區土城市		0.2031	0.0846	0.0759	0.0966	0.0154	0.0082	
臺北縣第一選區板橋市	王淑慧	0.6399	0.2666	0.0950	0.1209	0.0608	0.0322	0.0134
臺北縣第一選區樹林市		0.0654	0.0273	0.0371	0.0472	0.0024	0.0013	
臺北縣第一選區鶯歌鎮		0.0395	0.0164	0.0409	0.0521	0.0016	0.0009	
臺北縣第一選區三峽鎮		0.1636	0.0682	0.1646	0.2095	0.0269	0.0143	
臺北縣第一選區土城市		0.1152	0.0480	0.0421	0.0536	0.0049	0.0026	
臺北縣第一選區板橋市	廖本煙	0.2154	0.0897	0.0313	0.0398	0.0067	0.0036	0.0179
臺北縣第一選區樹林市		0.3931	0.1638	0.2182	0.2777	0.0858	0.0455	
臺北縣第一選區鶯歌鎮		0.1127	0.0470	0.1143	0.1455	0.0129	0.0068	
臺北縣第二選區八里鄉		0.0256	0.0256	0.1500	0.2591	0.0038	0.0066	
臺北縣第二選區三芝鄉		0.0150	0.0150	0.1153	0.1992	0.0017	0.0030	
臺北縣第二選區三重市	吳育昇	0.2706	0.2706	0.1212	0.2093	0.0328	0.0567	0.0237
臺北縣第二選區五股鄉		0.0595	0.0595	0.1509	0.2606	0.0090	0.0155	
臺北縣第二選區石門鄉		0.0071	0.0071	0.1056	0.1824	0.0008	0.0013	

臺北縣第二選區林口鄉		0.0449	0.0449	0.1586	0.2739	0.0071	0.0123
臺北縣第二選區金山鄉		0.0167	0.0167	0.1270	0.2194	0.0021	0.0037
臺北縣第二選區泰山鄉		0.0317	0.0317	0.0848	0.1465	0.0027	0.0046
臺北縣第二選區淡水鎮		0.1683	0.1683	0.2460	0.4249	0.0414	0.0715
臺北縣第二選區新莊市		0.1959	0.1959	0.0968	0.1672	0.0190	0.0328
臺北縣第二選區萬里鄉		0.0189	0.0189	0.1657	0.2862	0.0031	0.0054
臺北縣第二選蘆洲市		0.1457	0.1457	0.1610	0.2781	0.0235	0.0405
臺北縣第二選區八里鄉		0.0171	0.0171	0.0668	0.1154	0.0011	0.0020
臺北縣第二選區三芝鄉		0.0124	0.0124	0.0636	0.1099	0.0008	0.0014
臺北縣第二選區三重市		0.6776	0.6776	0.2027	0.3501	0.1374	0.2373
臺北縣第二選區五股鄉		0.0212	0.0212	0.0360	0.0622	0.0008	0.0013
臺北縣第二選區石門鄉		0.0091	0.0091	0.0907	0.1567	0.0008	0.0014
臺北縣第二選區林口鄉	朱俊曉	0.0156	0.0156	0.0368	0.0636	0.0006	0.0010
臺北縣第二選區金山鄉		0.0126	0.0126	0.0640	0.1105	0.0008	0.0014	0.0678
臺北縣第二選區泰山鄉		0.0105	0.0105	0.0187	0.0323	0.0002	0.0003
臺北縣第二選區淡水鎮		0.0675	0.0675	0.0659	0.1138	0.0044	0.0077
臺北縣第二選區新莊市		0.0447	0.0447	0.0148	0.0256	0.0007	0.0011
臺北縣第二選區萬里鄉		0.0086	0.0086	0.0501	0.0865	0.0004	0.0007
臺北縣第二選區蘆洲市		0.1031	0.1031	0.0761	0.1314	0.0078	0.0136
臺北縣第二選區八里鄉		0.0270	0.0270	0.0990	0.1710	0.0027	0.0046
臺北縣第二選區三芝鄉		0.0230	0.0230	0.1111	0.1919	0.0026	0.0044
臺北縣第二選區三重市		0.2637	0.2637	0.0739	0.1276	0.0195	0.0337
臺北縣第二選區五股鄉		0.0600	0.0600	0.0953	0.1646	0.0057	0.0099
臺北縣第二選區石門鄉		0.0138	0.0138	0.1285	0.2220	0.0018	0.0031
臺北縣第二選區林口鄉	吳秉叡	0.0441	0.0441	0.0976	0.1686	0.0043	0.0074	0.0166
臺北縣第二選區金山鄉		0.0127	0.0127	0.0606	0.1047	0.0008	0.0013
臺北縣第二選區泰山鄉		0.0534	0.0534	0.0894	0.1544	0.0048	0.0082
臺北縣第二選區淡水鎮		0.0705	0.0705	0.0645	0.1114	0.0045	0.0079
臺北縣第二選區新莊市		0.3283	0.3283	0.1016	0.1755	0.0334	0.0576
臺北縣第二選區萬里鄉		0.0099	0.0099	0.0542	0.0936	0.0005	0.0009
臺北縣第二選區蘆洲市		0.0937	0.0937	0.0648	0.1119	0.0061	0.0105
臺北縣第二選區八里鄉		0.0486	0.0486	0.1731	0.2990	0.0084	0.0145
臺北縣第二選區三芝鄉	李顯榮	0.0603	0.0603	0.2820	0.4871	0.0170	0.0294	0.0193
臺北縣第二選區三重市		0.1191	0.1191	0.0324	0.0560	0.0039	0.0067
臺北縣第二選區五股鄉		0.0533	0.0533	0.0822	0.1420	0.0044	0.0076

選區	候選人							集中指數
臺北縣第二選區石門鄉		0.0267	0.0267	0.2412	0.4166	0.0064	0.0111	
臺北縣第二選區林口鄉		0.0348	0.0348	0.0746	0.1289	0.0026	0.0045	
臺北縣第二選區金山鄉		0.0420	0.0420	0.1935	0.3342	0.0081	0.0140	
臺北縣第二選區泰山鄉		0.0418	0.0418	0.0678	0.1171	0.0028	0.0049	
臺北縣第二選區淡水鎮		0.0964	0.0964	0.0856	0.1479	0.0083	0.0143	
臺北縣第二選區新莊市		0.3763	0.3763	0.1130	0.1952	0.0425	0.0734	
臺北縣第二選區萬里鄉		0.0306	0.0306	0.1632	0.2819	0.0050	0.0086	
臺北縣第二選區蘆洲市		0.0701	0.0701	0.0470	0.0812	0.0033	0.0057	
臺北縣第二選區八里鄉		0.0187	0.0187	0.0654	0.1130	0.0012	0.0021	
臺北縣第二選區三芝鄉		0.0094	0.0094	0.0431	0.0744	0.0004	0.0007	
臺北縣第二選區三重市		0.3427	0.3427	0.0916	0.1582	0.0314	0.0542	
臺北縣第二選區五股鄉		0.0464	0.0464	0.0703	0.1214	0.0033	0.0056	
臺北縣第二選區石門鄉		0.0062	0.0062	0.0548	0.0947	0.0003	0.0006	
臺北縣第二選區林口鄉		0.0289	0.0289	0.0609	0.1052	0.0018	0.0030	
臺北縣第二選區金山鄉	林淑芬	0.0081	0.0081	0.0365	0.0630	0.0003	0.0005	0.0171
臺北縣第二選區泰山鄉		0.0421	0.0421	0.0672	0.1161	0.0028	0.0049	
臺北縣第二選區淡水鎮		0.0841	0.0841	0.0734	0.1268	0.0062	0.0107	
臺北縣第二選區新莊市		0.2614	0.2614	0.0771	0.1332	0.0202	0.0348	
臺北縣第二選區萬里鄉		0.0091	0.0091	0.0475	0.0820	0.0004	0.0007	
臺北縣第二選區蘆洲市		0.1429	0.1429	0.0943	0.1629	0.0135	0.0233	
臺北縣第二選區八里鄉		0.0179	0.0179	0.0609	0.1052	0.0011	0.0019	
臺北縣第二選區三芝鄉		0.0080	0.0080	0.0359	0.0620	0.0003	0.0005	
臺北縣第二選區三重市		0.1886	0.1886	0.0490	0.0846	0.0092	0.0160	
臺北縣第二選區五股鄉		0.0461	0.0461	0.0678	0.1171	0.0031	0.0054	
臺北縣第二選區石門鄉		0.0037	0.0037	0.0321	0.0554	0.0001	0.0002	
臺北縣第二選區林口鄉		0.0398	0.0398	0.0816	0.1409	0.0033	0.0056	
臺北縣第二選區金山鄉	曹來旺	0.0070	0.0070	0.0306	0.0529	0.0002	0.0004	0.0292
臺北縣第二選區泰山鄉		0.0708	0.0708	0.1097	0.1895	0.0078	0.0134	
臺北縣第二選區淡水鎮		0.0682	0.0682	0.0578	0.0998	0.0039	0.0068	
臺北縣第二選區新莊市		0.4606	0.4606	0.1319	0.2278	0.0608	0.1049	
臺北縣第二選區萬里鄉		0.0103	0.0103	0.0522	0.0902	0.0005	0.0009	
臺北縣第二選區蘆洲市		0.0789	0.0789	0.0506	0.0874	0.0040	0.0069	
臺北縣第二選區八里鄉		0.0165	0.0165	0.0522	0.0902	0.0009	0.0015	
臺北縣第二選區三芝鄉	李鴻鈞	0.0118	0.0118	0.0488	0.0843	0.0006	0.0010	0.0336
臺北縣第二選區三重市		0.1701	0.1701	0.0411	0.0710	0.0070	0.0121	

臺北縣第二選區五股鄉		0.0806	0.0806	0.1102	0.1903	0.0089	0.0153	
臺北縣第二選區石門鄉		0.0025	0.0025	0.0197	0.0340	0.0000	0.0001	
臺北縣第二選區林口鄉		0.0679	0.0679	0.1292	0.2232	0.0088	0.0151	
臺北縣第二選區金山鄉		0.0053	0.0053	0.0217	0.0375	0.0001	0.0002	
臺北縣第二選區泰山鄉		0.2195	0.2195	0.3164	0.5465	0.0694	0.1199	
臺北縣第二選區淡水鎮		0.0893	0.0893	0.0704	0.1216	0.0063	0.0109	
臺北縣第二選區新莊市		0.2702	0.2702	0.0720	0.1244	0.0195	0.0336	
臺北縣第二選區萬里鄉		0.0052	0.0052	0.0248	0.0428	0.0001	0.0002	
臺北縣第二選區蘆洲市		0.0613	0.0613	0.0365	0.0630	0.0022	0.0039	
臺北縣第二選區八里鄉	黃劍輝	0.0169	0.0169	0.0487	0.0841	0.0008	0.0014	0.0211
臺北縣第二選區三芝鄉		0.0135	0.0135	0.0511	0.0883	0.0007	0.0012	
臺北縣第二選區三重市		0.2780	0.2780	0.0612	0.1057	0.0170	0.0294	
臺北縣第二選區五股鄉		0.0370	0.0370	0.0461	0.0796	0.0017	0.0029	
臺北縣第二選區石門鄉		0.0041	0.0041	0.0298	0.0515	0.0001	0.0002	
臺北縣第二選區林口鄉		0.0254	0.0254	0.0442	0.0763	0.0011	0.0019	
臺北縣第二選區金山鄉		0.0084	0.0084	0.0313	0.0541	0.0003	0.0005	
臺北縣第二選區泰山鄉		0.0348	0.0348	0.0458	0.0791	0.0016	0.0028	
臺北縣第二選區淡水鎮		0.0842	0.0842	0.0605	0.1045	0.0051	0.0088	
臺北縣第二選區新莊市		0.2156	0.2156	0.0524	0.0905	0.0113	0.0195	
臺北縣第二選區萬里鄉		0.0061	0.0061	2.6500	4.5773	0.0163	0.0281	
臺北縣第二選區蘆洲市		0.2760	0.2760	0.1500	0.2591	0.0414	0.0715	
臺北縣第二選區八里鄉	蔡家福	0.0123	0.0123	0.0339	0.0586	0.0004	0.0007	0.0501
臺北縣第二選區三芝鄉		0.0128	0.0128	0.0464	0.0801	0.0006	0.0010	
臺北縣第二選區三重市		0.0665	0.0665	0.0140	0.0242	0.0009	0.0016	
臺北縣第二選區五股鄉		0.0309	0.0309	0.0369	0.0637	0.0011	0.0020	
臺北縣第二選區石門鄉		0.0148	0.0148	0.1033	0.1784	0.0015	0.0026	
臺北縣第二選區林口鄉		0.0251	0.0251	0.0418	0.0722	0.0010	0.0018	
臺北縣第二選區金山鄉		0.0241	0.0241	0.0863	0.1491	0.0021	0.0036	
臺北縣第二選區泰山鄉		0.0369	0.0369	0.0466	0.0805	0.0017	0.0030	
臺北縣第二選區淡水鎮		0.0488	0.0488	0.0336	0.0580	0.0016	0.0028	
臺北縣第二選區新莊市		0.6612	0.6612	0.1540	0.2660	0.1018	0.1759	
臺北縣第二選區萬里鄉		0.0323	0.0323	0.1337	0.2309	0.0043	0.0075	
臺北縣第二選區蘆洲市		0.0343	0.0343	0.0178	0.0307	0.0006	0.0011	
臺北縣第二選區八里鄉	陳景峻	0.0099	0.0099	0.0252	0.0435	0.0002	0.0004	0.0330
臺北縣第二選區三芝鄉		0.0059	0.0059	0.0199	0.0344	0.0001	0.0002	

選區	候選人							
臺北縣第二選區三重市		0.5872	0.5872	0.1145	0.1978	0.0672	0.1161	
臺北縣第二選區五股鄉		0.0247	0.0247	0.0273	0.0472	0.0007	0.0012	
臺北縣第二選區石門鄉		0.0043	0.0043	0.0278	0.0480	0.0001	0.0002	
臺北縣第二選區林口鄉		0.0142	0.0142	0.0218	0.0377	0.0003	0.0005	
臺北縣第二選區金山鄉		0.0117	0.0117	0.0387	0.0668	0.0005	0.0008	
臺北縣第二選區泰山鄉		0.0186	0.0186	0.0217	0.0375	0.0004	0.0007	
臺北縣第二選區淡水鎮		0.0668	0.0668	0.0425	0.0734	0.0028	0.0049	
臺北縣第二選區新莊市		0.1243	0.1243	0.0267	0.0461	0.0033	0.0057	
臺北縣第二選區萬里鄉		0.0155	0.0155	0.0591	0.1021	0.0009	0.0016	
臺北縣第二選區蘆洲市		0.1169	0.1169	0.0562	0.0971	0.0066	0.0113	
臺北縣第二選區八里鄉		0.0375	0.0375	0.0884	0.1527	0.0033	0.0057	
臺北縣第二選區三芝鄉		0.0085	0.0085	0.0264	0.0456	0.0002	0.0004	
臺北縣第二選區三重市		0.2518	0.2518	0.0454	0.0784	0.0114	0.0197	
臺北縣第二選區五股鄉		0.0539	0.0539	0.0551	0.0952	0.0030	0.0051	
臺北縣第二選區石門鄉		0.0049	0.0049	0.0292	0.0504	0.0001	0.0002	
臺北縣第二選區林口鄉	柯淑敏	0.0508	0.0508	0.0723	0.1249	0.0037	0.0063	0.0131
臺北縣第二選區金山鄉		0.0162	0.0162	0.0496	0.0857	0.0008	0.0014	
臺北縣第二選區泰山鄉		0.0228	0.0228	0.0246	0.0425	0.0006	0.0010	
臺北縣第二選區淡水鎮		0.0908	0.0908	0.0534	0.0922	0.0048	0.0084	
臺北縣第二選區新莊市		0.2063	0.2063	0.0411	0.0710	0.0085	0.0146	
臺北縣第二選區萬里鄉		0.0123	0.0123	0.0434	0.0750	0.0005	0.0009	
臺北縣第二選區蘆洲市		0.2442	0.2442	0.1087	0.1878	0.0265	0.0458	
臺北縣第三選區中和市		0.3213	0.3213	0.1271	0.2311	0.0408	0.0743	
臺北縣第三選區平溪鄉		0.0010	0.0010	0.0238	0.0433	0.0000	0.0000	
臺北縣第三選區永和市		0.2196	0.2196	0.1519	0.2762	0.0334	0.0606	
臺北縣第三選區石碇鄉		0.0018	0.0018	0.0377	0.0685	0.0001	0.0001	
臺北縣第三選區汐止市		0.1344	0.1344	0.1437	0.2613	0.0193	0.0351	
臺北縣第三選區坪林鄉	雷倩	0.0008	0.0008	0.0189	0.0344	0.0000	0.0000	0.0337
臺北縣第三選區烏來鄉		0.0009	0.0009	0.0495	0.0900	0.0000	0.0001	
臺北縣第三選區貢寮鄉		0.0022	0.0022	0.0255	0.0464	0.0001	0.0001	
臺北縣第三選區深坑鄉		0.0139	0.0139	0.1208	0.2196	0.0017	0.0031	
臺北縣第三選區新店市		0.2916	0.2916	0.1668	0.3033	0.0486	0.0884	
臺北縣第三選區瑞芳鎮		0.0108	0.0108	0.0412	0.0749	0.0004	0.0008	
臺北縣第三選區雙溪鄉		0.0018	0.0018	0.0278	0.0505	0.0001	0.0001	
臺北縣第三選區中和市	洪秀柱	0.3387	0.3387	0.1061	0.1929	0.0359	0.0653	0.0263

地區							候選人	值
臺北縣第三選區平溪鄉	0.0030	0.0030	0.0584	0.1062	0.0002	0.0003		
臺北縣第三選區永和市	0.2637	0.2637	0.1445	0.2627	0.0381	0.0693		
臺北縣第三選區石碇鄉	0.0023	0.0023	0.0386	0.0702	0.0001	0.0002		
臺北縣第三選區汐止市	0.1431	0.1431	0.1213	0.2205	0.0174	0.0316		
臺北縣第三選區坪林鄉	0.0014	0.0014	0.0269	0.0489	0.0000	0.0001		
臺北縣第三選區烏來鄉	0.0010	0.0010	0.0439	0.0798	0.0000	0.0001		
臺北縣第三選區貢寮鄉	0.0039	0.0039	0.0355	0.0645	0.0001	0.0002		
臺北縣第三選區深坑鄉	0.0127	0.0127	0.0874	0.1589	0.0011	0.0020		
臺北縣第三選區新店市	0.1976	0.1976	0.0895	0.1627	0.0177	0.0322		
臺北縣第三選區瑞芳鎮	0.0282	0.0282	0.0854	0.1553	0.0024	0.0044		
臺北縣第三選區雙溪鄉	0.0043	0.0043	0.0529	0.0962	0.0002	0.0004		
臺北縣第三選區中和市	0.3156	0.3156	0.0842	0.1531	0.0266	0.0483		
臺北縣第三選區平溪鄉	0.0056	0.0056	0.0926	0.1684	0.0005	0.0010		
臺北縣第三選區永和市	0.1751	0.1751	0.0818	0.1487	0.0143	0.0260		
臺北縣第三選區石碇鄉	0.0084	0.0084	0.1180	0.2145	0.0010	0.0018		
臺北縣第三選區汐止市	0.2351	0.2351	0.1697	0.3085	0.0399	0.0725		
臺北縣第三選區坪林鄉	0.0048	0.0048	0.0788	0.1433	0.0004	0.0007	沈發惠	0.0239
臺北縣第三選區烏來鄉	0.0019	0.0019	0.0726	0.1320	0.0001	0.0002		
臺北縣第三選區貢寮鄉	0.0060	0.0060	0.0471	0.0856	0.0003	0.0005		
臺北縣第三選區深坑鄉	0.0184	0.0184	0.1075	0.1955	0.0020	0.0036		
臺北縣第三選區新店市	0.2062	0.2062	0.0796	0.1447	0.0164	0.0298		
臺北縣第三選區瑞芳鎮	0.0146	0.0146	0.0377	0.0685	0.0006	0.0010		
臺北縣第三選區雙溪鄉	0.0083	0.0083	0.0866	0.1575	0.0007	0.0013		
臺北縣第三選區中和市	0.5533	0.5533	0.1438	0.2615	0.0796	0.1447		
臺北縣第三選區平溪鄉	0.0040	0.0040	0.0645	0.1173	0.0003	0.0005		
臺北縣第三選區永和市	0.2166	0.2166	0.0984	0.1789	0.0213	0.0387		
臺北縣第三選區石碇鄉	0.0043	0.0043	0.0596	0.1084	0.0003	0.0005		
臺北縣第三選區汐止市	0.0570	0.0570	0.0401	0.0729	0.0023	0.0042		
臺北縣第三選區坪林鄉	0.0030	0.0030	0.0485	0.0882	0.0001	0.0003	趙永清	0.0416
臺北縣第三選區烏來鄉	0.0024	0.0024	0.0926	0.1684	0.0002	0.0004		
臺北縣第三選區貢寮鄉	0.0181	0.0181	0.1382	0.2513	0.0025	0.0046		
臺北縣第三選區深坑鄉	0.0073	0.0073	0.0418	0.0760	0.0003	0.0006		
臺北縣第三選區新店市	0.1215	0.1215	0.0456	0.0829	0.0055	0.0101		
臺北縣第三選區瑞芳鎮	0.0097	0.0097	0.0243	0.0442	0.0002	0.0004		
臺北縣第三選區雙溪鄉	0.0027	0.0027	0.0270	0.0491	0.0001	0.0001		

地區	候選人							集中指數
臺北縣第三選區中和市		0.1078	0.1078	0.0267	0.0485	0.0029	0.0052	
臺北縣第三選區平溪鄉		0.0109	0.0109	0.1655	0.3009	0.0018	0.0033	
臺北縣第三選區永和市		0.0928	0.0928	0.0402	0.0731	0.0037	0.0068	
臺北縣第三選區石碇鄉		0.0153	0.0153	0.1997	0.3631	0.0031	0.0056	
臺北縣第三選區汐止市		0.1190	0.1190	0.0797	0.1449	0.0095	0.0172	
臺北縣第三選區坪林鄉	羅明才	0.0075	0.0075	0.1141	0.2075	0.0009	0.0015	0.0365
臺北縣第三選區烏來鄉		0.0034	0.0034	0.1229	0.2235	0.0004	0.0008	
臺北縣第三選區貢寮鄉		0.0270	0.0270	0.1962	0.3567	0.0053	0.0096	
臺北縣第三選區深坑鄉		0.0224	0.0224	0.1220	0.2218	0.0027	0.0050	
臺北縣第三選區新店市		0.4302	0.4302	0.1541	0.2802	0.0663	0.1205	
臺北縣第三選區瑞芳鎮		0.1282	0.1282	0.3068	0.5578	0.0393	0.0715	
臺北縣第三選區雙溪鄉		0.0357	0.0357	0.3440	0.6255	0.0123	0.0223	
臺北縣第三選區中和市		0.3683	0.3683	0.0904	0.1644	0.0333	0.0605	
臺北縣第三選區平溪鄉		0.0014	0.0014	0.0205	0.0373	0.0000	0.0001	
臺北縣第三選區永和市		0.2138	0.2138	0.0917	0.1667	0.0196	0.0356	
臺北縣第三選區石碇鄉		0.0023	0.0023	0.0294	0.0535	0.0001	0.0001	
臺北縣第三選區汐止市		0.1134	0.1134	0.0753	0.1369	0.0085	0.0155	
臺北縣第三選區坪林鄉	李慶華	0.0010	0.0010	0.0145	0.0264	0.0000	0.0000	0.0215
臺北縣第三選區烏來鄉		0.0009	0.0009	0.0311	0.0565	0.0000	0.0000	
臺北縣第三選區貢寮鄉		0.0028	0.0028	0.0202	0.0367	0.0001	0.0001	
臺北縣第三選區深坑鄉		0.0154	0.0154	0.0828	0.1505	0.0013	0.0023	
臺北縣第三選區新店市		0.2644	0.2644	0.0938	0.1705	0.0248	0.0451	
臺北縣第三選區瑞芳鎮		0.0147	0.0147	0.0350	0.0636	0.0005	0.0009	
臺北縣第三選區雙溪鄉		0.0017	0.0017	0.0166	0.0302	0.0000	0.0001	
臺北縣第三選區中和市		0.7603	0.7603	0.1832	0.3331	0.1393	0.2532	
臺北縣第三選區平溪鄉		0.0145	0.0145	0.2155	0.3918	0.0031	0.0057	
臺北縣第三選區永和市		0.0900	0.0900	0.0379	0.0689	0.0034	0.0062	
臺北縣第三選區石碇鄉		0.0015	0.0015	0.0184	0.0335	0.0000	0.0000	
臺北縣第三選區汐止市		0.0283	0.0283	0.0185	0.0336	0.0005	0.0010	
臺北縣第三選區坪林鄉	張慶忠	0.0049	0.0049	0.0734	0.1335	0.0004	0.0007	0.0726
臺北縣第三選區烏來鄉		0.0009	0.0009	0.0311	0.0565	0.0000	0.0000	
臺北縣第三選區貢寮鄉		0.0170	0.0170	0.1201	0.2184	0.0020	0.0037	
臺北縣第三選區深坑鄉		0.0041	0.0041	0.0214	0.0389	0.0001	0.0002	
臺北縣第三選區新店市		0.0494	0.0494	0.0172	0.0313	0.0008	0.0015	
臺北縣第三選區瑞芳鎮		0.0210	0.0210	0.0489	0.0889	0.0010	0.0019	

地區	候選人						
臺北縣第三選區雙溪鄉		0.0080	0.0080	0.0754	0.1371	0.0006	0.0011	
臺北縣第三選區中和市		0.2795	0.2795	0.0629	0.1144	0.0176	0.0320	
臺北縣第三選區平溪鄉		0.0019	0.0019	0.0265	0.0482	0.0001	0.0001	
臺北縣第三選區永和市		0.4920	0.4920	0.1935	0.3518	0.0952	0.1731	
臺北縣第三選區石碇鄉		0.0017	0.0017	0.0207	0.0376	0.0000	0.0001	
臺北縣第三選區汐止市		0.1212	0.1212	0.0737	0.1340	0.0089	0.0162	
臺北縣第三選區坪林鄉	林德福	0.0028	0.0028	0.0387	0.0704	0.0001	0.0002	0.0495
臺北縣第三選區烏來鄉		0.0005	0.0005	0.0168	0.0305	0.0000	0.0000	
臺北縣第三選區貢寮鄉		0.0028	0.0028	0.0183	0.0333	0.0001	0.0001	
臺北縣第三選區深坑鄉		0.0052	0.0052	0.0255	0.0464	0.0001	0.0002	
臺北縣第三選區新店市		0.0783	0.0783	0.0254	0.0462	0.0020	0.0036	
臺北縣第三選區瑞芳鎮		0.0124	0.0124	0.0269	0.0489	0.0003	0.0006	
臺北縣第三選區雙溪鄉		0.0018	0.0018	0.0159	0.0289	0.0000	0.0001	
臺北縣第三選區中和市		0.2807	0.2807	0.0547	0.0995	0.0154	0.0279	
臺北縣第三選區平溪鄉		0.0091	0.0091	0.1094	0.1989	0.0010	0.0018	
臺北縣第三選區永和市		0.1758	0.1758	0.0599	0.1089	0.0105	0.0192	
臺北縣第三選區石碇鄉		0.0066	0.0066	0.0682	0.1240	0.0005	0.0008	
臺北縣第三選區汐止市		0.1442	0.1442	0.0760	0.1382	0.0110	0.0199	
臺北縣第三選區坪林鄉	陳朝龍	0.0066	0.0066	0.0795	0.1445	0.0005	0.0010	0.0189
臺北縣第三選區烏來鄉		0.0032	0.0032	0.0910	0.1655	0.0003	0.0005	
臺北縣第三選區貢寮鄉		0.0363	0.0363	0.2075	0.3773	0.0075	0.0137	
臺北縣第三選區深坑鄉		0.0167	0.0167	0.0713	0.1296	0.0012	0.0022	
臺北縣第三選區新店市		0.1491	0.1491	0.0420	0.0764	0.0063	0.0114	
臺北縣第三選區瑞芳鎮		0.1406	0.1406	0.2647	0.4813	0.0372	0.0676	
臺北縣第三選區雙溪鄉		0.0310	0.0310	0.2353	0.4278	0.0073	0.0133	
基隆市七堵區		0.1237	0.0722	0.3231	0.1469	0.0400	0.0106	
基隆市中山區		0.1326	0.0774	0.3296	0.1498	0.0437	0.0116	
基隆市中正區		0.1454	0.0848	0.3427	0.1558	0.0498	0.0132	
基隆市仁愛區	謝國樑	0.1249	0.0728	0.3174	0.1443	0.0396	0.0105	0.0045
基隆市安樂區		0.2242	0.1308	0.3774	0.1715	0.0846	0.0224	
基隆市信義區		0.1506	0.0878	0.3876	0.1762	0.0584	0.0155	
基隆市暖暖區		0.0987	0.0575	0.3709	0.1686	0.0366	0.0097	
基隆市七堵區		0.1387	0.0809	0.2472	0.1124	0.0343	0.0091	
基隆市中山區	徐少萍	0.1413	0.0824	0.2398	0.1090	0.0339	0.0090	0.0013
基隆市中正區		0.1392	0.0812	0.2240	0.1018	0.0312	0.0083	

基隆市仁愛區		0.1316	0.0768	0.2285	0.1039	0.0301	0.0080	
基隆市安樂區		0.1947	0.1136	0.2238	0.1017	0.0436	0.0116	
基隆市信義區		0.1472	0.0859	0.2587	0.1176	0.0381	0.0101	
基隆市暖暖區		0.1072	0.0625	0.2751	0.1250	0.0295	0.0078	
基隆市七堵區		0.1594	0.0930	0.2689	0.1222	0.0429	0.0114	
基隆市中山區		0.1466	0.0855	0.2353	0.1070	0.0345	0.0091	
基隆市中正區		0.1383	0.0807	0.2106	0.0957	0.0291	0.0077	
基隆市仁愛區	王拓	0.1498	0.0874	0.2460	0.1118	0.0369	0.0098	0.0026
基隆市安樂區		0.2011	0.1173	0.2187	0.0994	0.0440	0.0117	
基隆市信義區		0.1175	0.0685	0.1954	0.0888	0.0230	0.0061	
基隆市暖暖區		0.0873	0.0509	0.2119	0.0963	0.0185	0.0049	
桃園縣八德市		0.0632	0.0684	0.0478	0.1217	0.0030	0.0083	
桃園縣大園鄉		0.0164	0.0177	0.0259	0.0659	0.0004	0.0012	
桃園縣大溪鎮		0.0337	0.0365	0.0491	0.1250	0.0017	0.0046	
桃園縣中壢市		0.2684	0.2907	0.0954	0.2428	0.0256	0.0706	
桃園縣平鎮市		0.1940	0.2102	0.1259	0.3205	0.0244	0.0674	
桃園縣桃園市		0.1400	0.1517	0.0513	0.1306	0.0072	0.0198	
桃園縣復興鄉	吳志揚	0.0024	0.0026	0.0814	0.2072	0.0002	0.0005	0.0238
桃園縣新屋鄉		0.0324	0.0351	0.0714	0.1817	0.0023	0.0064	
桃園縣楊梅鎮		0.0907	0.0982	0.0862	0.2194	0.0078	0.0215	
桃園縣龍潭鄉		0.0662	0.0717	0.0774	0.1970	0.0051	0.0141	
桃園縣龜山鄉		0.0211	0.0229	0.0223	0.0568	0.0005	0.0013	
桃園縣蘆竹鄉		0.0396	0.0429	0.0468	0.1191	0.0019	0.0051	
桃園縣觀音鄉		0.0319	0.0346	0.0669	0.1703	0.0021	0.0059	
桃園縣八德市		0.1332	0.1443	0.0994	0.2530	0.0132	0.0365	
桃園縣大園鄉		0.0212	0.0230	0.0330	0.0840	0.0007	0.0019	
桃園縣大溪鎮		0.0705	0.0764	0.1012	0.2576	0.0071	0.0197	
桃園縣中壢市		0.1948	0.2110	0.0683	0.1739	0.0133	0.0367	
桃園縣平鎮市		0.1288	0.1396	0.0824	0.2097	0.0106	0.0293	
桃園縣桃園市	朱鳳芝	0.1209	0.1309	0.0436	0.1110	0.0053	0.0145	0.0280
桃園縣復興鄉		0.0019	0.0020	0.0612	0.1558	0.0001	0.0003	
桃園縣新屋鄉		0.0134	0.0145	0.0292	0.0743	0.0004	0.0011	
桃園縣楊梅鎮		0.0567	0.0614	0.0531	0.1352	0.0030	0.0083	
桃園縣龍潭鄉		0.1785	0.1934	0.2058	0.5239	0.0367	0.1013	
桃園縣龜山鄉		0.0261	0.0283	0.0272	0.0692	0.0007	0.0020	

桃園縣蘆竹鄉		0.0365	0.0396	0.0426	0.1084	0.0016	0.0043	
桃園縣觀音鄉		0.0175	0.0189	0.0361	0.0919	0.0006	0.0017	
桃園縣八德市		0.0780	0.0845	0.0556	0.1415	0.0043	0.0120	
桃園縣大園鄉		0.0177	0.0192	0.0264	0.0672	0.0005	0.0013	
桃園縣大溪鎮		0.0394	0.0427	0.0540	0.1375	0.0021	0.0059	
桃園縣中壢市		0.2600	0.2817	0.0870	0.2215	0.0226	0.0624	
桃園縣平鎮市		0.1245	0.1348	0.0760	0.1935	0.0095	0.0261	
桃園縣桃園市		0.1427	0.1546	0.0492	0.1252	0.0070	0.0194	
桃園縣復興鄉	彭紹瑾	0.0017	0.0019	0.0547	0.1392	0.0001	0.0003	0.0175
桃園縣新屋鄉		0.0305	0.0331	0.0633	0.1611	0.0019	0.0053	
桃園縣楊梅鎮		0.1101	0.1193	0.0985	0.2507	0.0108	0.0299	
桃園縣龍潭鄉		0.0937	0.1015	0.1031	0.2624	0.0097	0.0266	
桃園縣龜山鄉		0.0364	0.0395	0.0362	0.0921	0.0013	0.0036	
桃園縣蘆竹鄉		0.0378	0.0409	0.0420	0.1069	0.0016	0.0044	
桃園縣觀音鄉		0.0274	0.0297	0.0540	0.1375	0.0015	0.0041	
桃園縣八德市		0.1104	0.1196	0.0740	0.1884	0.0082	0.0225	
桃園縣大園鄉		0.0196	0.0212	0.0275	0.0700	0.0005	0.0015	
桃園縣大溪鎮		0.0335	0.0363	0.0433	0.1102	0.0015	0.0040	
桃園縣中壢市		0.2690	0.2915	0.0847	0.2156	0.0228	0.0628	
桃園縣平鎮市		0.1211	0.1311	0.0696	0.1772	0.0084	0.0232	
桃園縣桃園市		0.1779	0.1927	0.0577	0.1469	0.0103	0.0283	
桃園縣復興鄉	孫大千	0.0010	0.0011	0.0293	0.0746	0.0000	0.0001	0.0176
桃園縣新屋鄉		0.0128	0.0139	0.0251	0.0639	0.0003	0.0009	
桃園縣楊梅鎮		0.0620	0.0672	0.0522	0.1329	0.0032	0.0089	
桃園縣龍潭鄉		0.0851	0.0922	0.0881	0.2243	0.0075	0.0207	
桃園縣龜山鄉		0.0482	0.0522	0.0451	0.1148	0.0022	0.0060	
桃園縣蘆竹鄉		0.0461	0.0500	0.0483	0.1229	0.0022	0.0061	
桃園縣觀音鄉		0.0133	0.0144	0.0247	0.0629	0.0003	0.0009	
桃園縣八德市		0.1559	0.1689	0.1041	0.2650	0.0162	0.0448	
桃園縣大園鄉		0.0133	0.0144	0.0185	0.0471	0.0002	0.0007	
桃園縣大溪鎮		0.0364	0.0395	0.0468	0.1191	0.0017	0.0047	
桃園縣中壢市	林正峰	0.0622	0.0674	0.0195	0.0496	0.0012	0.0033	0.1199
桃園縣平鎮市		0.0265	0.0287	0.0152	0.0387	0.0004	0.0011	
桃園縣桃園市		0.1825	0.1977	0.0589	0.1499	0.0107	0.0296	
桃園縣復興鄉		0.0043	0.0047	0.1270	0.3233	0.0005	0.0015	

桃園縣新屋鄉		0.0088	0.0095	0.0171	0.0435	0.0002	0.0004	
桃園縣楊梅鎮		0.0207	0.0224	0.0173	0.0440	0.0004	0.0010	
桃園縣龍潭鄉		0.0162	0.0176	0.0168	0.0428	0.0003	0.0008	
桃園縣龜山鄉		0.4126	0.4470	0.3844	0.9785	0.1586	0.4374	
桃園縣蘆竹鄉		0.0507	0.0550	0.0529	0.1347	0.0027	0.0074	
桃園縣觀音鄉		0.0097	0.0106	0.0180	0.0458	0.0002	0.0005	
桃園縣八德市		0.0958	0.1038	0.0633	0.1611	0.0061	0.0167	
桃園縣大園鄉		0.2325	0.2519	0.3211	0.8173	0.0747	0.2059	
桃園縣大溪鎮		0.0462	0.0501	0.0588	0.1497	0.0027	0.0075	
桃園縣中壢市		0.1111	0.1204	0.0345	0.0878	0.0038	0.0106	
桃園縣平鎮市		0.0602	0.0652	0.0341	0.0868	0.0021	0.0057	
桃園縣桃園市		0.1596	0.1729	0.0511	0.1301	0.0082	0.0225	
桃園縣復興鄉	陳根德	0.0048	0.0052	0.1393	0.3546	0.0007	0.0018	0.0554
桃園縣新屋鄉		0.0223	0.0242	0.0430	0.1095	0.0010	0.0026	
桃園縣楊梅鎮		0.0456	0.0494	0.0379	0.0965	0.0017	0.0048	
桃園縣龍潭鄉		0.0276	0.0299	0.0282	0.0718	0.0008	0.0021	
桃園縣龜山鄉		0.0342	0.0370	0.0315	0.0802	0.0011	0.0030	
桃園縣蘆竹鄉		0.1249	0.1354	0.1290	0.3284	0.0161	0.0444	
桃園縣觀音鄉		0.0351	0.0380	0.0643	0.1637	0.0023	0.0062	
桃園縣八德市		0.1380	0.1495	0.0826	0.2103	0.0114	0.0314	
桃園縣大園鄉		0.0377	0.0408	0.0471	0.1199	0.0018	0.0049	
桃園縣大溪鎮		0.0721	0.0781	0.0831	0.2115	0.0060	0.0165	
桃園縣中壢市		0.0775	0.0839	0.0218	0.0555	0.0017	0.0047	
桃園縣平鎮市		0.0264	0.0286	0.0136	0.0346	0.0004	0.0010	
桃園縣桃園市		0.2081	0.2255	0.0603	0.1535	0.0126	0.0346	
桃園縣復興鄉	李鎮楠	0.0034	0.0037	0.0892	0.2271	0.0003	0.0008	0.0445
桃園縣新屋鄉		0.0101	0.0110	0.0177	0.0451	0.0002	0.0005	
桃園縣楊梅鎮		0.0176	0.0191	0.0132	0.0336	0.0002	0.0006	
桃園縣龍潭鄉		0.0235	0.0255	0.0217	0.0552	0.0005	0.0014	
桃園縣龜山鄉		0.2671	0.2894	0.2232	0.5681	0.0596	0.1644	
桃園縣蘆竹鄉		0.0992	0.1074	0.0927	0.2360	0.0092	0.0254	
桃園縣觀音鄉		0.0192	0.0208	0.0319	0.0812	0.0006	0.0017	
桃園縣八德市		0.0715	0.0775	0.0409	0.1041	0.0029	0.0081	
桃園縣大園鄉	楊麗環	0.0199	0.0215	0.0238	0.0606	0.0005	0.0013	0.0636
桃園縣大溪鎮		0.0364	0.0394	0.0401	0.1021	0.0015	0.0040	

候選人	鄉鎮市							
	桃園縣中壢市	0.0894	0.0968	0.0240	0.0611	0.0021	0.0059	
	桃園縣平鎮市	0.0571	0.0619	0.0280	0.0713	0.0016	0.0044	
	桃園縣桃園市	0.5516	0.5976	0.1528	0.3889	0.0843	0.2324	
	桃園縣復興鄉	0.0008	0.0008	0.0195	0.0496	0.0000	0.0000	
	桃園縣新屋鄉	0.0115	0.0124	0.0191	0.0486	0.0002	0.0006	
	桃園縣楊梅鎮	0.0245	0.0265	0.0176	0.0448	0.0004	0.0012	
	桃園縣龍潭鄉	0.0261	0.0283	0.0231	0.0588	0.0006	0.0017	
	桃園縣龜山鄉	0.0288	0.0312	0.0230	0.0585	0.0007	0.0018	
	桃園縣蘆竹鄉	0.0662	0.0717	0.0592	0.1507	0.0039	0.0108	
	桃園縣觀音鄉	0.0162	0.0175	0.0256	0.0652	0.0004	0.0011	
張昌財	桃園縣八德市	0.0329	0.0356	0.0188	0.0479	0.0006	0.0017	0.0585
	桃園縣大園鄉	0.0158	0.0171	0.0188	0.0479	0.0003	0.0008	
	桃園縣大溪鎮	0.0180	0.0195	0.0197	0.0501	0.0004	0.0010	
	桃園縣中壢市	0.5370	0.5817	0.1439	0.3663	0.0773	0.2131	
	桃園縣平鎮市	0.1618	0.1753	0.0791	0.2013	0.0128	0.0353	
	桃園縣桃園市	0.0595	0.0644	0.0164	0.0417	0.0010	0.0027	
	桃園縣復興鄉	0.0007	0.0008	0.0182	0.0463	0.0000	0.0000	
	桃園縣新屋鄉	0.0296	0.0321	0.0492	0.1252	0.0015	0.0040	
	桃園縣楊梅鎮	0.0586	0.0634	0.0419	0.1067	0.0025	0.0068	
	桃園縣龍潭鄉	0.0402	0.0435	0.0354	0.0901	0.0014	0.0039	
	桃園縣龜山鄉	0.0069	0.0075	0.0055	0.0140	0.0000	0.0001	
	桃園縣蘆竹鄉	0.0133	0.0144	0.0118	0.0300	0.0002	0.0004	
	桃園縣觀音鄉	0.0258	0.0279	0.0407	0.1036	0.0010	0.0029	
彭添富	桃園縣八德市	0.0527	0.0570	0.0292	0.0743	0.0015	0.0042	0.0205
	桃園縣大園鄉	0.0224	0.0243	0.0260	0.0662	0.0006	0.0016	
	桃園縣大溪鎮	0.0250	0.0270	0.0266	0.0677	0.0007	0.0018	
	桃園縣中壢市	0.3220	0.3489	0.0839	0.2136	0.0270	0.0745	
	桃園縣平鎮市	0.1132	0.1227	0.0539	0.1372	0.0061	0.0168	
	桃園縣桃園市	0.0813	0.0881	0.0218	0.0555	0.0018	0.0049	
	桃園縣復興鄉	0.0020	0.0021	0.0482	0.1227	0.0001	0.0003	
	桃園縣新屋鄉	0.0805	0.0872	0.1300	0.3309	0.0105	0.0288	
	桃園縣楊梅鎮	0.1136	0.1231	0.0792	0.2016	0.0090	0.0248	
	桃園縣龍潭鄉	0.0892	0.0966	0.0764	0.1945	0.0068	0.0188	
	桃園縣龜山鄉	0.0162	0.0176	0.0126	0.0321	0.0002	0.0006	
	桃園縣蘆竹鄉	0.0351	0.0381	0.0304	0.0774	0.0011	0.0029	

地區	候選人							集中指數
桃園縣觀音鄉		0.0468	0.0507	0.0720	0.1833	0.0034	0.0093	
桃園縣八德市		0.0633	0.0686	0.0335	0.0853	0.0021	0.0058	
桃園縣大園鄉		0.1019	0.1104	0.1124	0.2861	0.0114	0.0316	
桃園縣大溪鎮		0.0647	0.0701	0.0658	0.1675	0.0043	0.0117	
桃園縣中壢市		0.1377	0.1492	0.0342	0.0871	0.0047	0.0130	
桃園縣平鎮市		0.0608	0.0659	0.0275	0.0700	0.0017	0.0046	
桃園縣桃園市		0.1152	0.1248	0.0295	0.0751	0.0034	0.0094	
桃園縣復興鄉	郭榮宗	0.0025	0.0027	0.0579	0.1474	0.0001	0.0004	0.0631
桃園縣新屋鄉		0.0294	0.0319	0.0453	0.1153	0.0013	0.0037	
桃園縣楊梅鎮		0.0466	0.0505	0.0309	0.0787	0.0014	0.0040	
桃園縣龍潭鄉		0.0284	0.0308	0.0232	0.0591	0.0007	0.0018	
桃園縣龜山鄉		0.0171	0.0186	0.0126	0.0321	0.0002	0.0006	
桃園縣蘆竹鄉		0.0915	0.0991	0.0755	0.1922	0.0069	0.0190	
桃園縣觀音鄉		0.2407	0.2608	0.3525	0.8973	0.0849	0.2340	
桃園縣八德市		0.0739	0.0800	0.0371	0.0944	0.0027	0.0076	
桃園縣大園鄉		0.0187	0.0203	0.0197	0.0501	0.0004	0.0010	
桃園縣大溪鎮		0.0332	0.0360	0.0321	0.0817	0.0011	0.0029	
桃園縣中壢市		0.3044	0.3297	0.0719	0.1830	0.0219	0.0603	
桃園縣平鎮市		0.1502	0.1627	0.0647	0.1647	0.0097	0.0268	
桃園縣桃園市		0.1261	0.1366	0.0307	0.0781	0.0039	0.0107	
桃園縣復興鄉	鄭金玲	0.0017	0.0018	0.0371	0.0944	0.0001	0.0002	0.0171
桃園縣新屋鄉		0.0214	0.0232	0.0314	0.0799	0.0007	0.0019	
桃園縣楊梅鎮		0.1199	0.1299	0.0757	0.1927	0.0091	0.0250	
桃園縣龍潭鄉		0.0691	0.0749	0.0537	0.1367	0.0037	0.0102	
桃園縣龜山鄉		0.0340	0.0369	0.0239	0.0608	0.0008	0.0022	
桃園縣蘆竹鄉		0.0312	0.0338	0.0245	0.0624	0.0008	0.0021	
桃園縣觀音鄉		0.0162	0.0176	0.0226	0.0575	0.0004	0.0010	
桃園縣八德市		0.1083	0.1173	0.0513	0.1306	0.0056	0.0153	
桃園縣大園鄉		0.0461	0.0500	0.0457	0.1163	0.0021	0.0058	
桃園縣大溪鎮		0.0625	0.0677	0.0570	0.1451	0.0036	0.0098	
桃園縣中壢市		0.1288	0.1396	0.0287	0.0731	0.0037	0.0102	
桃園縣平鎮市	黃宗源	0.0453	0.0491	0.0184	0.0468	0.0008	0.0023	0.0158
桃園縣桃園市		0.3092	0.3349	0.0709	0.1805	0.0219	0.0604	
桃園縣復興鄉		0.0017	0.0019	0.0358	0.0911	0.0001	0.0002	
桃園縣新屋鄉		0.0207	0.0224	0.0285	0.0725	0.0006	0.0016	

桃園縣楊梅鎮		0.0441	0.0478	0.0263	0.0669	0.0012	0.0032	
桃園縣龍潭鄉		0.0466	0.0505	0.0342	0.0871	0.0016	0.0044	
桃園縣龜山鄉		0.0574	0.0622	0.0380	0.0967	0.0022	0.0060	
桃園縣蘆竹鄉		0.0952	0.1031	0.0704	0.1792	0.0067	0.0185	
桃園縣觀音鄉		0.0340	0.0369	0.0447	0.1138	0.0015	0.0042	
宜蘭縣三星鄉		0.0442	0.0442	0.2831	0.1029	0.0125	0.0046	
宜蘭縣大同鄉		0.0017	0.0017	0.1938	0.0705	0.0003	0.0001	
宜蘭縣五結鄉		0.0714	0.0714	0.2646	0.0962	0.0189	0.0069	
宜蘭縣冬山鄉		0.0953	0.0953	0.2670	0.0971	0.0254	0.0093	
宜蘭縣壯圍鄉		0.0877	0.0877	0.4742	0.1724	0.0416	0.0151	
宜蘭縣宜蘭市	張川田	0.2300	0.2300	0.3663	0.1332	0.0842	0.0306	0.0098
宜蘭縣南澳鄉		0.0007	0.0007	0.1405	0.0511	0.0001	0.0000	
宜蘭縣員山鄉		0.1051	0.1051	0.4659	0.1694	0.0489	0.0178	
宜蘭縣頭城鎮		0.0673	0.0673	0.2895	0.1053	0.0195	0.0071	
宜蘭縣礁溪鄉		0.1381	0.1381	0.5152	0.1873	0.0711	0.0259	
宜蘭縣羅東鎮		0.1079	0.1079	0.2349	0.0854	0.0253	0.0092	
宜蘭縣蘇澳鎮		0.0506	0.0506	0.1664	0.0605	0.0084	0.0031	
宜蘭縣三星鄉		0.0412	0.0412	0.2324	0.0845	0.0096	0.0035	
宜蘭縣大同鄉		0.0038	0.0038	0.3915	0.1424	0.0015	0.0005	
宜蘭縣五結鄉		0.0793	0.0793	0.2588	0.0941	0.0205	0.0075	
宜蘭縣冬山鄉		0.1013	0.1013	0.2501	0.0909	0.0253	0.0092	
宜蘭縣壯圍鄉		0.0559	0.0559	0.2665	0.0969	0.0149	0.0054	
宜蘭縣宜蘭市	林建榮	0.2543	0.2543	0.3571	0.1299	0.0908	0.0330	0.0089
宜蘭縣南澳鄉		0.0027	0.0027	0.4575	0.1664	0.0012	0.0004	
宜蘭縣員山鄉		0.0849	0.0849	0.3320	0.1207	0.0282	0.0103	
宜蘭縣頭城鎮		0.0478	0.0478	0.1815	0.0660	0.0087	0.0032	
宜蘭縣礁溪鄉		0.0790	0.0790	0.2599	0.0945	0.0205	0.0075	
宜蘭縣羅東鎮		0.1579	0.1579	0.3030	0.1102	0.0478	0.0174	
宜蘭縣蘇澳鎮		0.0920	0.0920	0.2665	0.0969	0.0245	0.0089	
宜蘭縣三星鄉		0.0811	0.0811	0.3424	0.1245	0.0278	0.0101	
宜蘭縣大同鄉		0.0034	0.0034	0.2578	0.0937	0.0009	0.0003	
宜蘭縣五結鄉	陳金德	0.1444	0.1444	0.3531	0.1284	0.0510	0.0185	0.0109
宜蘭縣冬山鄉		0.2006	0.2006	0.3710	0.1349	0.0744	0.0271	
宜蘭縣壯圍鄉		0.0315	0.0315	0.1123	0.0408	0.0035	0.0013	
宜蘭縣宜蘭市		0.0825	0.0825	0.0867	0.0315	0.0072	0.0026	

宜蘭縣南澳鄉		0.0017	0.0017	0.2190	0.0796	0.0004	0.0001	
宜蘭縣員山鄉		0.0289	0.0289	0.0846	0.0308	0.0024	0.0009	
宜蘭縣頭城鎮		0.0203	0.0203	0.0576	0.0209	0.0012	0.0004	
宜蘭縣礁溪鄉		0.0200	0.0200	0.0492	0.0179	0.0010	0.0004	
宜蘭縣羅東鎮		0.2130	0.2130	0.3062	0.1113	0.0652	0.0237	
宜蘭縣蘇澳鎮		0.1727	0.1727	0.3747	0.1363	0.0647	0.0235	
新竹市北區		0.3509	0.0877	0.2690	0.2201	0.0944	0.0193	
新竹市東區	柯俊雄	0.5116	0.1279	0.2938	0.2404	0.1503	0.0307	0.0122
新竹市香山區		0.1375	0.0344	0.2237	0.1830	0.0308	0.0063	
新竹市北區		0.3753	0.0938	0.2711	0.2218	0.1017	0.0208	
新竹市東區	柯建銘	0.4131	0.1033	0.2235	0.1829	0.0923	0.0189	0.0035
新竹市香山區		0.2116	0.0529	0.3244	0.2654	0.0687	0.0140	
新竹市北區		0.3081	0.0770	0.1853	0.1516	0.0571	0.0117	
新竹市東區	呂學樟	0.5503	0.1376	0.2479	0.2028	0.1364	0.0279	0.0117
新竹市香山區		0.1416	0.0354	0.1807	0.1478	0.0256	0.0052	
新竹縣五峰鄉		0.0005	0.0005	0.1093	0.0497	0.0001	0.0000	
新竹縣北埔鄉		0.0159	0.0173	0.1333	0.0606	0.0021	0.0010	
新竹縣尖石鄉		0.0047	0.0051	0.3765	0.1711	0.0018	0.0009	
新竹縣竹北市		0.3896	0.4221	0.3842	0.1746	0.1497	0.0737	
新竹縣竹東鎮		0.0989	0.1071	0.1113	0.0506	0.0110	0.0054	
新竹縣芎林鄉		0.0451	0.0488	0.1990	0.0905	0.0090	0.0044	
新竹縣峨眉鄉	葉芳雄	0.0081	0.0088	0.0997	0.0453	0.0008	0.0004	0.0199
新竹縣湖口鄉		0.1575	0.1706	0.2254	0.1025	0.0355	0.0175	
新竹縣新埔鎮		0.0858	0.0929	0.2058	0.0935	0.0176	0.0087	
新竹縣新豐鄉		0.1073	0.1163	0.2298	0.1045	0.0247	0.0121	
新竹縣橫山鄉		0.0167	0.0181	0.0967	0.0440	0.0016	0.0008	
新竹縣關西鎮		0.0503	0.0545	0.1370	0.0623	0.0069	0.0034	
新竹縣寶山鄉		0.0196	0.0213	0.1386	0.0630	0.0027	0.0013	
新竹縣五峰鄉		0.0011	0.0012	0.2459	0.1118	0.0003	0.0001	
新竹縣北埔鄉		0.0382	0.0414	0.3103	0.1410	0.0119	0.0058	
新竹縣尖石鄉		0.0027	0.0029	0.2078	0.0945	0.0006	0.0003	
新竹縣竹北市	邱鏡淳	0.1081	0.1171	0.1035	0.0470	0.0112	0.0055	0.0097
新竹縣竹東鎮		0.2686	0.2909	0.2934	0.1334	0.0788	0.0388	
新竹縣芎林鄉		0.0555	0.0601	0.2379	0.1081	0.0132	0.0065	
新竹縣峨眉鄉		0.0261	0.0282	0.3120	0.1418	0.0081	0.0040	

新竹縣湖口鄉		0.1320	0.1430	0.1833	0.0833	0.0242	0.0119
新竹縣新埔鎮		0.0738	0.0799	0.1718	0.0781	0.0127	0.0062
新竹縣新豐鄉		0.0954	0.1034	0.1983	0.0901	0.0189	0.0093
新竹縣橫山鄉		0.0616	0.0667	0.3450	0.1568	0.0212	0.0105
新竹縣關西鎮		0.0898	0.0973	0.2372	0.1078	0.0213	0.0105
新竹縣寶山鄉		0.0472	0.0511	0.3230	0.1468	0.0152	0.0075
新竹縣五峰鄉		0.0006	0.0007	0.1366	0.0621	0.0001	0.0000
新竹縣北埔鄉		0.0180	0.0195	0.1448	0.0658	0.0026	0.0013
新竹縣尖石鄉		0.0017	0.0018	0.1275	0.0580	0.0002	0.0001
新竹縣竹北市		0.3198	0.3464	0.3030	0.1377	0.0969	0.0477
新竹縣竹東鎮		0.1142	0.1237	0.1236	0.0562	0.0141	0.0070
新竹縣芎林鄉		0.0394	0.0427	0.1672	0.0760	0.0066	0.0032
新竹縣峨眉鄉	林為洲	0.0136	0.0147	0.1610	0.0732	0.0022	0.0011	0.0129
新竹縣湖口鄉		0.1304	0.1413	0.1795	0.0816	0.0234	0.0115
新竹縣新埔鎮		0.1038	0.1124	0.2393	0.1088	0.0248	0.0122
新竹縣新豐鄉		0.1298	0.1406	0.2670	0.1214	0.0346	0.0171
新竹縣橫山鄉		0.0279	0.0302	0.1547	0.0703	0.0043	0.0021
新竹縣關西鎮		0.0716	0.0775	0.1872	0.0851	0.0134	0.0066
新竹縣寶山鄉		0.0293	0.0317	0.1988	0.0904	0.0058	0.0029
苗栗縣三義鄉		0.0294	0.0441	0.1941	0.1765	0.0057	0.0078
苗栗縣三灣鄉		0.0106	0.0159	0.1557	0.1415	0.0016	0.0022
苗栗縣大湖鄉		0.0311	0.0466	0.2174	0.1976	0.0068	0.0092
苗栗縣公館鄉		0.0531	0.0797	0.1927	0.1752	0.0102	0.0140
苗栗縣竹南鎮		0.1140	0.1710	0.2062	0.1875	0.0235	0.0321
苗栗縣西湖鄉		0.0143	0.0215	0.1949	0.1772	0.0028	0.0038
苗栗縣卓蘭鎮		0.0320	0.0480	0.1875	0.1705	0.0060	0.0082
苗栗縣南庄鄉	劉政鴻	0.0159	0.0238	0.1919	0.1745	0.0030	0.0041	0.0371
苗栗縣後龍鎮		0.2052	0.3078	0.5808	0.5280	0.1192	0.1625
苗栗縣苗栗市		0.1234	0.1851	0.1705	0.1550	0.0210	0.0287
苗栗縣苑裡鎮		0.1002	0.1503	0.2488	0.2262	0.0249	0.0340
苗栗縣泰安鄉		0.0022	0.0032	0.1288	0.1171	0.0003	0.0004
苗栗縣通霄鎮		0.0960	0.1440	0.2755	0.2505	0.0264	0.0361
苗栗縣造橋鄉		0.0334	0.0501	0.2795	0.2541	0.0093	0.0127
苗栗縣獅潭鄉		0.0097	0.0146	0.2041	0.1855	0.0020	0.0027
苗栗縣銅鑼鄉		0.0291	0.0436	0.1701	0.1546	0.0049	0.0067

地區	姓名							集中指數
苗栗縣頭份鎮		0.0841	0.1261	0.1196	0.1087	0.0101	0.0137	
苗栗縣頭屋鄉		0.0164	0.0246	0.1492	0.1356	0.0024	0.0033	
苗栗縣三義鄉		0.0493	0.0740	0.3067	0.2788	0.0151	0.0206	
苗栗縣三灣鄉		0.0125	0.0188	0.1735	0.1577	0.0022	0.0030	
苗栗縣大湖鄉		0.0409	0.0613	0.2695	0.2450	0.0110	0.0150	
苗栗縣公館鄉		0.0900	0.1350	0.3077	0.2797	0.0277	0.0378	
苗栗縣竹南鎮		0.0645	0.0967	0.1099	0.0999	0.0071	0.0097	
苗栗縣西湖鄉		0.0273	0.0410	0.3506	0.3187	0.0096	0.0131	
苗栗縣卓蘭鎮		0.0395	0.0592	0.2178	0.1980	0.0086	0.0117	
苗栗縣南庄鄉		0.0224	0.0337	0.2562	0.2329	0.0058	0.0078	
苗栗縣後龍鎮	何智輝	0.0172	0.0257	0.0458	0.0416	0.0008	0.0011	0.0375
苗栗縣苗栗市		0.3055	0.4582	0.3978	0.3616	0.1215	0.1657	
苗栗縣苑裡鎮		0.0321	0.0481	0.0751	0.0683	0.0024	0.0033	
苗栗縣泰安鄉		0.0062	0.0092	0.3449	0.3135	0.0021	0.0029	
苗栗縣通霄鎮		0.0281	0.0421	0.0759	0.0690	0.0021	0.0029	
苗栗縣造橋鄉		0.0265	0.0397	0.2089	0.1899	0.0055	0.0075	
苗栗縣獅潭鄉		0.0156	0.0234	0.3087	0.2806	0.0048	0.0066	
苗栗縣銅鑼鄉		0.0625	0.0937	0.3447	0.3134	0.0215	0.0294	
苗栗縣頭份鎮		0.1107	0.1660	0.1483	0.1348	0.0164	0.0224	
苗栗縣頭屋鄉		0.0494	0.0741	0.4235	0.3850	0.0209	0.0285	
苗栗縣三義鄉		0.0308	0.0461	0.1693	0.1539	0.0052	0.0071	
苗栗縣三灣鄉		0.0310	0.0465	0.3810	0.3464	0.0118	0.0161	
苗栗縣大湖鄉		0.0350	0.0524	0.2041	0.1855	0.0071	0.0097	
苗栗縣公館鄉		0.0529	0.0793	0.1601	0.1455	0.0085	0.0115	
苗栗縣竹南鎮		0.0949	0.1423	0.1432	0.1302	0.0136	0.0185	
苗栗縣西湖鄉		0.0153	0.0230	0.1744	0.1585	0.0027	0.0036	
苗栗縣卓蘭鎮		0.0261	0.0392	0.1275	0.1159	0.0033	0.0045	
苗栗縣南庄鄉	徐耀昌	0.0274	0.0411	0.2765	0.2514	0.0076	0.0103	0.0547
苗栗縣後龍鎮		0.0185	0.0278	0.0438	0.0398	0.0008	0.0011	
苗栗縣苗栗市		0.1082	0.1624	0.1248	0.1135	0.0135	0.0184	
苗栗縣苑裡鎮		0.0375	0.0563	0.0778	0.0707	0.0029	0.0040	
苗栗縣泰安鄉		0.0062	0.0092	0.3057	0.2779	0.0019	0.0026	
苗栗縣通霄鎮		0.0370	0.0555	0.0886	0.0805	0.0033	0.0045	
苗栗縣造橋鄉		0.0227	0.0341	0.1587	0.1443	0.0036	0.0049	
苗栗縣獅潭鄉		0.0134	0.0201	0.2341	0.2128	0.0031	0.0043	

苗栗縣銅鑼鄉		0.0384	0.0575	0.1873	0.1703	0.0072	0.0098
苗栗縣頭份鎮		0.3843	0.5765	0.4558	0.4144	0.1752	0.2389
苗栗縣頭屋鄉		0.0204	0.0305	0.1543	0.1403	0.0031	0.0043
苗栗縣三義鄉		0.0213	0.0320	0.1103	0.1003	0.0024	0.0032
苗栗縣三灣鄉		0.0115	0.0172	0.1322	0.1202	0.0015	0.0021
苗栗縣大湖鄉		0.0163	0.0245	0.0894	0.0813	0.0015	0.0020
苗栗縣公館鄉		0.0530	0.0795	0.1506	0.1369	0.0080	0.0109
苗栗縣竹南鎮		0.0550	0.0826	0.0780	0.0709	0.0043	0.0059
苗栗縣西湖鄉		0.0093	0.0140	0.0998	0.0907	0.0009	0.0013
苗栗縣卓蘭鎮		0.0501	0.0751	0.2298	0.2089	0.0115	0.0157
苗栗縣南庄鄉		0.0076	0.0114	0.0723	0.0657	0.0006	0.0008
苗栗縣後龍鎮	杜文卿	0.0818	0.1226	0.1814	0.1649	0.0148	0.0202	0.0397
苗栗縣苗栗市		0.1268	0.1902	0.1373	0.1248	0.0174	0.0237
苗栗縣苑裡鎮		0.2464	0.3695	0.4794	0.4358	0.1181	0.1610
苗栗縣泰安鄉		0.0016	0.0024	0.0750	0.0682	0.0001	0.0002
苗栗縣通霄鎮		0.1584	0.2377	0.3564	0.3240	0.0565	0.0770
苗栗縣造橋鄉		0.0168	0.0251	0.1100	0.1000	0.0018	0.0025
苗栗縣獅潭鄉		0.0073	0.0110	0.1208	0.1098	0.0009	0.0012
苗栗縣銅鑼鄉		0.0280	0.0420	0.1283	0.1166	0.0036	0.0049
苗栗縣頭份鎮		0.0956	0.1434	0.1065	0.0968	0.0102	0.0139
苗栗縣頭屋鄉		0.0133	0.0199	0.0946	0.0860	0.0013	0.0017
臺中市中區		0.0284	0.0190	0.2139	0.3500	0.0061	0.0066
臺中市北屯區		0.1916	0.1277	0.1444	0.2363	0.0277	0.0302
臺中市北區		0.1233	0.0822	0.1412	0.2311	0.0174	0.0190
臺中市西屯區	蔡錦隆	0.2491	0.1661	0.2390	0.3911	0.0595	0.0649	0.0182
臺中市西區		0.1285	0.0857	0.1873	0.3065	0.0241	0.0263
臺中市東區		0.0658	0.0438	0.1457	0.2384	0.0096	0.0105
臺中市南屯區		0.1189	0.0793	0.1572	0.2572	0.0187	0.0204
臺中市南區		0.0944	0.0629	0.1543	0.2525	0.0146	0.0159
臺中市中區		0.0270	0.0180	0.1645	0.2692	0.0044	0.0048
臺中市北屯區		0.1612	0.1074	0.0985	0.1612	0.0159	0.0173
臺中市北區	王世勛	0.1457	0.0972	0.1354	0.2216	0.0197	0.0215	0.0076
臺中市西屯區		0.1671	0.1114	0.1301	0.2129	0.0217	0.0237
臺中市西區		0.1323	0.0882	0.1564	0.2559	0.0207	0.0226
臺中市東區		0.0999	0.0666	0.1794	0.2936	0.0179	0.0195

臺中市南屯區		0.1188	0.0792	0.1274	0.2085	0.0151	0.0165	
臺中市南區		0.1480	0.0987	0.1962	0.3211	0.0290	0.0317	
臺中市中區	盧秀燕	0.0172	0.0115	0.0972	0.1591	0.0017	0.0018	0.0114
臺中市北屯區		0.2366	0.1577	0.1342	0.2196	0.0317	0.0346
臺中市北區		0.1899	0.1266	0.1637	0.2679	0.0311	0.0339
臺中市西屯區		0.1566	0.1044	0.1131	0.1851	0.0177	0.0193
臺中市西區		0.1086	0.0724	0.1191	0.1949	0.0129	0.0141
臺中市東區		0.0732	0.0488	0.1220	0.1996	0.0089	0.0097
臺中市南屯區		0.1233	0.0822	0.1226	0.2006	0.0151	0.0165
臺中市南區		0.0946	0.0631	0.1164	0.1905	0.0110	0.0120
臺中市中區	謝明源	0.0182	0.0121	0.0839	0.1373	0.0015	0.0017	0.0226
臺中市北屯區		0.3744	0.2496	0.1729	0.2829	0.0647	0.0706
臺中市北區		0.1373	0.0915	0.0963	0.1576	0.0132	0.0144
臺中市西屯區		0.1605	0.1070	0.0943	0.1543	0.0151	0.0165
臺中市西區		0.0909	0.0606	0.0811	0.1327	0.0074	0.0080
臺中市東區		0.0561	0.0374	0.0761	0.1245	0.0043	0.0047
臺中市南屯區		0.0933	0.0622	0.0756	0.1237	0.0071	0.0077
臺中市南區		0.0694	0.0463	0.0695	0.1137	0.0048	0.0053
臺中市中區	黃義交	0.0158	0.0105	0.0678	0.1109	0.0011	0.0012	0.0084
臺中市北屯區		0.2364	0.1576	0.1015	0.1661	0.0240	0.0262
臺中市北區		0.1616	0.1077	0.1054	0.1725	0.0170	0.0186
臺中市西屯區		0.1822	0.1215	0.0996	0.1630	0.0181	0.0198
臺中市西區		0.1174	0.0782	0.0974	0.1594	0.0114	0.0125
臺中市東區		0.0513	0.0342	0.0648	0.1060	0.0033	0.0036
臺中市南屯區		0.1381	0.0921	0.1040	0.1702	0.0144	0.0157
臺中市南區		0.0972	0.0648	0.0905	0.1481	0.0088	0.0096
臺中市中區	沈智慧	0.0158	0.0106	0.0611	0.1000	0.0010	0.0011	0.0104
臺中市北屯區		0.2856	0.1904	0.1104	0.1807	0.0315	0.0344
臺中市北區		0.1646	0.1097	0.0967	0.1582	0.0159	0.0174
臺中市西屯區		0.1736	0.1157	0.0854	0.1397	0.0148	0.0162
臺中市西區		0.0834	0.0556	0.0623	0.1019	0.0052	0.0057
臺中市東區		0.0746	0.0497	0.0847	0.1386	0.0063	0.0069
臺中市南屯區		0.1151	0.0767	0.0780	0.1276	0.0090	0.0098
臺中市南區		0.0873	0.0582	0.0732	0.1198	0.0064	0.0070
臺中市中區	何敏豪	0.0256	0.0171	0.0983	0.1609	0.0025	0.0027	0.0061

臺中市北屯區		0.2183	0.1456	0.0840	0.1375	0.0183	0.0200
臺中市北區		0.1380	0.0920	0.0807	0.1321	0.0111	0.0121
臺中市西屯區		0.1481	0.0988	0.0726	0.1188	0.0108	0.0117
臺中市西區		0.1132	0.0755	0.0842	0.1378	0.0095	0.0104
臺中市東區		0.1325	0.0884	0.1499	0.2453	0.0199	0.0217
臺中市南屯區		0.1066	0.0711	0.0720	0.1178	0.0077	0.0084
臺中市南區		0.1176	0.0784	0.0981	0.1605	0.0115	0.0126
臺中市中區		0.0284	0.0189	0.0973	0.1592	0.0028	0.0030	
臺中市北屯區		0.1794	0.1196	0.0617	0.1010	0.0111	0.0121
臺中市北區		0.1494	0.0996	0.0780	0.1276	0.0117	0.0127
臺中市西屯區	李明憲	0.1743	0.1162	0.0762	0.1247	0.0133	0.0145	0.0052
臺中市西區		0.1608	0.1072	0.1069	0.1749	0.0172	0.0188
臺中市東區		0.0664	0.0442	0.0670	0.1096	0.0044	0.0048
臺中市南屯區		0.1423	0.0948	0.0857	0.1402	0.0122	0.0133
臺中市南區		0.0990	0.0660	0.0738	0.1208	0.0073	0.0080
臺中縣大甲鎮		0.1775	0.3107	0.3160	0.6320	0.0561	0.1963
臺中縣大安鄉		0.0512	0.0895	0.3168	0.6336	0.0162	0.0567
臺中縣大肚鄉		0.0320	0.0560	0.0782	0.1564	0.0025	0.0088
臺中縣大里市		0.0603	0.1056	0.0509	0.1018	0.0031	0.0107
臺中縣大雅鄉		0.0216	0.0378	0.0400	0.0800	0.0009	0.0030
臺中縣太平市		0.0315	0.0551	0.0271	0.0542	0.0009	0.0030
臺中縣外埔鄉		0.0664	0.1161	0.2901	0.5802	0.0192	0.0674
臺中縣石岡鄉		0.0232	0.0405	0.1913	0.3826	0.0044	0.0155
臺中縣后里鄉		0.0694	0.1215	0.1643	0.3286	0.0114	0.0399
臺中縣沙鹿鎮		0.0317	0.0555	0.0593	0.1186	0.0019	0.0066
臺中縣和平鄉	劉銓忠	0.0048	0.0084	0.0927	0.1854	0.0004	0.0016	0.0439
臺中縣東勢鎮		0.0211	0.0368	0.0512	0.1024	0.0011	0.0038
臺中縣烏日鄉		0.0318	0.0556	0.0666	0.1332	0.0021	0.0074
臺中縣神岡鄉		0.0465	0.0815	0.1020	0.2040	0.0047	0.0166
臺中縣梧棲鎮		0.0330	0.0577	0.0941	0.1882	0.0031	0.0109
臺中縣清水鎮		0.1068	0.1870	0.1679	0.3358	0.0179	0.0628
臺中縣新社鄉		0.0183	0.0319	0.0884	0.1768	0.0016	0.0056
臺中縣潭子鄉		0.0362	0.0633	0.0584	0.1168	0.0021	0.0074
臺中縣龍井鄉		0.0309	0.0541	0.0648	0.1296	0.0020	0.0070
臺中縣豐原市		0.0478	0.0837	0.0433	0.0866	0.0021	0.0072

臺中縣霧峰鄉		0.0581	0.1017	0.1206	0.2412	0.0070	0.0245	
臺中縣大甲鎮		0.0496	0.0868	0.0877	0.1754	0.0044	0.0152	
臺中縣大安鄉		0.0135	0.0236	0.0829	0.1658	0.0011	0.0039	
臺中縣大肚鄉		0.0354	0.0620	0.0859	0.1718	0.0030	0.0106	
臺中縣大里市		0.1162	0.2034	0.0974	0.1948	0.0113	0.0396	
臺中縣大雅鄉		0.0649	0.1137	0.1195	0.2390	0.0078	0.0272	
臺中縣太平市		0.1667	0.2917	0.1422	0.2844	0.0237	0.0829	
臺中縣外埔鄉		0.0189	0.0331	0.0822	0.1644	0.0016	0.0054	
臺中縣石岡鄉		0.0071	0.0125	0.0584	0.1168	0.0004	0.0015	
臺中縣后里鄉		0.0325	0.0568	0.0763	0.1526	0.0025	0.0087	
臺中縣沙鹿鎮		0.0446	0.0781	0.0828	0.1656	0.0037	0.0129	
臺中縣和平鄉	謝欣霓	0.0023	0.0040	0.0433	0.0866	0.0001	0.0003	0.0194
臺中縣東勢鎮		0.0173	0.0302	0.0417	0.0834	0.0007	0.0025	
臺中縣烏日鄉		0.0480	0.0839	0.0999	0.1998	0.0048	0.0168	
臺中縣神岡鄉		0.0364	0.0636	0.0791	0.1582	0.0029	0.0101	
臺中縣梧棲鎮		0.0383	0.0671	0.1087	0.2174	0.0042	0.0146	
臺中縣清水鎮		0.0267	0.0468	0.0417	0.0834	0.0011	0.0039	
臺中縣新社鄉		0.0119	0.0208	0.0572	0.1144	0.0007	0.0024	
臺中縣潭子鄉		0.0842	0.1473	0.1350	0.2700	0.0114	0.0398	
臺中縣龍井鄉		0.0339	0.0593	0.0706	0.1412	0.0024	0.0084	
臺中縣豐原市		0.1068	0.1869	0.0961	0.1922	0.0103	0.0359	
臺中縣霧峰鄉		0.0448	0.0784	0.0923	0.1846	0.0041	0.0145	
臺中縣大甲鎮		0.0280	0.0491	0.0464	0.0928	0.0013	0.0046	
臺中縣大安鄉		0.0040	0.0070	0.0230	0.0460	0.0001	0.0003	
臺中縣大肚鄉		0.0186	0.0326	0.0423	0.0846	0.0008	0.0028	
臺中縣大里市		0.1763	0.3085	0.1382	0.2764	0.0244	0.0853	
臺中縣大雅鄉		0.0762	0.1334	0.1311	0.2622	0.0100	0.0350	
臺中縣太平市		0.1144	0.2002	0.0913	0.1826	0.0104	0.0366	
臺中縣外埔鄉	馮定國	0.0107	0.0187	0.0433	0.0866	0.0005	0.0016	0.0206
臺中縣石岡鄉		0.0114	0.0199	0.0872	0.1744	0.0010	0.0035	
臺中縣后里鄉		0.0275	0.0482	0.0605	0.1210	0.0017	0.0058	
臺中縣沙鹿鎮		0.0310	0.0543	0.0538	0.1076	0.0017	0.0058	
臺中縣和平鄉		0.0078	0.0137	0.1401	0.2802	0.0011	0.0038	
臺中縣東勢鎮		0.0607	0.1063	0.1371	0.2742	0.0083	0.0291	
臺中縣烏日鄉		0.0485	0.0848	0.0945	0.1890	0.0046	0.0160	

臺中縣神岡鄉		0.0298	0.0521	0.0606	0.1212	0.0018	0.0063	
臺中縣梧棲鎮		0.0208	0.0364	0.0552	0.1104	0.0011	0.0040	
臺中縣清水鎮		0.0332	0.0582	0.0485	0.0970	0.0016	0.0056	
臺中縣新社鄉		0.0171	0.0299	0.0768	0.1536	0.0013	0.0046	
臺中縣潭子鄉		0.0852	0.1491	0.1278	0.2556	0.0109	0.0381	
臺中縣龍井鄉		0.0304	0.0532	0.0592	0.1184	0.0018	0.0063	
臺中縣豐原市		0.1061	0.1857	0.0894	0.1788	0.0095	0.0332	
臺中縣霧峰鄉		0.0623	0.1089	0.1200	0.2400	0.0075	0.0261	
臺中縣大甲鎮		0.0480	0.0839	0.0708	0.1416	0.0034	0.0119	
臺中縣大安鄉		0.0140	0.0246	0.0720	0.1440	0.0010	0.0035	
臺中縣大肚鄉		0.0103	0.0181	0.0209	0.0418	0.0002	0.0008	
臺中縣大里市		0.0625	0.1095	0.0438	0.0876	0.0027	0.0096	
臺中縣大雅鄉		0.0720	0.1260	0.1106	0.2212	0.0080	0.0279	
臺中縣太平市		0.0679	0.1188	0.0484	0.0968	0.0033	0.0115	
臺中縣外埔鄉		0.0145	0.0254	0.0526	0.1052	0.0008	0.0027	
臺中縣石岡鄉		0.0067	0.0118	0.0461	0.0922	0.0003	0.0011	
臺中縣后里鄉		0.0535	0.0937	0.1050	0.2100	0.0056	0.0197	
臺中縣沙鹿鎮		0.0156	0.0273	0.0241	0.0482	0.0004	0.0013	
臺中縣和平鄉	吳富貴	0.0031	0.0054	0.0497	0.0994	0.0002	0.0005	0.0441
臺中縣東勢鎮		0.0175	0.0306	0.0353	0.0706	0.0006	0.0022	
臺中縣烏日鄉		0.0276	0.0483	0.0480	0.0960	0.0013	0.0046	
臺中縣神岡鄉		0.1579	0.2763	0.2868	0.5736	0.0453	0.1585	
臺中縣梧棲鎮		0.0162	0.0283	0.0383	0.0766	0.0006	0.0022	
臺中縣清水鎮		0.0196	0.0344	0.0256	0.0512	0.0005	0.0018	
臺中縣新社鄉		0.0233	0.0408	0.0936	0.1872	0.0022	0.0076	
臺中縣潭子鄉		0.0854	0.1494	0.1143	0.2286	0.0098	0.0342	
臺中縣龍井鄉		0.0174	0.0304	0.0302	0.0604	0.0005	0.0018	
臺中縣豐原市		0.2339	0.4093	0.1758	0.3516	0.0411	0.1439	
臺中縣霧峰鄉		0.0330	0.0578	0.0568	0.1136	0.0019	0.0066	
臺中縣大甲鎮		0.0059	0.0103	0.0083	0.0166	0.0000	0.0002	
臺中縣大安鄉		0.0013	0.0023	0.0065	0.0130	0.0000	0.0000	
臺中縣大肚鄉	江連福	0.0034	0.0060	0.0066	0.0132	0.0000	0.0001	0.1470
臺中縣大里市		0.1810	0.3168	0.1217	0.2434	0.0220	0.0771	
臺中縣大雅鄉		0.0184	0.0323	0.0272	0.0544	0.0005	0.0018	
臺中縣太平市		0.5310	0.9292	0.3635	0.7270	0.1930	0.6755	

臺中縣外埔鄉		0.0036	0.0063	0.0126	0.0252	0.0000	0.0002
臺中縣石岡鄉		0.0035	0.0061	0.0231	0.0462	0.0001	0.0003
臺中縣后里鄉		0.0125	0.0218	0.0235	0.0470	0.0003	0.0010
臺中縣沙鹿鎮		0.0062	0.0108	0.0092	0.0184	0.0001	0.0002
臺中縣和平鄉		0.0032	0.0055	0.0484	0.0968	0.0002	0.0005
臺中縣東勢鎮		0.0139	0.0243	0.0269	0.0538	0.0004	0.0013
臺中縣烏日鄉		0.0271	0.0473	0.0452	0.0904	0.0012	0.0043
臺中縣神岡鄉		0.0165	0.0289	0.0288	0.0576	0.0005	0.0017
臺中縣梧棲鎮		0.0038	0.0067	0.0087	0.0174	0.0000	0.0001
臺中縣清水鎮		0.0067	0.0117	0.0084	0.0168	0.0001	0.0002
臺中縣新社鄉		0.0087	0.0152	0.0335	0.0670	0.0003	0.0010
臺中縣潭子鄉		0.0397	0.0694	0.0511	0.1022	0.0020	0.0071
臺中縣龍井鄉		0.0047	0.0082	0.0079	0.0158	0.0000	0.0001
臺中縣豐原市		0.0545	0.0954	0.0394	0.0788	0.0021	0.0075
臺中縣霧峰鄉		0.0545	0.0954	0.0901	0.1802	0.0049	0.0172
臺中縣大甲鎮		0.0836	0.1462	0.1150	0.2300	0.0096	0.0336
臺中縣大安鄉		0.0239	0.0418	0.1144	0.2288	0.0027	0.0096
臺中縣大肚鄉		0.0553	0.0967	0.1043	0.2086	0.0058	0.0202
臺中縣大里市		0.0482	0.0844	0.0314	0.0628	0.0015	0.0053
臺中縣大雅鄉		0.0269	0.0471	0.0385	0.0770	0.0010	0.0036
臺中縣太平市		0.0435	0.0761	0.0289	0.0578	0.0013	0.0044
臺中縣外埔鄉		0.0435	0.0761	0.1470	0.2940	0.0064	0.0224
臺中縣石岡鄉		0.0035	0.0061	0.0221	0.0442	0.0001	0.0003
臺中縣后里鄉		0.0468	0.0819	0.0856	0.1712	0.0040	0.0140
臺中縣沙鹿鎮	顏清標	0.2066	0.3615	0.2982	0.5964	0.0616	0.2156	0.0469
臺中縣和平鄉		0.0096	0.0168	0.1427	0.2854	0.0014	0.0048
臺中縣東勢鎮		0.0241	0.0421	0.0452	0.0904	0.0011	0.0038
臺中縣烏日鄉		0.0331	0.0578	0.0536	0.1072	0.0018	0.0062
臺中縣神岡鄉		0.0154	0.0269	0.0260	0.0520	0.0004	0.0014
臺中縣梧棲鎮		0.0433	0.0758	0.0956	0.1912	0.0041	0.0145
臺中縣清水鎮		0.0638	0.1117	0.0775	0.1550	0.0049	0.0173
臺中縣新社鄉		0.0181	0.0317	0.0678	0.1356	0.0012	0.0043
臺中縣潭子鄉		0.0291	0.0509	0.0363	0.0726	0.0011	0.0037
臺中縣龍井鄉		0.1103	0.1929	0.1787	0.3574	0.0197	0.0690
臺中縣豐原市		0.0394	0.0689	0.0276	0.0552	0.0011	0.0038

臺中縣霧峰鄉		0.0324	0.0567	0.0519	0.1038	0.0017	0.0059	
臺中縣大甲鎮		0.0217	0.0380	0.0282	0.0564	0.0006	0.0021	
臺中縣大安鄉		0.0137	0.0240	0.0622	0.1244	0.0009	0.0030	
臺中縣大肚鄉		0.1760	0.3081	0.3144	0.6288	0.0553	0.1937	
臺中縣大里市		0.0851	0.1489	0.0525	0.1050	0.0045	0.0156	
臺中縣大雅鄉		0.0478	0.0836	0.0647	0.1294	0.0031	0.0108	
臺中縣太平市		0.0263	0.0461	0.0165	0.0330	0.0004	0.0015	
臺中縣外埔鄉		0.0138	0.0242	0.0442	0.0884	0.0006	0.0021	
臺中縣石岡鄉		0.0074	0.0130	0.0447	0.0894	0.0003	0.0012	
臺中縣后里鄉		0.0235	0.0411	0.0406	0.0812	0.0010	0.0033	
臺中縣沙鹿鎮		0.0409	0.0716	0.0559	0.1118	0.0023	0.0080	
臺中縣和平鄉	紀國棟	0.0024	0.0043	0.0342	0.0684	0.0001	0.0003	0.0434
臺中縣東勢鎮		0.0268	0.0468	0.0475	0.0950	0.0013	0.0044	
臺中縣烏日鄉		0.1029	0.1801	0.1578	0.3156	0.0162	0.0568	
臺中縣神岡鄉		0.0401	0.0701	0.0642	0.1284	0.0026	0.0090	
臺中縣梧棲鎮		0.0390	0.0683	0.0815	0.1630	0.0032	0.0111	
臺中縣清水鎮		0.0384	0.0672	0.0441	0.0882	0.0017	0.0059	
臺中縣新社鄉		0.0369	0.0646	0.1308	0.2616	0.0048	0.0169	
臺中縣潭子鄉		0.0403	0.0705	0.0476	0.0952	0.0019	0.0067	
臺中縣龍井鄉		0.1145	0.2004	0.1755	0.3510	0.0201	0.0703	
臺中縣豐原市		0.0695	0.1216	0.0460	0.0920	0.0032	0.0112	
臺中縣霧峰鄉		0.0330	0.0578	0.0501	0.1002	0.0017	0.0058	
臺中縣大甲鎮		0.0471	0.0824	0.0606	0.1212	0.0029	0.0100	
臺中縣大安鄉		0.0104	0.0183	0.0467	0.0934	0.0005	0.0017	
臺中縣大肚鄉		0.0393	0.0688	0.0694	0.1388	0.0027	0.0095	
臺中縣大里市		0.0643	0.1125	0.0392	0.0784	0.0025	0.0088	
臺中縣大雅鄉		0.0928	0.1623	0.1242	0.2484	0.0115	0.0403	
臺中縣太平市		0.0464	0.0812	0.0288	0.0576	0.0013	0.0047	
臺中縣外埔鄉	楊瓊瓔	0.0239	0.0418	0.0755	0.1510	0.0018	0.0063	0.0158
臺中縣石岡鄉		0.0100	0.0176	0.0599	0.1198	0.0006	0.0021	
臺中縣后里鄉		0.0401	0.0701	0.0685	0.1370	0.0027	0.0096	
臺中縣沙鹿鎮		0.0913	0.1597	0.1232	0.2464	0.0112	0.0394	
臺中縣和平鄉		0.0087	0.0152	0.1211	0.2422	0.0011	0.0037	
臺中縣東勢鎮		0.0282	0.0494	0.0496	0.0992	0.0014	0.0049	
臺中縣烏日鄉		0.0414	0.0725	0.0628	0.1256	0.0026	0.0091	

臺中縣神岡鄉		0.0365	0.0639	0.0578	0.1156	0.0021	0.0074
臺中縣梧棲鎮		0.0899	0.1573	0.1856	0.3712	0.0167	0.0584
臺中縣清水鎮		0.1017	0.1780	0.1156	0.2312	0.0118	0.0412
臺中縣新社鄉		0.0239	0.0417	0.0835	0.1670	0.0020	0.0070
臺中縣潭子鄉		0.0669	0.1171	0.0782	0.1564	0.0052	0.0183
臺中縣龍井鄉		0.0395	0.0691	0.0598	0.1196	0.0024	0.0083
臺中縣豐原市		0.0672	0.1176	0.0440	0.0880	0.0030	0.0103
臺中縣霧峰鄉		0.0305	0.0534	0.0458	0.0916	0.0014	0.0049
臺中縣大甲鎮		0.0851	0.1489	0.1011	0.2022	0.0086	0.0301
臺中縣大安鄉		0.0207	0.0362	0.0854	0.1708	0.0018	0.0062
臺中縣大肚鄉		0.0325	0.0569	0.0530	0.1060	0.0017	0.0060
臺中縣大里市		0.0511	0.0894	0.0288	0.0576	0.0015	0.0052
臺中縣大雅鄉		0.0273	0.0477	0.0337	0.0674	0.0009	0.0032
臺中縣太平市		0.0359	0.0628	0.0206	0.0412	0.0007	0.0026
臺中縣外埔鄉		0.0208	0.0364	0.0607	0.1214	0.0013	0.0044
臺中縣石岡鄉		0.0127	0.0222	0.0699	0.1398	0.0009	0.0031
臺中縣后里鄉		0.0361	0.0631	0.0569	0.1138	0.0021	0.0072
臺中縣沙鹿鎮		0.0816	0.1428	0.1017	0.2034	0.0083	0.0291
臺中縣和平鄉	蔡其昌	0.0026	0.0045	0.0329	0.0658	0.0001	0.0003	0.0650
臺中縣東勢鎮		0.0142	0.0248	0.0230	0.0460	0.0003	0.0011
臺中縣烏日鄉		0.0196	0.0343	0.0274	0.0548	0.0005	0.0019
臺中縣神岡鄉		0.0210	0.0368	0.0307	0.0614	0.0006	0.0023
臺中縣梧棲鎮		0.0451	0.0789	0.0859	0.1718	0.0039	0.0136
臺中縣清水鎮		0.2873	0.5027	0.3012	0.6024	0.0865	0.3028
臺中縣新社鄉		0.0049	0.0085	0.0158	0.0316	0.0001	0.0003
臺中縣潭子鄉		0.0298	0.0522	0.0321	0.0642	0.0010	0.0034
臺中縣龍井鄉		0.0341	0.0596	0.0477	0.0954	0.0016	0.0057
臺中縣豐原市		0.0934	0.1635	0.0565	0.1130	0.0053	0.0185
臺中縣霧峰鄉		0.0444	0.0777	0.0615	0.1230	0.0027	0.0096
臺中縣大甲鎮		0.0249	0.0436	0.0285	0.0570	0.0007	0.0025
臺中縣大安鄉		0.0048	0.0084	0.0191	0.0382	0.0001	0.0003
臺中縣大肚鄉		0.0112	0.0196	0.0176	0.0352	0.0002	0.0007
臺中縣大里市	徐中雄	0.0652	0.1142	0.0354	0.0708	0.0023	0.0081	0.0463
臺中縣大雅鄉		0.0450	0.0788	0.0537	0.1074	0.0024	0.0085
臺中縣太平市		0.0348	0.0609	0.0192	0.0384	0.0007	0.0023
臺中縣外埔鄉		0.0162	0.0284	0.0456	0.0912	0.0007	0.0026

臺中縣石岡鄉		0.0259	0.0453	0.1374	0.2748	0.0036	0.0124	
臺中縣后里鄉		0.0840	0.1469	0.1277	0.2554	0.0107	0.0375	
臺中縣沙鹿鎮		0.0247	0.0433	0.0297	0.0594	0.0007	0.0026	
臺中縣和平鄉		0.0086	0.0150	0.1059	0.2118	0.0009	0.0032	
臺中縣東勢鎮		0.0742	0.1298	0.1159	0.2318	0.0086	0.0301	
臺中縣烏日鄉		0.0223	0.0391	0.0301	0.0602	0.0007	0.0024	
臺中縣神岡鄉		0.0529	0.0926	0.0745	0.1490	0.0039	0.0138	
臺中縣梧棲鎮		0.0164	0.0287	0.0302	0.0604	0.0005	0.0017	
臺中縣清水鎮		0.0300	0.0525	0.0303	0.0606	0.0009	0.0032	
臺中縣新社鄉		0.0154	0.0269	0.0478	0.0956	0.0007	0.0026	
臺中縣潭子鄉		0.0839	0.1469	0.0872	0.1744	0.0073	0.0256	
臺中縣龍井鄉		0.0163	0.0285	0.0219	0.0438	0.0004	0.0012	
臺中縣豐原市		0.3245	0.5679	0.1892	0.3784	0.0614	0.2149	
臺中縣霧峰鄉		0.0188	0.0330	0.0251	0.0502	0.0005	0.0017	
臺中縣大甲鎮		0.0366	0.0641	0.0388	0.0776	0.0014	0.0050	
臺中縣大安鄉		0.0082	0.0143	0.0300	0.0600	0.0002	0.0009	
臺中縣大肚鄉		0.0172	0.0300	0.0249	0.0498	0.0004	0.0015	
臺中縣大里市		0.1312	0.2296	0.0658	0.1316	0.0086	0.0302	
臺中縣大雅鄉		0.0508	0.0889	0.0559	0.1118	0.0028	0.0099	
臺中縣太平市		0.1234	0.2160	0.0630	0.1260	0.0078	0.0272	
臺中縣外埔鄉		0.0158	0.0276	0.0410	0.0820	0.0006	0.0023	
臺中縣石岡鄉		0.0241	0.0421	0.1180	0.2360	0.0028	0.0099	
臺中縣后里鄉		0.0426	0.0746	0.0599	0.1198	0.0026	0.0089	
臺中縣沙鹿鎮		0.0263	0.0460	0.0291	0.0582	0.0008	0.0027	
臺中縣和平鄉	郭俊銘	0.0065	0.0115	0.0749	0.1498	0.0005	0.0017	0.0123
臺中縣東勢鎮		0.0905	0.1584	0.1307	0.2614	0.0118	0.0414	
臺中縣烏日鄉		0.0458	0.0801	0.0570	0.1140	0.0026	0.0091	
臺中縣神岡鄉		0.0372	0.0652	0.0485	0.0970	0.0018	0.0063	
臺中縣梧棲鎮		0.0139	0.0243	0.0236	0.0472	0.0003	0.0011	
臺中縣清水鎮		0.0142	0.0249	0.0133	0.0266	0.0002	0.0007	
臺中縣新社鄉		0.0368	0.0643	0.1058	0.2116	0.0039	0.0136	
臺中縣潭子鄉		0.0731	0.1279	0.0701	0.1402	0.0051	0.0179	
臺中縣龍井鄉		0.0158	0.0276	0.0197	0.0394	0.0003	0.0011	
臺中縣豐原市		0.1382	0.2418	0.0744	0.1488	0.0103	0.0360	
臺中縣霧峰鄉		0.0518	0.0907	0.0639	0.1278	0.0033	0.0116	

參考書目

Adler, E. Scott. 2002. *Why Congressional Reforms Fail.* IL: The University of Chicago Press.

Agresti, Alan. 2007. *An Introduction to Categorical Data Analysis.* New York: Wiley.

Alder, E. Scott and John S. Lapinski. 1997. "Demand-Side Theory and Congressional Committee Composition: A Constituency Characteristics Approach." *American Journal of Political Science* 41, 3 : 895-918.

Alvarez, R. Michael and Jason Saving. 1997. "Deficits, Democrats, and Distributive Benefits: Congressional Elections and the Pork Barrel in the 1980s." *Political Research Quarterly* 50, 4: 809-831.

Anagnoson, J. Theodore. 1980. "Politics in the Distribution of Federal Grants: The Case of the Economic Development Administration," in Barry S. Rundquist (ed.), *Political Benefits.* MA: Lexington Books.

Ames, Barry. 1995. "Electoral Rules, Constituency Pressure, and Pork Barrel : Bases of Voting in the Brazilian Congress." *Journal of Politics* 57, 2: 324-343.

Ariga, Kenichi. 2005. "Intra-Party Politics, Electoral Rules, Electoral Cohesiveness and the Provision of Particularistic and Public Goods in Parliamentary Democracies." Paper Prepared for Delivery at the *Annual Meeting of the American Political Science*

Association, 1-4 September, 2005, Washington, DC..

Arnold, R. Douglas. 1979. *Congress and the Bureaucracy: A Theory of Influence.* New Haven: Yale University Press.

Ashworth, Scott and Bueno de Mesquita. 2006. "Delivering the Goods: Legislative Particularism in Different Electoral and Institutional Settings." *Journal of Politics* 68, 1: 168-179.

Balla, Steven J., Eric D. Lawrence, Forrest Maltzman, and Lee Sigelman. 2002. "Partisanship, Blame Avoidance, and the Distribution of Legislative Pork." *American Journal of Political Science* 46, 3: 515-525.

Baron, David. 1990. "Distributive Politics and the Persistence of Amtrack", *Journal of Politics* 52, 3: 883-913.

Barry, Brian. 1965. *Political Argument.* London: Routledge and Kegan.

Berry, Christopher, Barry Burden and William Howell. 2008. "Proposal Power, the President, and the Geography of Federal Spending." Paper Presented at the *Annual Meeting of the American Political Science Association,* Hynes Convention Center, Boston, Massachusetts, Aug 28, 2008.

Bickers, Kenneth N. and Robert M Stein. 1996. "Electoral Dynamics of the Federal Pork Barrel." *American Journal of Political Science* 40, 4: 1300-1326.

Buchanan, J. and Gordon Tullock. 1962. *Calculus of Consent.* Ann Arbor: University of Michigan Press.

Bullock, Charles S. and M.V. Hood III. 2005. "When Southern Symbolism Meets the Pork Barrel: Opportunity for Executive Leadership." *Social Science Quarterly* 86, 1: 69-86.

Cain, Bruce., John Ferejohn, and Morris Fiorina. 1987. *The Personal Vote: Constituency Services and Electoral Independence.* Cambridge, MA: Harvard University Press.

Cameron, A. C. and P. K. Trivedi. 1998. *Regression Analysis of Count Data.* New York: Cambridge University Press.

Chen, Jowei. and Neil Malhotra. 2007. "The Law of k/n: The Effect of Chamber Size on Government Spending in Bicameral Legislatures." *American Political Science Review* 101, 4: 657-676.

Chen, Jowei. 2008. "Credit Sharing Among Legislators: Electoral Geography's Effect on Pork Barreling in Legislatures." Paper Presented at the *Annual Meeting of the APSA 2008 Annual Meeting*, Hynes Convention Center, Aug 28, 2008. Boston, Massachusetts.

Coats, Morris R., Gokhan Karahan, and Robert D. Tollison. 2006. "Terrorism and Pork-Barrel Spending." *Public Choice* 128: 275-287.

Cohen, Linda R. and Roger G. Noll. 1991. *The Technology Pork Barrel.* Washington D.C.: The Brookings Institution.

Costa-I-Font, Joan., Eduardo Rodriguez-Oreggia, and Dario Lunapla. 2003. "Political Competition and Pork-Barrel Politics in the Allocation of Public Investment in Mexico" *Public Choice* 116: 185-204.

Couch, Jim F., Robert J. William, and William H. Wells. 2008. "Environmental Protection Agency Enforcement Patterns: A Case of Political Pork Barrel?" in Backhaus, Jürgen Georg (eds.), *Political Economy, Linguistics and Culture.* (pp.233-239). New

York: Springer Inc.

Cox, Gary W. and Matthew D. McCubbins 1993. *Legislative Leviathan*. CA: University of California.

Crisp, Brian F. and Rachael E. Ingall. 2001. "Determinants of Home Style: The Many Incentives for Going Home in Colombia." *Legislative Studies Quarterly* 26, 3: 487-512.

Crisp, Brian F. and Rachael E. Ingall. 2002. "Institutional Engineering and the Nature of Representation: Mapping the Effects of Electoral Reform in Colombia." *American Journal of Political Science* 46, 4: 733-748.

Denemark, David. 2000. "Partisan Pork Barrel in Parliamentary Systems: Australian Constituency-Level Grant." *Journal of Politics* 62, 3: 896-915.

Dilger, Robert Jay. 1998. "Transportation Policy, Pork Barrel Politics, and American Federalism." *Publius* 28, 1: 49-69.

Easton, David. 1965. *A Framework for Political Analysis.* New Jersey: Prentice-Hall Company.

Evans, Diana. 2004. *Greasing the Wheel: Using Pork Barrel Projects To Build Majority Coalitions in Congress*. Cambridge University Press.

Faith, Riger L., Donald R. Leavens, and Robert D. Tollison. 1982. "Antitrust Pork Barrel," *Journal of Law and Economics* 25: 329-342.

Feldman, Paul and James Jondrow. 1984. "Congressional Elections and Local Federal Spending." *American Journal of Political Science* 28, 1: 147-163.

Fenno, Richard. 1978. *Home Style: House Members in their Districts*. Boston: Little, Brown and Company.

Ferejohn, John A. 1974. *Pork Barrel Politics: Rivers and Harbors Legislation, 1947-1968.* CA: Stanford University Press.

Fiorina, Morris P. 1981. "Some Problem in Studying the Effects of Resource Allocation in Congressional Election." *American Journal of Political Science* 25: 512-604.

Fleck, Robert K. 1999. "The Value of the Vote: A Model and Test of the Effects of Turnout on Distributive Policy", *Economic Inquiry* 37, 4: 609-623.

Fleck, Robert K. 2001. "Inter-Party Competition, Intra-Party Competition, and Distributive Policy: A Model and Test Using New Deal Data", *Public Choice* 108: 77-100.

Frisch, Scott A. and Sean Q. Kelly. 2007. "Whose Pork is it Anyway ? The Politics of Military Construction Earmarks in the Contemporary House of Representatives." paper prepared for presentation at the *Annual Meetings of the American Political Science Association*, August 30-Sept.2, 2007, Chicago, Illinois.

Gilligan, Thomas and Keith Krehbeil. 1989. "Asymmetric Information and Legislative Rules with a Heterogeneous Committee." *American Journal of Political Science* 33: 459-490.

Garrett, Thomas A., Thomas L. Marsh, and Maria I. Marshall 2003. "Political Allocation of U.S. Agriculture Disaster Payments in the 1990." Working Paper: 2003-005C, MO: Federal Reserve Bank of St. Louis.

Golden, Miriam A. and Lucio Picci. 2008. "Pork-Barrel Politics in Postwar Italy, 1953-94." *American Journal of Political Science* 52, 2: 268-289.

Greene,William H. 2002. *LIMDEP: User's Manual and Reference*

Guide. New York: Econometric Software, Inc.

Hamman, John A. 1993. "Bureaucratic Accommodation of Congress and the President: Elections and the Distribution of Federal Assistance" *Political Research Quarterly* 46, 4: 863-879.

Heclo, Hugh. 1978. "Issue Networks and the Executive Establishment." In Anthony King. Ed. *The New American Political System*: 87-124. Washington DC.: American Enterprise Institute.

Heitshusen, Valerie, Garry Young, and David M. Wood. 2005. "Electoral Context and MP Constituency Focus in Australia, Canada, Ireland, New Zealand, and the United Kingdom." *American Journal of Political Science* 49, 1: 32-45.

Helland, Eric. 1999. "The Waiver Pork Barrel: Committee Membership and the Approval Time of Medicaid Waivers," *Contemporary Economic Policy* 17, 3: 401-411.

Hirano, Hiroshi. 2005. "National Issues and District Interests: Impact of the 1994 Electoral Reforms on Japanese Voting Behavior." Paper Presented at the *2005 Annual Meeting of the American Political Science Association*, 1-4 September, 2005, Washington, DC.

Hirano, Shigeo. 2005. "Electoral Institutions, Hometowns and Favored Minorities: Evidence from Japanese Electoral Reforms." Manuscript.

Hird, John A. 1990. "Superfund Expenditures and Cleanup Priorities: Distributive Politics or the Public Interest?" *Journal of Policy Analysis and Management* 9: 455-483.

Hird, John A. 1991. "The Political Economy of Pork: Project Selection at The U.S. Army Corps of Engineers," *American Political Science Review* 85: 429-456.

Horiuchi, Yusaku. 2003. "Universalism within Districts: Distributive Politics under the SNTV Electoral Rule in Japan." Paper Presented at the *2003 Annual Meeting of the American Political Science Association*, 28-31 August 2003, Philadephia.

Horiuchi, Yusaku 2007. "Political Institutions and Distributive Politics in Japan: Getting Along with the Opposition." *Asia Pacific Economic Papers.* Canberra: The Australian National University.

Horiuchi, Yusaku and Jun Saito. 2003. "Reapportionment and Redistribution:Consequences of Electoral Reform in Japan." *American Journal of Political Science* 47, 4: 669-682.

Horiuchi, Yusaku and Seungjoo Lee. 2008. "The Presidency, Regionalism, and Distributive Politics in South Korea." *Comparative Political Studies* 41, 6: 861-882.

Hurwitz, Mark S., Roger J. Moiles, and David W. Rohde. 2001. "Distributive and Partisan Issues in Agriculture Policy in the 104th House." *American Political Science Review* 95, 4: 911-922.

Ingall, Rachael E. and Brian F. Crisp. 2001. "Determinants of Home Style: The Many Incentives for Going Home in Colombia." *Legislative Studies Quarterly* XXVI, 3: 487-512.

Jewell, Malcolm E. 1969. *Metropolitan Representation: State Legislative Districting in Urban Counties*. New York: National Municipal League.

Kieweit, Roderick D. and Matthew D. McCubbins. 1991. *The Logic of Delegation.* Chicago: The University of Chicago Press.

Kingdon, John. 1984. *Agenda, Alternatives and Public Policies.*

Boston: Little, Brown and Company.

Krehbiel, Keith. 1990. "Are Congressional Committee Composed of Preference Outlier ?" *American Political Science Review* 84, 1: 149-163.

Krehbiel, Keith.1991. *Information and Legislative Organization.* Ann Arbor: The University of Michigan Press.

Kuklinski, J. 1979. "Representative-Constituency Linkage: A Review Article." *Legislative Studies Quarterly* 4: 121-140.

Kunicova, Jana. and Thomas F. Remington. 2005. "The Effect of Electoral Rules on Distributive Voting: Some Evidence from the Russian State Duma, 1994-2003." Presentation at the *Yale Conference on Distributive Politics.*

Larcinese, Valentino, Leonzio Rizzo, and Cecilia Testa. 2006. "Allocating the U. S. Federal Budget to the States: The Impact of the President." *Journal of Politics* 68, 2 :447-456.

Larimer, Christopher W. 2005. "The Impact of Multimember State Legislative Districts on Welfare Policy." *State Politics and Policy Quarterly* 5: 169-186.

Lancaster, Thomas D. 1986. "Electoral Structures and Pork Barrel Politics." *International Political Science Review* 7, 1: 67-81.

Lancaster, Thomas D. and David W. Patterson. 1990. "Comparative Pork Barrel Politics: Perceptions from the West German Bundestag." *Comparative Political Studies* 22, 4: 458-477.

Lasswell, Harold D. 1950. *Politics: Who Gets What, When, and How?* New York: McGraw-Hill Book Company.

Lee, Frances E. 2003. "Geographic Politics in the House of Representatives: Coalition Building and Distribution of

Benefits," *American Journal of Political Science* 47, 4: 714-728.

Lee, Frances E. and Bruce I. Oppenheimer. 1999. *Sizing Up the Senat : The Unequal Consequences of Equal Representation.* IL: University of Chicago Press.

Levitt, Steven D. and James M. Snyder, Jr. 1997. "The Impact of Federal Spending on House Election Outcomes." *Journal of Political Economy* 105, 1: 30-53.

Liao, Tim Futing. 1994. *Interpreting Probability Models: Logit, Probit, and Other Generalized Linear Models.* in Sage University Paper Series on Quantitative Applications in the Social Sciences, 07-101, Thousand Oaks, CA: Sage.

Limosani, Michele and Pietro Navarra. 2001. "Local Pork-Barrel Politics in National Pre-Election Dates: The Case of Italy." *Public Choice* 106: 317-326.

Lowi, Theodore J. 1964. "American Business, Public Policy, Case-Studies, and Political Theory." *World Politics* 16: 677-715.

Lowry, Robert C. and Mattew Potoski. 2004. "Organized Interests and the Politics of Federal Discretionary Grants". *Journal of Politics* 66, 2: 513-533.

Luor, Ching-Jyuhn. 1995. *The United States Distributive Politics in the 1980s.* Unpublished Doctoral Dissertation, University of Illinois at Chicago.

Maag, U., C. Vanasse, G. Dionne, and C. Laberge-Nadeau. 1997. "Taxi Drivers' Accidents: How Binocular Vision Problems are Related to Their Rate and Severity on Terms of the Number of Victims." *Accident Analysis and Prevention* 29, 2: 217-224.

Martin, Paul S. 2003. "Voting's Rewards: Voter Turnout, Attentive

Publics, and Congressional Allocation of Federal Money", *American Journal of Political Science* 41, 3: 1024-1041.

Mayhew, David R. 1974. *Congress: The Electoral Connection.* New Haven: Yale University Press.

McCarty, Nolan M. 2000. "Presidential Pork: Executive Veto Power and Distributive Politics", *American Political Science Review* 94, 1: 117-129.

McElwain, Kenneth M. 2006. "Herding Cats in Parliament: Party Cohesion and Pork-Barreling in Advanced Industrial Democracies." Prepared for Delivery at the *2006 Annual Meeting of the American Political Science Association*, August 31-Sept. 4, 2006, Washington, DC.

Myerson, R. 1993. "Incentives to Cultivate Favored Minorities Under Alternative Electoral Systems." *American Political Science Review* 87, 4: 856-869.

Nemoto, Kuniaki. 2007. "Divided Government, Different Cycles, and Distributional Consequences: Politics of Allocation Subsidies in Korea, 1990-2005." Paper Prepared for the *Annual Meeting of the American Political Science Association*, August 30-September 2 2007, Chicago, Illinois.

Nivola, Pietro S. 1998. "The New Pork Barrel". *Public Interest,* Spring: 92-104.

Oppenheimer, John E. 1983. *Federal Response to Natural Disaster: A Spatial Political Analysis.* Unpublished Doctoral Dissertation, University of Michigan.

Owens, John R. and Larry L. Wade. 1984. "Federal Spending in Congressional Districts." *Western Political Quarterly* 37: 404-

432.

Parker, Glenn R. and Suzanne L. Parker. 1985. "The Correlates and Effects of Attention to District by U.S. House Members." *Legislative Studies Quarterly* 10: 239.

Parker, David and Colin Flora. 2007. "The Politics of Military Base Closing, 1988-2005." Paper Prepared for the *Annual Meetings of the American Political Science Association*, August 30-Sept.2, 2007, Chicago, Illinois.

Plott, Charles R. 1968 "Some Organizational Influences on Urban Renewal Decisions," *American Economic Review* 58: 306-321.

Prante, Tyler and Alok K. Bohara. 2008. "What Determines Homeland Security Spending? An Econometric Analysis of the Homeland Security Grant Program," *Policy Studies Journal 36,* 2: 243-256.

Rich, Michael J. 1989. "Distributive Politics and the Allocation of Federal Grants," *American Political Science Review* 83: 193-213.

Rich, Michael J. 1993. *Federal Policymaking and the Poor: National Goals, Local Choices, and Distributional Outcomes.* New Jersey: Princeton University Press.

Richardson Jr., Lilliard E., Brian E. Russell, and Christopher A. Cooper. 2004. "Legislative Representation in a Single-Member versus Multiple-Member District System: The Arizona State Legislature." *Political Research Quarterly* 57, 2: 337-344.

Roberts, Brian. 1990. "A Dead Senator Tells No Lies: Seniority and the Distribution of Federal Benefits." *American Journal of Political Science* 34: 31-58.

Rocca, Michael S. 2003. "Military Base Closures and the 1996 Congressional Elections." *Legislative Studies Quarterly 38,* 4:

529-550.

Romeo, David W. 1996. "The Case of the Missing Reciprocal Influence: Incumbent Reputation and the Vote." *Journal of Politics* 58, 4: 1198-1207.

Roscoe, Douglas D. 2003. "The Choosers or the Choices? Voter Characteristics and the Structure of Electoral Competition as Explanations for Ticket Splitting." *Journal of Politics* 65, 4: 1147-1164.

Rundquist, Barry S. and John A. Ferejohn. 1975. "Two American Expenditure Programs Compared." in McCamant C. Liske and W. Loehr. eds. *Comparative Public Policy: Issues, Theories, and Methods: 87-108.* New York: Wiley Inc.

Rundquist, Barry S. and David E.Griffith.1976. "An Interrupted Time Series Test of the Distributive Theory of Military Policy-Making," *Western Political Quarterly* 29: 620-626.

Rundquist, Barry S. and Thomas M. Carsey. 2002. *Congress and Defense Spending: The Distributive Politics of Military Procurement.* Norman: University of Oklahoma Press.

Rundquist, Barry S., Ching-Jyuhn Luor, and Jeong-Hwa Lee. 1994. "Testing Distributive Theories Using Bickers' and Steins' Data Book." Paper Presented at the *Annual Meeting of the American Political Science Association*, New York City, New York.

Rundquist, Barry S., Ching-Jyuhn Luor, and Jeong-Hwa Lee. 1995. "States and Districts as Units of Analysis in Distributive Studies." Paper Presented at the *Midwest Political Science Association Annual Meeting*, Chicago, Illinois.

Sabatier, Paul A. 1988. "An Advocacy Coalition Framework of Policy

Change and the Role of Policy-Oriented Learning Therein." *Policy Sciences* 21: 129-168.

Sayrs, Lois W. 1989. *Pooled Time Series Analysis*. CA: Sage Publications.

Samuels, David J. 2002. "Pork Barreling is Not Credit Claiming or Advertising: Campaign Finance and the Sources of the Personal Vote in Brazil." *American Journal of Political Science* 64, 3: 845-863.

Savage, James D. 1999. *Funding Science in America*. New York: Cambridge University Press.

Scholl, Edward L. 1986. "The Electoral System and Constituency-Oriented Activity in the European Parliament." *International Studies Quarterly* 30, 3: 315-332.

Sellers, Patrick J. 1997. "Fiscal Consistency and Federal District Spending in Congressional Elections." *American Journal of Political Science* 41, 3: 1024-1041.

Serra, George. 1994. "What's in It for Me? The Impact of Congressional Casework on Incumbent Evaluation." *American Politics Quarterly* 22: 403-420.

Sheng, Shing-Yuan. 2006. "The Personal Vote-Seeking and the Initiation of Particularistic Benefit Bills in the Taiwanese Legislature." *Legislatures and Parliaments in the 21st Century Conference*, 7-8 July 2006, Soochow University.

Shepsle, Kenneth. 1975. "Congressional Committee Assignments: An Optimalization Model with Institutional Constraints." *Public Choice* 21: 55-78.

Shepsle, Kenneth.1978. *The Giant Jigsaw Puzzle*. Chicago: The

University of Chicago Press.

Shepsle, Kenneth and Barry Weingast. 1981. "Political Preferences for the Pork Barrel," *American Journal of Political Science* 25: 96-111.

Snyder, Jr. James M. and Michiko Ueda. 2007. "Do Multimember Districts Lead to Free-Riding?." *Legislative Studies Quarterly* 32, 4: 649-679.

Soherr-Hadwiger, David. 1998. "Military Construction Policy: A Test of Competing Explanations of Universalism in Congress." *Legislative Studies Quarterly* 23, 1: 57-78.

Stein, Robert M. and Kenneth N. Bickers. 1992. "Congressional Elections and the Pork Barrel: The Interest Group Connection." Paper Prepared for Presentation at the *88th Annual Meetings of the American Political Science Association*, 3-6 September 1992, Chicago, Illinois.

Stein, Robert M. and Kenneth N. Bickers. 1995. *Perpetuating the Pork Barrel: Policy Subsystems and American Democracy.* Cambridge: Cambridge University Press.

Stimson, James A. 1985. "Regression in Space and Time: A Statistical Essay." *American Journal of Political Science* 29, 3: 914-947.

Stockonman, David A. 1975. "The Social Pork Barrel," *Public Interest* 39: 3-30.

Stratmann, Thomas and Martin Baur. 2002. "Plurality Rule, Proportional Representation, and the German Bundestag: How Incentives to Pork-Barrel Differ across Electoral systems." *American Journal of Political Science* 46, 3: 506-514.

Stroup, Michael D. 1998. "Some Evidence of Congressional Political in DOD Personnel Allocations." *Public Choice* 94, 3: 241-254.

Strom, Gerald S. 1975. "Congressional Policy Making: A Test of a Theory," *Journal of Politics* 37: 711-735.

Tamada, Keiko. 2006. "The LDP's Influence on the Distribution of Public Investment", Manuscript.

Tsai, Chia-Hung. 2005. "Policy-Making, Local Factions and Candidate Coordination in Single Non-Transferable Voting: A Case Study of Taiwan." *Party Politics* 11, 1: 59-77.

Weingast, Barry R., Kenneth A. Shepsle, and Christopher Johnsen. 1981. "The Political Economy of Benefits and Costs: A Neoclassical Approach to Distributive Politics." *Journal of Political Economy* 89: 642-664.

Wilson, James Q. 1989. *Bureaucracy: What Government Agencies Do and Why They Do It.* New York: Basic Books.

Winkelmann, R. 2000. *Econometric Analysis of Count Data.* Berlin, New York: Springer.

王柏燿。2004。〈經濟評估與投票抉擇：以2001年立委選舉為例〉。《選舉研究》11，1：171-195。

王國川、翁千惠譯。2005。《質性資料分析-如何透視質性資料》。台北：五南圖書出版公司。譯自 Richard E. Boyatzis. 1998. *Transforming Qualitative Information: Thematic Analysis and Code Development*. Thousand Oaks, CA: Sage.

王業立。2001。《比較選舉制度》。台北：五南圖書出版公司。

吳宜侃。2003。〈立法委員連任因素之探討——以第四屆立法委員為例〉。政治大學政治學系碩士論文。

吳宜侃。2005。〈立法委員連任預測模分析——以第四屆立法委員為例〉。《選舉研究》12，1：173-210。

吳重禮。2003。〈總統施政表現對於國會選舉影響之初探——以2001年立法委員選舉為例〉。《理論與政策》17,1:27-52。

洪鴻智。2007。〈自然災害後政府重建資源分配之決策因素分析——以921地震為例〉。《公共行政學報》23:95-124。

黃秀端。1994。〈經濟情況與選民投票抉擇〉。《東吳政治學報》3:97-123。

黃秀端。1996。〈選區服務與專業問政的兩難〉。《理論與政策》10,4:21-36。

盛杏湲。2000。〈政黨或選區?立法委員的代表取向與行為〉。《選舉研究》7,2:37-73。

盛杏湲。2002。〈統獨議題與台灣選民的投票行為——一九九〇年代的分析〉。《選舉研究》9,1:41-80。

盛杏湲。2005。〈選區代表與集體代表——立法委員的代表角色〉。《東吳政治學報》21:1-40

張其祿。2002。〈我國地方補助款分配模式之經驗研究〉。《中大社會文化學報》14:79-100。

湯京平、吳重禮、蘇孔志。2002。〈分立政府與地方民主行政——從台中縣「地方基層建設經費」論地方派系與肉桶政治〉。《中國行政評論》12,1:37-76。

劉旭清。1993。〈地方派系、選舉與補助款之研究——以嘉義縣為個案分析〉。國立政治大學公共行政研究所碩士論文。

劉彩卿等。2003。〈鄉鎮市補助款分配之實證研究〉。《財稅研究》35,4:1-15。

蕭怡靖,2003,《我國立法委員選擇常設委員會之研究——以第四屆立法委員為例》,國立政治大學政治學系碩士論文。

羅清俊。2000a。〈猜猜看誰把醃肉帶回家了——縣市補助款分配之分析〉。《人文及社會科學集刊》12,1:1-45。

羅清俊。2000b。〈政策利益分配的型態〉。《政治科學論叢》13：
　　201-232。

羅清俊。2001。〈藍莓派與綠豆椪——前台北市長黃大洲與陳水扁
　　時期行政區歲出預算分配的比較分析〉。《台灣分配政治》，第
　　六章。台北：前衛出版社。

羅清俊。2004。〈分配政策與預算制定之政治分析〉。《政治科學論
　　叢》21：149-188。

羅清俊。2007。〈台灣分配政治的理論建構與實證檢驗〉。《行政院
　　國家科學委員會 96 年度專題研究計畫書》。台北：國家科學
　　委員會。

羅清俊。2008。〈桃園縣特別統籌款分配的政治分析〉。《東吳政治
　　學報》26，3：1-56。

羅清俊、萬榮水。2000。〈選舉與補助款的分配——綁樁？還是平
　　衡地方財政？〉。《選舉研究》6，2：121-161。

羅清俊、張皖萍。2008。〈立法委員分配政治行為分析——選區企
　　業與立法委員企業背景的影響〉。《政治科學論叢》35：47-94。

羅清俊、謝瑩蒔。2008。〈選區規模與立法委員分配政策提案關聯
　　性的研究——第三、四屆立法院的分析〉〉。《行政暨政策學報》
　　46：1-48。

羅清俊、廖健良。2009。〈選制改變前選區規模對立委分配政策提
　　案行為的影響〉。《台灣政治學刊》已接受，即將出版。

蘇昭銘。2006。〈台灣文化創意產業網站內容分析〉。世新大學行
　　政管理學研究所碩士論文。

重新檢視台灣分配政策與政治

作　　者／羅清俊
出 版 者／揚智文化事業股份有限公司
發 行 人／葉忠賢
總 編 輯／閻富萍
地　　址／台北縣深坑鄉北深路三段 260 號 8 樓
電　　話／(02)8662-6826
傳　　真／(02)2664-7633
網　　址／http://www.ycrc.com.tw
 E-mail ／service@ycrc.com.tw
印　　刷／鼎易彩色印刷股份有限公司
 I S B N ／978-957-818-916-4
初版一刷／2009 年 6 月
定　　價／新台幣 350 元

國家圖書館出版品預行編目資料

重新檢視台灣分配政策與政治 =
Reexamining Taiwan distributive policies
and politics / 羅清俊著. -- 初版. -- 臺北
縣深坑鄉：揚智文化, 2009.06
　　面 ； 　公分.
含參考書目

ISBN 978-957-818-916-4(平裝)

　1.國家資源分配 2.公共政策 3.補助款 4.調
查統計 5.實證研究

573.9　　　　　　　　　　　　98010212